貨幣進化論

「成長なき時代」の通貨システム

岩村 充

新潮選書

貨幣進化論

「成長なき時代」の通貨システム

目次

第三章　私たちの時代　165

第四章　貨幣はどこに行く　241

貨幣進化論　「成長なき時代」の通貨システム

はじめに

貨幣の何かがおかしい。そう思うことはありませんか。格差、金融危機、デフレ、バブル経済、今日の私たちの悩みの多くに貨幣がかかわっています。それは貨幣というシステムの何か本質的な欠陥によるものではないか。貨幣を変えた方が良いのではないか。そうした疑問が、金融や経済あるいは社会のあり方を巡って繰り返される論争の根底にあるように感じるのは私だけではないでしょう。その答を、貨幣の歴史を振り返りながら探してみたい。そう思いながら私はこの本を書き始めました。

＊　＊　＊

貨幣はシステムです。コインの一枚一枚、紙幣の一枚一枚は、それだけでは何の意味もありません。貨幣の意味は、それを貨幣だとみんなで認める、その仕組み自体にあります。だから貨幣はシステムなのです。便利なシステムです。そして困ったシステムでもあります。貨幣を変えたいと私たちが思うことがあるのは、その困った面が行き過ぎていると感じることが少なくないからなのでしょう。

では、問題は貨幣が作り出したものなのでしょうか。貨幣を変えれば問題は解決するのでしょうか。それを問うのならば、まずは貨幣というシステムの便利さとは何かを考えておく必要があります。

貨幣は便利なものです。貨幣があれば、いつでもさまざまなものを手に入れることができます。私たちが、外出先でお腹が空いたとき、ステーキを奮発しようかラーメンで済ませようか、そう迷うことができるのもポケットにオカネがあるからです。あるいは、ちょっと多めの残業手当をもらった給料日に、将来の結婚や出産に備えて貯金をしておこうかと考えることができるのもオカネつまり貨幣があるからです。もし貨幣がなかったら、今日は何をするか、明日にどう備えようか、それを計算しつくさなければ、家から一歩も出られないかもしれません。私たちが財布を持ちさえすれば気軽に外出できるのは、貨幣というシステムのおかげなのです。

しかし、貨幣は悩みの種にもなります。貨幣を持っていると、いろんな人に出会うことになります。出会うのは、おいしいランチを作ってくれる親父さんや真面目な銀行員ばかりではありません。スリにも詐欺師にも強盗にも出会います。でも、それは仕方がないことでしょう。

昔、鉄道が世の中に登場したとき、反対する人たちは、鉄道に乗って多くの悪いものが運ばれて来るだろうということをその理由にしました。平和に暮らしている町や村に鉄道が開通すると、悪しき心を持った人や不道徳な文化の産物が流れ込んで来るのではないかと案じたのです。それは必ずしも間違った予想ではありませんでした。でも、そうした反対は、鉄道に乗って便利な商品や新しい働き口など、良いものがたくさん運ばれてくると感じる人が増えるにつれ消えて行ったのです。

貨幣も同じことです。貨幣とは要するに「価値の乗り物」ですから、鉄道と同じで一定の手順を踏めば何でも乗せてしまいます。良いものも悪いものも乗せてしまうのです。ですが、それで貨幣を批判するのはお門違いというものでしょう。批判されるべきは、悪しきものや悪しき心であって、その「乗り物」ではないのです。

貨幣に対する批判のなかには、貨幣そのものへの批判ではなくて、貨幣が何でも乗せてしまうことへの批判、要するに貨幣が便利すぎることへの批判もあります。私は、そうした批判に反論したいとは思いませんが同調するつもりもありません。貨幣という「価値の乗り物」の乗客のうちで、「良き」と評価すべきものが多いか、「悪しき」と評価すべきものが多いと思うかは、突き詰めれば個人の価値観の問題だからです。信念に基づいて貨幣どころか商品経済全体を拒否して農村で自立生活をする人々がいます。そうした人々の理想の高さと意志の強さは尊敬に値しますが、彼らに合流する人は多くないでしょう。それは世界観あるいは価値観が違うからです。貨幣に対する批判のうちのいくらかは、そうした世界観や価値観の持ち方の相違から来るものであるように思えます。

＊　＊　＊

しかし、貨幣の問題はそれだけではなさそうです。私たちが貨幣の何かがおかしいと感じることがある背景には、現代の貨幣が、それが本来持つべき機能を果たさず、果たすべき目的からの逸脱すら生じているという認識も隠れているからです。

＊　＊　＊

この本を書いている二〇一〇年の今、世界は二〇〇八年の秋に始まる「リーマン・ショック」と呼ばれる経済危機から立ち直っていません。危機の原因が何であったかについての議論はさておきましょう。しかし、危機の発生と連鎖のメカニズムに貨幣というものが深く介在していたことを否定する人はいません。それは貨幣というものに対する人々の見方や考え方にも大きな傷を与えたと思います。貨幣は人々の感情を傷つけたのです。

もっとも、感情と勘定は別ものです。危機の発生と拡大に貨幣が介在していたにもかかわらず、人々が実際に取った行動は石油や不動産などの実物的な価値を捨て、とりあえず貨幣の世界へと逃げ込もうというものでした。経済危機の発生と同時に、これらの価格は大きく値を下げたのです。危機を通じて、貨幣は「感情」の世界でますます嫌われるようになり、「勘定」の世界でますます強く抱き寄せられるようになったわけです。

＊　＊　＊

ところが、そうした危機の過程で別の動き方をした資産もありました。それは「金」です。金は、危機勃発の時点では、他の実物資産と同じく大きく売り込まれました。しかし、二カ月もしないうちに値を上げ始め、危機の一年後には史上最高値を更新するまでに高騰してしまったのです。これは何を示唆するのでしょうか。

かつて金は貨幣そのものでした。金貨の時代の話です。それが、金を支払準備として金庫に納めたままにし、代わりに銀行券を流通させる制度である「金本位制」へと移行したのは一九世紀半ばのことです。金本位制の下で人々の請求に応じて銀行券を金へと交換することを「兌換」といいます。金本位制では金そのものが貨幣として使われることは少なくなったのですが、金は兌換という仕組みを通じて貨幣の価値を支えていると信じられていたのです。

しかし、現在は違います。現在の貨幣制度は「管理通貨制」といって、貨幣価値の体系のなかに金を介在させません。貨幣を発行する仕組みそのものへの信用によって支えようというシステムなのです。それは第二次世界大戦中の一九四四年に開かれた国際会議、いわゆるブレトンウッズ会議での合意を始まりにするものですが、現代の貨幣が金と完全に縁を切ったのは、一九七一年に米国のニクソン大統領がドルと金との交換を停止すると宣言したことによってです。後に「ニクソン・ショック」と呼ばれるようになった事件ですが、以来、金は貨幣という劇場から退場したことになっていたのです。

その金が危機に際して急速に値を上げた背景には、現在の貨幣たちに対する不信があるように思います。それどころか、それは単なる不信の現れではなく金本位制復活の予兆に違いないとまで言う人たちもいます。しかし、私はそうした金価格の高騰を金本位制復活の予兆とみるのはナンセンスだと思っています。

金本位制の歴史というのは、戦争や恐慌などの危機に際しての兌換停止と、危機後の再開の繰り返しだったといえます。金あるいは金貨の輝きは危機の時にこそ魅力を発揮しますが、金本位制という制度そのものは危機に弱いのです。ですから、現在の貨幣たちの成績が芳しくないからと言って、引退したはずの金という役者を、危機再発の恐れが消えないうちに貨幣劇場の舞台に呼び戻そうというのは賢い選択ではありません。私たちが考えるべきは、ドルをはじめとする現役の貨幣たちが評判を落とすと、理由ははっきりしないままで金が買われたということの方でしょう。その原因の多くは、貨幣価値の基礎がどこにあるのかを分かりにくくしてしまった現在の貨幣制度の側にあると思えるからです。

それをどう直すか、そもそも直すことが可能なのか、それがこの本に私が託したいテーマです。

＊　＊　＊

この本では、まず貨幣というシステムが、どうして成り立っているのかを説明したいと思います。説明の仕方はいろいろあるでしょうが、ここでは経済とか社会というものが生まれ発展する過程を一つの物語として描いて、そこに貨幣というものが入って来るシナリオと、貨幣価値の決まり方について考えてみようと思います。それが第一章「パンの木の島の物語」です。少しの事実と少なくない想像から作り上げた仮想世界での物語ですが、いわゆる思考実験の一種だと思ってそこはお許しください。

第二章「金本位制への旅」では、今の私たちの貨幣制度の直接の源流である金本位制が成立するまでの貨幣の歴史を辿ります。旅のテーマは貨幣価値と時間との関係、具体的には金利の問題です。貨幣が金利を生むということには二千年を超える歴史がありますが、それは貨幣が人々の懐疑と憎悪の的となる理由にもなってきました。『モモ』そして『はてしない物語』などで知られる作家ミヒャエル・エンデは、時間や価値あるいは貨幣というものについての洞察でも多くの人の心をとらえています。その彼の感性のなかにも金利への重い疑念があるように思います。私は、そうした疑念の全部が正しいとは思いませんが、それでも彼が訴えようとした事柄の多くは貨幣を論じる者として無視すべきでないと思っています。ここでは、この金利という概念をキーワードにして、金貨や銀貨の時代が銀行券と中央銀行の時代へと移り変わった過程を追ってみましょう。そのなかで、銀行券と中央銀行とが生み出した金融政策という仕組みについても考えてみたいと思います。扱う時代は、金本位制が終局を迎える第二次世界大戦の前夜までです。

第三章「私たちの時代」で扱うのは現在の問題です。この章では、第二次大戦後の固定相場制時代とその崩壊から始まった変動相場制の時代におけるさまざまな出来事を辿りながら、金と訣別した現代の貨幣の価値の拠り所とは何か、そこでの政府と中央銀行の役割はどんなものなのかを考えます。そして、そうした世界の動きを踏まえて、第二次大戦後の日本に何が起こったのかと、その日本が抱える問題とは何かを探ります。マネーサプライとかインフレターゲットというような話題についても触れておこうと思います。

第四章「貨幣はどこに行く」は本書の締めくくりです。貨幣の未来を考えるうえで見落としてはいけないことは、世界経済が「成長」といえるほどの発展を示し始めたのは一九世紀の出来事であり、それは現代の貨幣制度の前身たる金本位制が世界に普及していった時期に重なるということです。このことは、貨幣と金融の制度が大発展した一九世紀そして二〇世紀という時代が、実は人類史の中では特殊な時間だったのかもしれないということを示唆するものでもあります。現代の貨幣制度は一九世紀に始まった「経済の持続的な成長」ということを大きな前提とするものなのかもしれないのです。しかし、二一世紀の世界がこれまでと同じやり方では成長を続けられないことは、人口や技術進歩の状況そして環境制約からみても明らかでしょう。もちろん、人類はそうした制約を乗り越え、新しいやり方で経済成長を続けさせることができるかもしれません。でも、できなかったとき貨幣をどうすべきか、それは、貨幣の問題を真剣に考えるのならば、一度は思いを巡らせるべきテーマなのではないでしょうか。この章では、そうした大きな歴史の流れをも踏まえて、私たちの貨幣がどこに行くのかを考えていくことになります。これにはいろいろな考え方ができます。いろいろな考え方ができますから、考えることの中身はここには書きません。どうか最後までお読みください。そのうえで貨幣というシステムを変えることができるかどうか、それを皆さん自身でお考え頂けたらと思います。

＊　＊　＊

では、第一章の物語を始めます。

第一章　パンの木の島の物語

太平洋ポリネシアに「パンノキ」という植物がある。英国人ウィリアム・ブライによって持ち込まれたのでカリブ海の西インド諸島にも生育している。高さ20メートルを超えるクワ科の常緑樹で、育て始めてから結実するまでに数年を要する。果実はデンプン質を多く含み、大きいものでは径30センチほど、発酵させ乾かせば長期保存にも耐えられる。ジュール・ヴェルヌの『海底2万マイル』には、主人公アロナックス博士らが熱帯の島に上陸してパンノキを見つけ、狂喜して「天然のパン」を味わうというシーンがあり、その描写で多くの冒険物語好きの少年少女たちを南海の楽園の夢に誘った。ここでは、この「パンノキ」をモチーフに貨幣が生まれてから終わるまでの物語を作ってみた。

経済学では複雑な現実を分析しようとするとき「モデル分析」という方法をよく使います。家計とか企業あるいは政府というようなプレーヤーたちがいて、互いに交渉したり取引したりしている「仮想の世界」を考え、そこで政府が税金を上げたり、家計が将来に対して不安を抱くようになったりしたら何が起こるか、そうしたことを数字や式を使って分析するわけです。分析のために作り上げられた仮想の世界のことをモデルと言います。

ところが、こうした手法を使って経済や金融のことを考えようとする場合、そこには最初から中央銀行というプレーヤーがいて貨幣を発行している、そういう前提で分析を行うのが普通です。悪い前提ではありません。その方が分かりやすくなる話はたくさんあります。しかし、困ることもあります。貨幣にはなぜ価値があるのか、貨幣を支える仕組みを変えたら何が起こるか、そうした問題を扱うときには、貨幣が「最初からある」と前提してしまっては、それ以上考えようがないからです。

そこで、この章では、そうした前提から離れ、しかしモデル分析という手法の基本にある「仮想の世界」を作ってみるという発想だけは頂戴することにして、貨幣の初めから終わりまでを物語風に構成してみることにしたいと思います。面倒な数式は使いません。それらは分析の本質ではないからです。ただ、貨幣の将来を考えようとする以上は、現実の歴史の流れから大きく離れない方が良いでしょう。それだけは意識しながら、貨幣を考えるための「仮想の世界」を組み立てたいと思います。題して『パンの木の島の物語』です。

一　物語の始まり

腐ってしまうパンの実を蓄える方法

人類がまだ弱く、海原を恐る恐る筏や丸木舟で航海していた時代の話です。その頃ですから、神も人々の隣に存在していました。そうした人々のなかに、神の加護を信じて海に乗り出して行った家族たちがいたとしましょう。苦難の末に彼らが森に覆われた美しい無人島に漂着したと想像してください。物語はそこから始まります。

人々は島に上陸しました。そして神の恩寵を眼にすることになります。彼らは島に分け入り、美味しい味と香りのする実をつける木が島の各所に林となって生えているのを見つけたのです。彼らは、その木を「パンの木」と呼び、実を「パンの実」と名付け、それを頼りに暮らしていく決心をしました。家族たちは各々に頼りにすべきパンの木の林を決め、側《かたわ》らに家を作りました。そして、日を決めて集まる場所として広場を作りました。その広場で、神の声を聞いたのです。それは、「互いに助け合い、約束を守って暮らす限り、パンの木は実をつけ続けるだろう」というものでした。神が本当に語ったかどうか、どんな言葉で語ったかは問題ではありません。人々は神の声を聞いたと信じたのです。人々は声を守って暮らすことにしました。

さて、そうして島で暮らしてみると、人々はあることに気がつきました。パンの木には林によって多くの実をつける年と、少しの実しかつけない年があるのです。最初のうち、彼らは多くの実を得た年には感謝して飽食し、少ししか実が得られない年には信仰の不足を反省しつつ空腹に耐えていました。もちろん、パンの実を蓄えようとした家族もありました。でも、それはうまくはいかなかったのです。パンの実は乾かせばずいぶん日持ちするのですが、それでも一年も経つと腐って食べることができなくなってしまうからです。

ここで人々は「助け合え」という神の言葉を思い出しました。親しくしている家族と家族とが、多くの実が得られた年には他の家族に分け与え、少しの実しか得られなかった年には他の家族に分けてもらうということを始めたのです。これはうまくいきました。倉庫に入れておいても長くは貯蔵できなかったパンの実を、「助け合い」というかたちで蓄えておくことに成功したのです。ここで「貯蓄」が始まったわけです。

話が変わりますが、この「貯蓄」というものの始まりについて、面白いことを言っている人がいます。一九七六年に『利己的な遺伝子』を発表して世界に衝撃を与えた生物学者リチャード・ドーキンスです。彼は別の著書の中で、私たち現生人類の祖先が猿人と呼ばれていたころの物語として、彼らがすでに「肉の最善の貯蔵倉は仲間のお腹だ」ということに気づいていただろうと書いています。群れで生活をしていた彼らのうちの一個体が多くの食料を見つけたとき、そうした食料をただ抱え込んでおけば腐ってしまいますが、それを仲間に分け与えて好意を得ておけば、いずれ互いの運が逆転したときには、仲間がお返しをしてくれる可能性がある、そうした可能性

パネル1：ドーキンスとスミス

左はアフリカで発掘されたアウストラロピテクスの復元像。アウストラロピテクスは今から400万年前から300万年前のアフリカに住んでいた人類の遠い先祖で二足歩行していた。ドーキンスは、彼らが二足歩行するようになったのは、食べ物を持ち帰り、その持ち帰った食べ物を保管したり仲間と分け合ったりするためだったろうとしている。本文の喩えもその文脈のものである（垂水雄二訳『祖先の物語』小学館）。ドーキンスは付け加えて「肉の最善の貯蔵倉……」という表現自体は、心理学者スティーブン・ピンカーからヒントを得たものだとも書いているが、それならばピンカーの発想もまたアダム・スミス的だといえるかもしれない。アダム・スミス（Adam Smith、1723–1790、写真右）がいた18世紀の英国は、フレンチ・アンド・インディアン戦争（1755–1763）をはじめとする一連の戦争で北アメリカとインドからフランス勢力を駆逐し、後の大英帝国の領土的基盤を確立するのに成功した時期に当たるが、他方で貧富の格差拡大や戦時公債の償還などの重い問題を抱えていた時期でもあった。彼の著作には、そうした時代状況への問題意識が満ちている。なお、本書中の引用は、大河内一男監訳『国富論』（中公文庫）からのものである。

に対する期待が動物の群における「助け合い」行動の背景にあるというのです。続けて、「有史時代になると、この種の借用書はお金として象徴化されることになっていく」とも書いています。貨幣あるいは金融という営みの誕生についての認識も含めて、人類あるいは生物の持つ「利己的な行動誘因」に対する彼のポジティブな評価は、個人の利己心が調和する場として社会とか市場とかいうものをとらえようとする経済学の基本スタンスにも通じるところがあるといえます。

経済学といえば、その祖ともいえるアダム・スミスの『国富論』にも、「われわれが自分たちの食事をとるのは、肉屋や酒屋やパン屋の博愛心によるのではなくて、かれら自身の利害にたいするかれらの関心による」という一節があります。ドーキンスとスミスの議論は対象も時代背景もまったく違いますが、その根底には、人を含めてあらゆる生物に普遍的な「利己的な行動誘因」は、集団としての種や社会の繁栄に対し、マイナスではなくプラスに働くという直感があるといえそうです。ところで、なぜアダム・スミスは、わざわざ「博愛」ではなく「利己」の心だと言ったのでしょうか。その理由を次に考えようと思います。

助け合いから契約へ

話を航海者たちの子孫に戻しましょう。「助け合い」は確かに人々の生活を少しは楽なものにしました。しかし、それには限界があります。助け合いは仲の良い家族の間でないと成立しませんが、パンの実が豊かに実る年と少ししか実らない年が、仲の良い家族の間に限って交互に現れるとは限らないからです。少しの実りにしか恵まれず、仲良くしている家族たちにもさほどの余裕がなさそうなとき、日ごろの付き合いはない家族からパンの実を分けてもらうことはできないでしょうか。

できます。それは「契約」をすることです。契約によって現在のパンの実と将来のパンの実を交換すればよいのです。それに、神も「助け合い」と同時に「約束を守れ」と命じています。そうした規律があれば、契約は誠実に守られるでしょう。そこで人々は契約によって食物を交換することを始めました。今年の豊かな実りを得た家族は、実りが豊かでないかもしれない来年に備えて、今年の実りの乏しさに苦しんでいる家族を探して彼らにパンを与えるのです。ただ、そのときに、豊かさと乏しさが逆転した年にはパンを返してもらう、そう契約してパンを与えることにしたわけです。

ところで、こうして見ず知らずの家族たち同士で今年と来年の産物の交換を成立させるためには、どれほどの量のパンの実を交換したのか、それを確実に覚えておく必要があります。約束を守ることは神が命じているとしても、そのことを何かのかたちで残しておかないと、何が何だか分からなくなってしまうかもしれません。そこで、パンの実の収穫期を迎えると、広場には多くの人が集まり、そこでの約束を書き留めておくことが始まりました。彼らは文字を使うようになったわけです。

人々の暮らしは楽になりました。空いたお腹を抱えて眠らなければならない夜も、余ったパンの実が腐っていくのを眺めていなければならない日も、以前よりはるかに少なくなったからです。人々は「約束を守れ」と諭した神の言葉の意味をますます深く信じるようになったことでしょう。

パネル２：文字の起源

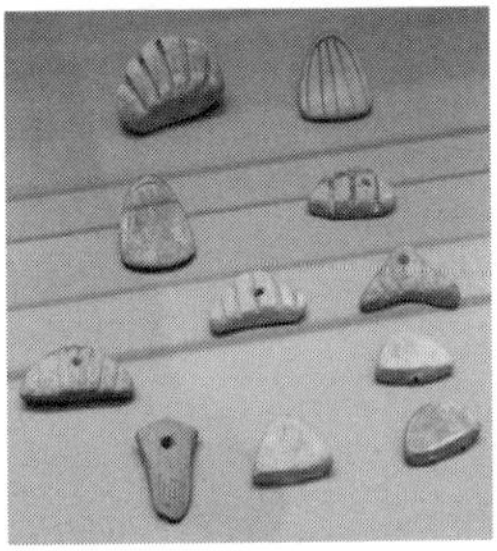

文字の起源については、文字は絵から生まれたとする絵文字説が長く主流だったが、考古学者デニス・シュマント＝ベッセラは、膨大な数の出土品を検討したうえで、文字はトークンと呼ばれる粘土製品の使用から発展したという説を1992年に発表して世界を驚かせた。トークンは、メソポタミアとその周辺地域から出土する円錐や球あるいは円盤状をした小さな粘土塊で、これを粘土板に捺しつけて型を残し、穀物や家畜の管理や取引のために使ったらしい。同地域でのトークンの使用は紀元前8000年紀にまでさかのぼれる。シュマント＝ベッセラの「文字トークン起源説」には反対もあるようだが、学界における支持者を増やしている。私たちは取引の契約書を記録するのに文字を使うので「文字は契約の基礎である」というように考えがちだが、そうではなく、「契約が文字を生んだのだ」としたら、それは確かに衝撃である。文字は宗教においても芸術においても決定的に重要な役割を果たしてきたし、ときに「神聖」とさえされてきたが、その起源が人々の利己心の産物である「取引」なのだとしたら、私たちの文明観や社会観に対して与える影響も大きいからである。写真はイラクのウルク周辺で出土したトークンとその型を捺した粘土板。人類最初の文字とされる楔形文字の発明者であるシュメール人は紀元前4000年紀に古代メソポタミア文明を作った民族だが、ウルクはその初期の中心都市だった。メソポタミアは記録で確認できる世界最古の交易文明である。

ここで考えてみてください。人々の暮らしが楽になったのはなぜでしょうか。それは、現在の食物と将来の食物の交換を、仲の良い家族同士の「助け合い」から、見ず知らずの間柄でも実行可能な「契約」へと変化させることによって、それが可能になる範囲を一気に拡大させたからです。拡大のドライバーになっているのは、他の人のためになろうという「博愛の心」ではなく、食物が余っているときには他に与えて将来に返してもらう方が得だという「利己の心」です。互いの「利己の心」を認めあうことによって、人々の暮らしは楽になったわけです。アダム・スミスが強調しているのは、そうした「利己的な動機」の大切さなのでしょう。

こうして生活にゆとりが生まれると人々の生き方も変わってきます。彼らは自然に生えているパンの実を採集するだけでなく、その種を地面に播いて上手に育てれば何年か後には今年以上のパンの実が収穫できることに気がつきました。パンの木の林はパンの農園になり、そうして人々はさらに豊かになりました。農業が始まり経済成長が始まったわけです。

資本市場の成立

農業を始めてみると人々はあることに気づきました。パンの木の種を地面に播いて収穫を増やすには、知識や経験が要ります。どこに種を播くかもパンの木の育ち方に影響します。つまりは、パンの木を育てることに長けている家族と、そうでない家族がいることが分かってきたのです。そこで何が起こるでしょうか。

広場に家族たちが集まります。彼らは自分の農園のパンの木の育ちを思い、また、家族がどれほどのパンを必要とするかを考えます。ある家族は、今年はパンの収穫に恵まれたが来年は娘が嫁に行く、働き手が減るからどんなに頑張っても今年ほどの収穫をあげるのは無理だろう、それなら今年の豊かな収穫のうちからいくらかを他の家族に渡し、来年になったら少し増やして返してもらえたら嬉しいと考えています。別の家族は、働き盛りの若者がいるので他の家族からパンの実を分けてほしい、それがあれば来年には分けてもらったのより多くのパンの実を返せるはずだと考えているとしましょう。すると二つの家族の間に交換が成立する可能性が生まれます。来年に多くを望めないと諦めている家族は、来年にはパンを増やせると考えている家族に収穫の一部を渡して、少しでも多くのパンの実を来年に返してもらう方が豊かに暮らすことができるからです。でも、もしかすると、なかにはもっと意欲的な家族がいて、人手さえあればさらにパンを増やすことができると考えているかもしれません。そうした家族は、他の家族からまとまった量のパンの実を融通してもらえれば、それで若い働き手を雇って農園を拡張し、いずれは融通してもらった量を大きく上回るパンの実を返せると言い出すでしょう。広場は、そうしたさまざまな事情を持った家族たちが、少しでも有利な契約を結ぼうと集まる場になるわけです。すると何が起こるでしょうか。

最初のうち、広場は喧騒に包まれるでしょう。いろいろな家族同士が交渉を始めるからです。ところが、この喧騒はしばらくすると収まっていきます。理由は、よりよい条件を求める「人々の利己心」が働くからです。今年のパンの実を他へ融通する余裕のある家族は、より多くのパンの実を返してくれそうな家族を探し、一方、今年のパンの実が得られれば来年には増やして返せると思っている家族は、よりつつましい条件でパンの実を融通してくれそうな家族を求めます。そして、広場に集まった家族たちが、もうそれ以上は有利な条件を探せそうもないという比率での契約が成立したとき、人々は納得して広場の喧騒は収まります。今年の実りに恵まれた家族たちは、意欲的な家族たちと契約することで、今年の豊かな実りを来年に繰り越すことに成功し、また意欲的な家族たちは、各々の実力と意欲の程度に応じてパンの実を増やす機会を得ることができたからです。広場で人々が交渉のために集まる場所は「市場」と呼ばれるようになり、そこで出来上がる相場が「市場価格」となったわけです。

なぜ広場の喧騒が収まったか、そこを整理しておきましょう。喧騒が収まった理由は、今年の豊かな実りの一部を他の家族に託して来年の安心を得ようとする人々が提供しようとするパンの量つまり「供給」と、来年の発展を期してその元手を得ようとする人々が欲するパンの量つまり「需要」が一致したからです。需要が供給を上回れば、パンの実がぜひ欲しい家族は、広場で成立しかけている条件よりも良い条件を大声で呼びかけてパンの実を得ようとします。供給が需要を上回ったときには、パンの実を豊富に持っている家族は、条件を切り下げてでも誰かにパンの実を引き取ってもらおうとするでしょう。そうした人々の「利己的」な行動が広場の喧騒を収めてくれるわけです。経済学では人々が使うことで何らかの満足や利便を得ることができるものを「財」といいますが、ここで人々が行ったことは、目の前にある財つまり「現在財」と、契約によって将来得られるはずの財つまり「将来財」の交換取引なのです。

では、現在財と将来財の交換とはどんなものか、図で考えてみましょう。交換取引ですから、

パネル３：需要と供給そして「見えざる手」

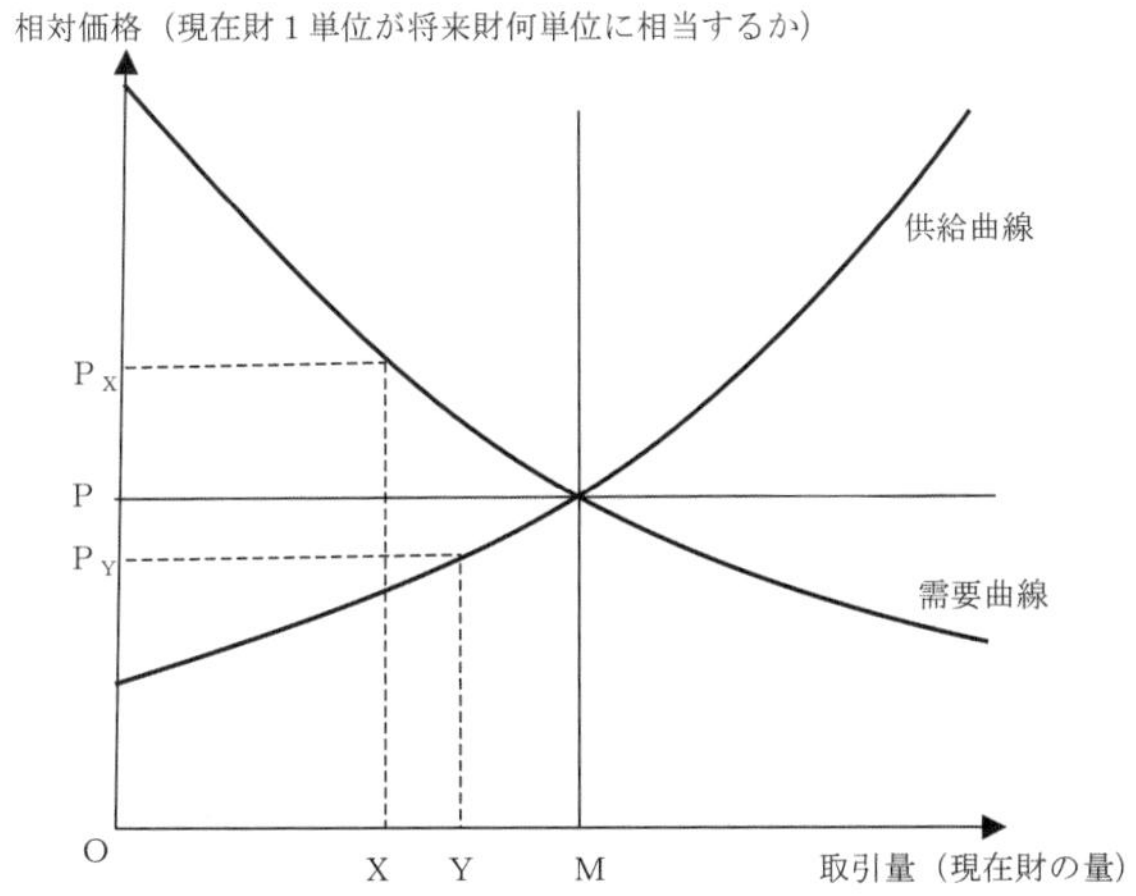

市場では需要曲線と供給曲線の交点で取引が成立し、そのときの価格はＰで取引量はＭである。取引が成立すれば、P_Xという価格ならパンを欲しいと思って市場に参加した人たちはP_Xより安い価格Ｐで取引できて満足し（その人たちが求めているパンの総量はＸの大きさ）、またP_Yという価格で売りたかった人たちも、P_Yより高い価格Ｐで取引できて満足するが（彼らのパンの総量はＹの大きさ）、それは今年の資源を効率よく増やす人たちの活動を促すことを通じて、社会全体としての富の向上に貢献するものにもなる。このことを、アダム・スミスは、「国内の勤労の維持に自分の資本を用いる人はみな、その生産物ができるだけ大きな価値を持つような方向にもっていこうと、おのずから努力する」としたうえで、「生産物が最大の価値をもつように産業を運営するのは、自分自身の利得のためなのである。だが、こうすることによって、……見えざる手に導かれて、自分では意図してもいなかった一目的を促進することになる」（『国富論』）と続けている。

そこには交換比率つまり「価格」が存在します。もっとも、ここでいう価格とは、私たちが卵一個いくらとかコーヒー一杯いくらかというときの価格、つまりオカネで測った値段ではありません。現在財の一単位が将来財の何単位に当たるかという意味での価格です。そうした意味での価格を経済学者は「相対価格」といいます。そこで、将来財の価格を縦軸にとって、その価格でどれほどの現在財を提供できるかという「供給」と、いかほど欲しいかという「需要」の大きさを横軸にとったのが前のページの図です。現在財を供給したいと言う人の数は、現在財が値上がりして、一単位の現在財と引き換えに得られる将来財の量が多くなるほど多くなるでしょう。その様子を右上がりの曲線で表しておきました。これが「供給曲線」です。反対に、現在財の需要は、現在財が値上がりすれば減少します。だから、右下がりの曲線になります。こちらは「需要曲線」です。その両方の曲線が交差するところで、売りと買いとが一致し「市場価格」が成立するわけです。

注意しておきたいのは、こうして需要と供給が一致することは、単に人々を納得させて広場の喧騒を収めてくれるだけではなく、島全体として、より多くの来年のパンを作り出す条件を整えてくれているということです。今年のパンの実をより多く増やすことのできる条件に恵まれた家族は、そこまでの条件に恵まれていない家族に代わって、彼らのパンを増やすことを引き受けます。そして、そのことで島により豊かな未来を提供していくことになります。広場で人々が出会い契約を行うことが、その豊かな未来を実現するときの鍵になったわけです。

利己心と利己心が出会うことの重要さを説いたアダム・スミスのことは、すでに紹介済みですが、その彼の最も有名な表現は、おそらく「見えざる手」という言い方でしょう。彼は、この形容のなかに、個人にとっての利己的な行動が市場で調和されて、結果として世の中全体の豊かさに至るという理念を込めました。博愛の心では限界があった「人々の出会い」は、利己の心をドライバーにすることで大きく広がるからです。より多くの人々が市場で出会えば、世界にはより多くの富が生み出されるようになります。そうして人々を市場に誘う仕組みの全体を「見えざる手」と彼は呼んだのでしょう。その手に導かれて、さまざまな人々が出会い、より豊かな未来のための契約を行う場が出来上がると考えたわけです。そうした出会いの場を、現在の私たちは「資本市場」と呼んでいます。資本市場とは、現在財と将来財を取引する場のことです。

貯蓄と投資そして利子

資本市場の話をもう少し続けましょう。今年のパンを渡して来年のパンを返してもらうという契約のことを、現在の私たちの言い方では何と呼ぶでしょうか。普通は「現在財と将来財の交換」などといいません。パンを渡すことを「パンを貸す」というでしょう。パンを渡される立場なら「パンを借りる」です。交換の比率は「利子率」と呼ばれるはずです。

私たちは「オカネのある生活」にすっかり馴染んでいますから、「利子」といえばオカネすなわち「貨幣」に特有のものであるかのように思ってしまう傾向があります。しかし、こうした現在財と将来財の交換という枠組みで考えれば、そこにはちゃんと「利子」に相当するものを考えることができるわけです。こうした実物的な財そのものに付く「利子」の大きさのことを経済学では「自然利子率」といいます。貨幣による契約に馴染んだ私たちの世界では、貯蓄や投資の決定にあたって自然利子率を意識することはめったにありません。しかし、自然利子率は、貯蓄と投資をバランスさせる価格として、現在の経済社会の背後に存在しているはずなのです。

もっとも、現在財と将来財の交換というとき、その交換比率を今日のうちに決めてしまうのが良いかどうかは分かりません。家族によっては交換の契約をしたときに比率を確定させてしまうのでなく、来年のパンの実りを見てから決めたいと思うかもしれないからです。来年のパンの実の出来に確信が持てない家族が契約するのなら、こうしたやり方を選ぶでしょう。これは「出資」とか「投資」と呼ばれるものです。この場合、利子に相当する上乗せ分は「配当」と呼ばれます。成果配分のルールは違いますが、貸し借りと本質に大きな差はありません。大事なことは、広場すなわち資本市場で行われていたのが「パンの貸し借り」なのか「出資」や「投資」なのかではなく、そうした交換の価格つまり自然利子率は、来年の収穫がどうなるかに対する人々の見方によって大きく左右されそうだということです。

たとえば、来年の収穫に対する人々の期待が変化したときに何が起こるでしょうか。来年に対する見方が楽観的になれば、自然利子率も高くなりそうです。悲観的になれば逆のことが起こりそうです。来年の収穫に恵まれるということは、今年の一個のパンの実に対して、来年はより多くのパンの実が得られるということですから、その交換比率は今年のパンにとって有利になります。要するに、一単位の現在財を得るためにはより多くの将来財の返還を約束しなければならなくなるわけです。これを私たちの普通の言い方に直せば、経済の実質成長率に対する予想が強気化すると、自然利子率も高まるはずだということになります。

もちろん、自然利子率の大きさを決めるのは来年の収穫に対する予想だけではありません。そうした予想の確からしさにも影響されるでしょう。たとえば、同じぐらいの経済成長が予想される場合でも、確実に一定の収穫増があると期待しているのと、来年の収穫には大きな変動がありそうだが、平均的にみてほどほどの成長が見込まれているのとでは意味が違いそうです。大きな収穫増に恵まれたときは飽食し盛大な祭りを行って祝えば良さそうですが、収穫が大きく減ってしまったら大変です。飢饉で死者が出るかもしれません。富の量の変化によって得られる人々の暮らしへの影響は、富が増えるのと減るのとでは対称的ではないわけです。そうすると、人々は来年の収穫に対して大きな不安を抱えているときほど、現在財を将来財に交換することに対して慎重になるでしょう。要するに、自然利子率は人々の将来の豊かさに対する予想が不安定になるほど高めになる傾向を持つことになります。これは投資理論の世界で「リスク・プレミアム」と呼ばれている利子率の決定要因の一つです。

自然利子率を決める要因はもっと他にもあります。それは経済学者が「時間選好率」と呼ぶものです。時間選好率とは人々が同じ一単位の財を消費するのならば、将来財よりも現在財を選ぶという一般的な傾向のことです。なぜ現在財が好まれるのか、その理由ははっきりしませんが、人は自分の将来について確実な予想を持っているわけではないということは関係していそうです。来年には増やして返してもらうつもりでパンを渡してしまった後で、重い病気にかかり余命わずかとなってしまうかもしれません。そのときには、今日のうちにパンをぞんぶんに食べておけば

パネル4：4000年前の利子規制

メソポタミア文明を作ったシュメール人の世界には後の金貨や銀貨のように品位や量目が規格化された貨幣はなく、取引の決済には大麦や銀の地金などが用いられていた。しかし、貨幣はなくても、貸借という概念は存在し、利子も授受されていたことが分かっている。紀元前18世紀に制定されたハンムラビ法典には利子率に関する決まりもあり、大麦の貸付の場合で年利33.33…%、銀の場合なら20%となっている。リスク・プレミアムも時間選好率も非常に高かったに違いない時代環境を考えると、これは意外に低いと言えるかもしれない。なお、ハンムラビ法典は長く「世界最古」といわれてきたが、シュメール文明における法典はもっと早くから存在していたことも分かっており、そうすると法による利子規制もハンムラビ以前から存在していたのかもしれない。また、時代はずっと後になるが、律令時代（8世紀以降）の日本では、「出挙（すいこ）」といって、春に種籾を貸して収穫期の秋に利子をつけて返すことが行われていた。こちらの利子率は、官が貸付者になる公出挙と民が出資者となる私出挙で違いがあるが、安くても30%、高い場合は100%にもなったというから、それより2000年以上も前のハンムラビ法典の規制利子率よりかなり高利である。写真は1901年に発見されたハンムラビ法典（ルーブル美術館蔵）。閃緑岩の石板に刻まれている。

よかったと後悔するかもしれないでしょう。そうした可能性を考える人は、おそらく将来財よりも現在財を好むはずだからです。それが時間選好率です。

ところで、そこまで考えてくると、不思議に思う読者も少なくないでしょう。こうしてみると、利子率は広場すなわち資本市場に集まる人々の来年への見方や人生観によって決まるものであり、特定の誰かの意思や決定によって左右できるものではなさそうです。ところが、現実の世の中を見渡すと、利子とか金利というものは法律による規制の対象になったり、日本銀行や米国の連邦準備制度などの「中央銀行」の動き方によって決まったりしているように見えます。どうしてなのでしょうか、それらと広場で決まる「自然利子率」とはどう違うのでしょうか。これは、この本の重要なポイントなので次の章で詳しく説明することにしましょう。でもその前に、物語の島の世界にも貨幣が生まれなければいけません。

二　貨幣という発明

貨幣の誕生

さて、島に資本市場が生まれる、つまり今年のパンの実と来年のパンの実とを取り換える仕組みができあがる一方で、島ではもう一つの変化が起こっていました。人々が多くのパンの実を得ることができるようになるのと並行して、さまざまな物産が市場に現れるようになったのです。

ある家族は木の蔓を使って作った籠を市場に持ち込み、また別の家族は土を焼き固めた壺や皿などを市場に持ち込みます。果物や魚を並べる家族も出てきたでしょうし、植物の繊維を編んで作った服を見せる家族も出てきました。豊富になった物産の交換取引が市場で始まったわけです。

市場での交換は嬉しいものですが、しかし問題もあります。豊富な物産が市場にあると言っても、自分が欲しい物産がいつも市場に出ているとは限らないからです。海から獲ってきた魚を売って、蔓で編んだ籠を買って帰りたいと思っても、ちょうどよい大きさの籠が市場に出ていないかもしれません。でも、だからと言って魚を売らずに持ち帰ったら翌日には腐ってしまいます。そこで、人々はとりあえず魚を売って別のものに取り換え、明日にはそれを持って出直そうと考えるのではないでしょうか。

では、そうして取り換えておくためのものとしては何が便利でしょう。条件は誰にとっても価値があって分かりやすいことです。だから、おそらく選ばれるのは「パンの実」になるでしょう。そうなってくるとパンの実は自分で食べるためだけに必要とされるのではなくなります。パンの実は、今日の価値を明日へ送るための「価値の乗り物」あるいは「価値の保蔵手段」として使われるようになるからです。人々は何か欲しいものがあるときはパンの実をかついで市場に出かけ、作ったものを売ったときはパンの実を抱えて家路につくようになりました。

パンの実をこうして使うことには別の良さもあります。誰もがパンの実を広場で使うようになると、さまざまな物産の価値をパンの実の数で表すことができるからです。この魚はパンの実の四分の一に相当するだとか、この皿ならパンの実二つに相当する価値があるというようなことを言うことができるようになります。さらに、たまたま籠を買いに市場に出かけたときに美しい壺をみてそれも欲しくなったが、十分な数のパンの実を持ち合わせていないというようなときでも、とりあえず壺をもらって家に帰り、明日になったら必要なだけのパンの実を持ってくると約束することだって可能になります。貨幣の特質として、それが「価値の保蔵手段」であることに加え、「決済手段」であり、さらに「価値尺度」でもあるといわれることがあります。つまり、ここで「パンの実」は貨幣へと進化し始めたと言っても良いでしょう。

ところで、「パンの実」を貨幣として使うのは便利なのですが、問題も少なくありません。パンの実はかさばって重いし、市場への行き帰りに雨に濡れたら大変です。また、パンの実は収穫期には大量に出回りますが、非常に少なくなってしまう時期もあります。貨幣としてだったら、運んだり貯蔵したりしても傷むことが少なく、また季節を問わず手に入る物を使った方が良いのです。では、どんなものがよいでしょうか。

現実の歴史をみると、貨幣として何が使われたかは、地域や時代によってさまざまです。世界史を通じて貨幣の主流になっていったのは金属なのですが、美しい石や布などが使われた文明もあったようです。でも、案外、と言ってよいほど多いのは、貝とりわけ宝貝の貝殻でした。そこで、この物語でも宝貝が貨幣として使われ始めたことにして話を進めましょう。

さて、島の物語です。この頃になると、人々の生活にはゆとりが生まれ、とくに裕福な家族たちは美しい物で身体や家を飾ることに熱心になっていました。そうしたなかで人気があったのは海岸で採れる美しい宝貝の貝殻でした。人々が豊かになるにつれて貝殻の価値も上がり、上手に磨かれたもの一つはパンの実一つと交換されるまでになっていたからです。確かに貝殻は陽に照らされても雨に濡れても傷むということがありません。軽くて持ち運びも楽ですし、数えるのも簡単です。要するに貝殻はパンの実よりも貨幣に向いていたのです。

もっとも、貝殻を貨幣として使うことに最初は抵抗もありました。パンの実は誰にとっても価値のあるものですが、貝殻はそうではありません。人々の生活にゆとりが出てきたと言っても、身体や家を飾るということに価値を見出すほど裕福な家族は数えるほどしかありません。宝貝を集めて腕輪にしたり首飾りにしたりするほどの余裕のない家族にとって、一つや二つの貝殻を持っていても、それほど嬉しいことではないからです。でも、やがて人々は貝殻を「貨幣」として受け入れていきます。それは、いつでも貝殻を受け取ってくれる家族が出てきたからです。

島に裕福な家族があったとしましょう。名前があった方が説明しやすいので、彼らを「シェル家」と呼ぶことにします。シェル家の人々は美しい貝殻を集めることにとりわけ熱心で、海岸に出て自分たちで貝殻を集めるだけでなく、人々が美しい貝殻を持ってくるたびに、貝殻一つをパンの実一つと交換するということを始めた、そう思ってください。シェル家は優れた技術に裏打ちされた積極的な果樹園経営の結果、いまや広大な農園を保有するまでになっていました。そのシェル家がいつでも貝殻をパンの実と取り換えてくれるということになれば、貝殻一つはパンの実一つと同じ価値を持つも同然です。それなら扱いにくいパンの実より貝殻の方が便利です。こうして貝殻の貨幣は人々の間に普及していったのです。

余談ですが、貝殻を貨幣として用いていたことが確認できる最も古い文明は、中国の殷文明で

パネル5：貨幣としての宝貝

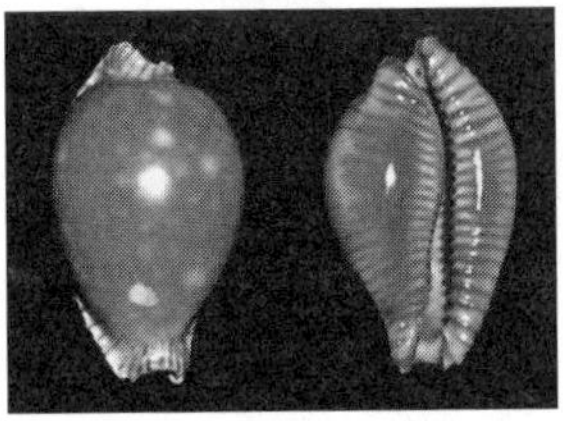

アフリカやインド洋地域での貨幣としての宝貝使用についての最も有名な記録は中世イスラム世界のイブン・バットゥータの『大旅行記』だろう。バットゥータは、1304年にマリーン朝時代のモロッコで生まれ、21歳のときに聖地メッカ巡礼を志して故郷を出てから25年をかけてアフリカ・西アジア・ロシア・中央アジアそして元時代の中国まで旅をして故郷に戻ったのち、再びスペインやサハラ砂漠奥地にまで旅行している。彼の旅行記とは、マリーン朝の命を受けたイブン・ジュザイイが、彼の口述を記録したものである。その旅行記にあるのが、インド洋のモルジブ諸島では宝貝が貨幣として使われ、その価値は貝40万個で金貨1枚に相当していたという記述である。ちなみに、同書中にはサハラ南縁部のマリで宝貝1150枚が金貨1枚と交換されていたという記述もあるので、当時における宝貝貨幣の価値は地域によってずいぶん違っていたようだ。こうした価値の地域格差は、その後に喜望峰経由の大西洋インド洋航路を開発したポルトガルに絶好の収益機会を提供するものとなったが、17–18世紀になるとこの貿易にオランダと英国が参入し、貨幣としての宝貝の歴史に不快な記録を残した。モルジブの宝貝はアメリカ大陸における奴隷労働力をアフリカで得るために使われたからである。当時の西アフリカでの奴隷1人の価値は、最も安い時期で宝貝25ポンドほど、高い時期で400ポンドほどだった（Jan Hogendorn & Marion Johnson "The Shell Money of the Slave Trade" Cambridge University Press 1986）。写真左は宝貝の実物。右は現代のガーナ共和国で使われているコイン。宝貝を意匠として用いている。

すから紀元前一六世紀ころにまでさかのぼることができます。使われていた貝は宝貝で、これは中国の近海では採れませんからベトナムやインド洋方面から運ばれて来たものだろうと言われています。殷は国号を「商」と称し、これが「商人」とか「商業」という言葉の語源になったとされるほど交易に長じた文明でした。そこで使われていたのが、遠方から運ばれて来たと思われる宝貝だったのです。また、近世まで宝貝が広く貨幣として用いられていた地域として知られているのが西アフリカです。西アフリカで使われていた宝貝も、遠くインド洋のモルジブ諸島から運ばれてきたものでした。

貝を貨幣にする話の実際はさておき、こうした自然の物産を貨幣にするときには解決しておかなければならない問題が少なくありません。なかでも大きな問題は、どうやって海で採れる貝殻が「パンの実と同等の価値がある」ことを保証するかです。パンの実の価値は大きさと重さでだいたい決まってきますが、美しさや大きさがまちまちな宝貝ではそうはいきません。どの宝貝を価値のあるものとし、どの宝貝はさほどでもないとするか、それは「好み」の問題にも等しいからです。では、どうすればよいでしょうか。

シニョレッジの始まり

そこで始まったのが、貝を「鑑定」することです。人々は海岸で美しい貝を見つけると、それを磨いてシェル家に持って行くようになったのです。シェル家は持ち込まれた貝の価値を認めると家名を貝殻に彫り込みます。そうしてもらえると人々は安心です。あのシェル家が保証してくれるなら貝殻の価値は誰もが認めるでしょう。人々は、自分が探しだした宝貝を鑑定して「貨幣」にしてもらうために、シェル家の門をくぐるようになったわけです。

もっとも、シェル家もただで鑑定してくれるわけではありません。少しは手数料のようなものを貰わないと鑑定などやっていられないでしょう。そこで、彼らは、たとえば一〇個の宝貝を持ち込まれると、そのうちの九個に家名を「印」としてつけて返し、最後の一個は「鑑定料」としてもらっておくということを始めたのです。これでシェル家は貨幣の発行によって利益を得ることができるようになりました。宝貝を鑑定して「貨幣」と認めたときに手もとに残した一個の貝殻が彼らの取り分になったからです。

ところで、こうした貝殻貨幣の使用が普及するころ、シェル家と島の人々との間にも変化が起こり始めました。裕福で経験も豊かなシェル家には、人々のいろいろな頼み事が持ち込まれるようになってきたからです。ある家族は、貸したはずのパンの実が返してもらえない、返せない事情によっては契約を結び直しても良いのだが、どんな手順にしたらよいか知恵を貸してほしいと言います。また、山のふもとの果樹園をイノシシが荒らして困るので、それが来ないよう山裾に柵を巡らせてほしいと言いに来る家族たちもいます。広場から離れた場所に住んでいる家族たちは、広場にある市場にパンの実や他の物産を運ぶのに不便だから、道路を整備してもらえないかと頼みに来たりもします。すると、シェル家は何がしかのお礼を受け取ってそうした人々からの依頼に応じるようになっていきました。それはシェル家をますます大きく豊かにしていったのです。そして、シェル家はいつか「王家」と呼ばれるようになり、その役割は「政府」と呼ばれるようになりました。貨幣の発行も政府の「業務」になっていったのです。

現実の歴史をみても、貨幣の誕生と王権の成立は並行している例が少なくありません。貨幣を作り出すときに製造者が得られる貨幣発行益を「シニョレッジ」といいますが、この語のもとになったのは、中世ヨーロッパの領主を意味する「シニョール」という言葉だったそうです。今でも、イタリアやスペインではこの言葉を男性への敬称として使いますが、そうした語源自体、貨幣の発行と王権あるいは領主権の成立との結び付きを示すのだといえそうです。

史書によれば金を最初に貨幣として規格化したのは紀元前七世紀の小アジアにあったリディア王国だったそうですが、そこで行われていたのは自然に採取できた金と銀との合金粒に王の刻印を打ったものでした。ここでは、そうした歴史に多少のアレンジを加えて、貨幣としての「印」を付ける対象を宝貝の貝殻にしてみました。金や銀を貨幣として使う歴史に慣れてしまった私たちからみると、モルジブやアフリカの貝殻貨幣は何か原始的な貨幣のような気がするかもしれませんが、パンや衣服のように誰にとっても必要なものを貨幣にするのではなく、裕福な人にとってだけ意味がある「身を飾る」ということ、そこから生じた価値を貨幣化させていったという点では、その本質に大きな違いはありません。航海者たちの子孫の島の経済は、パンの実や貝殻を貨幣として使う実物貨幣の時代から、貝殻に印を刻むという決まりを作ることによって、金貨や銀貨を使う文明に相当する時代へと「進歩」を始めたわけです。ところが、そうした貝殻や金や銀などを貨幣として使うことには問題もあります。そこに人々が気付き始めたとき、物語は次のステップに進みます。

パネル6：リディアの刻印貨幣と中国の布銭

小アジアつまり現在のトルコのアナトリア半島部では、古くから砂金に混じって自然に形成された金と銀との合金が粒となって採取できたらしい。それを集めて刻印をし、貨幣として使えるようにしたのがリディアの貨幣である。こうして作った貨幣は、「エレクトラム金貨」とか「エレクトロン金貨」と呼ばれる。ちなみに、「エレクトラム」とは、本来は「琥珀（こはく）」という意味で、形状や色が似ていることから自然金銀粒をも指すようになったようだ（琥珀をこすると静電気が起こることから「エレクトロン」つまり電子の語源にもなっている）。エレクトラムは古代ではとりわけ美しいものであり、オイディプス王と並ぶギリシャ悲劇の主人公であるミケーネ王女「エレクトラ」の名も、このエレクトラムに由来する。なお、リディアの貨幣を「世界最古の金属貨幣」とするのは、ヘロドトスが、彼らのことを「われわれの知る限りでは、金銀の貨幣を鋳造して使用した最初の民族」（松平千秋訳『歴史』岩波文庫）であると書いていることによるものだろう。金や銀に限定しないで金属貨幣の早い例を探せば、ほぼ同時期（春秋戦国時代）の中国における、刀銭（刀剣の形をした青銅貨幣）や布銭（農具の形をした青銅貨幣、ここで「布」というのは農具の名称の「鎛（ハク）」に同音異字をあてたもの、布製の貨幣という意味ではない）の使用をみることができる。こちらは、大きさや形状を規格化した鋳造貨幣だから、製造技術という観点からは、リディアの刻印貨幣よりも高度と言うべきだろう。写真上はリディアのエレクトラム金貨。下は中国の布銭。

バンクの誕生

貝殻を貨幣として使う経済が大きくなるにつれて起きた問題は、貨幣の素材となる宝貝の不足でした。島の人口が増え、多くのパンの実や魚あるいは織物などが市場に持ち込まれるようになると、そうした取引を支える貨幣も多く必要になります。しかし、浜で採れる宝貝には限りがあります。それに宝貝は身に飾ってこそ嬉しいものです。宝貝が貨幣になるという理由で採りつくされ、あるいは仕舞い込まれたままになったら、祭りの日には何で身を飾ったら良いでしょうか。宝貝の貨幣は便利なものですが欠点もあるわけです。

そうした問題を解決するためにシェル家が考え出したのは、本物の貝ではなく粘土を使うことでした。粘土をこねて形を整えてシェル家の印を彫り、それを焼き固めて貨幣として使うのです。粘土には「この貨幣をシェル家に持ち込めば、その一個をシェル家の刻印済みの宝貝一個と引き換える」という意味の言葉を彫り込みました。これなら宝貝の形をした粘土はただの粘土の塊ではありません。シェル家が健在な限り、宝貝の貨幣と同等の価値を持つと誰もが考えるだろうからです。シェル家は王の権限として、王の許可を得ていない者がシェル家の印を彫った粘土を焼くことを禁じ、それで信用を維持するということも決めました。

もっとも、粘土で貨幣を作ることにはシェル家の中でも疑問の声がありました。宝貝は貴重だというだけではなくて、身に飾って美しいから貨幣になったのです。しかし、本来は貴重でも美しくもない粘土板から際限もなく貨幣を作り出し、その貨幣を王家の生活や政府としての仕事に使ってしまっては、王家の信頼が保てないだろうというのです。王家も政府も人々に信頼されているから王家や政府でいられるのです。それを踏み外したら、シェル家は王家でいられなくなるし政府も信用されないでしょう。そうなれば粘土の貨幣だって貨幣でなくなってしまいます。何か良いアイディアはないでしょうか。

そこで出てきたのが、粘土で貨幣は作るが王家の生活や政府としての仕事を賄うためには使わないというルールでした。市場での取引のために貨幣が必要だというのなら、シェル家は貨幣を人々に貸し与えるということにすればよいではないかというわけです。確かに貨幣を貸すということは、貨幣を作り出してパンの実を購うのとは違います。貨幣を貸しただけではシェル家には何も入ってきません。ただ、時期が来たら貸した貨幣を返してもらえるだけです。そうすれば、貨幣がシェル家の飲み食いのために際限なく作り出されるなどという疑念を招くこともなくなるでしょう。シェル家は人々のために貨幣を作り出しているということになるからです。これならうまく行くのではないでしょうか。

ところが、そうは行かなかったのです。理由は、貨幣を借りるためにシェル家の門の前に人々が殺到してしまったからです。

人々が殺到した理由は簡単でした。貨幣を借りれば大儲けができると考えたからです。シェル家の貨幣を借りてパンの実を買います。そして、そのパンの実を市場に持って行って将来のパンの実と交換するという契約を結ぶことに成功すれば利子を稼ぐことができます。今日の一〇〇個のパンの実なら来年には一〇二個とか一〇五個とかのパンの実となって戻ってきます。それを売って再び貨幣に戻してシェル家に返せば大儲けできる。そう人々は考えたのです。

でも、対策はすぐ見つかりました。シェル家も貨幣の貸し出しに利子を取ればよいのです。利子率は市場で成立している「パンの実の利子率」つまり「自然利子率」と同率とします。そうすれば、人々にとって貨幣を借りさえすれば大儲けということはなくなるでしょう。シェル家の門の前の列もなくなりました。人々は貨幣が必要になるつど、その必要に応じただけの貨幣をシェル家から借り、必要がなくなったら返すようになったからです。

ところが、そうなってくると貨幣の貸し出しはシェル家が自分で行わない方が良さそうだということも分かってきました。貨幣を貸し出すときの利子率は市場での「パンの実の利子率」の様子を見ながら決めなければいけません。そういうことをするのは、いつも市場にいて人々の貯蓄や投資に対する態度がどうなっているのか、これからどう変わりそうか、それを見通せる人に任せた方がよいのです。

そこでシェル家では市場で活発に活動することで商人と呼ばれるようになっていた人たちに相談し、彼らに貨幣の貸し出しを専門に行う仕組みを作ってもらうことにしました。仕組みの名前は彼らの意見を入れて「バンク」ということにします。商人たちが取引をするときに用いていた交渉や計算を行うための横長の机を「ベンチ」とか「バンク」と言うことが多かったからです。バンクの運営のための費用はシェル家が出し、一方、バンクの利子収入から運営に要した費用を差し引いた残り、つまりバンクの利益はシェル家に納入する、そういう約束事も同時に決まりました。

パネル7：中国の交子とストックホルム銀行券

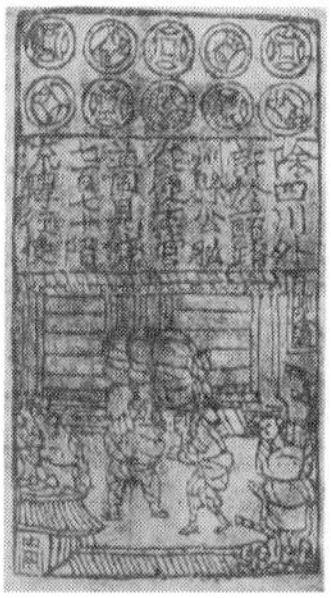

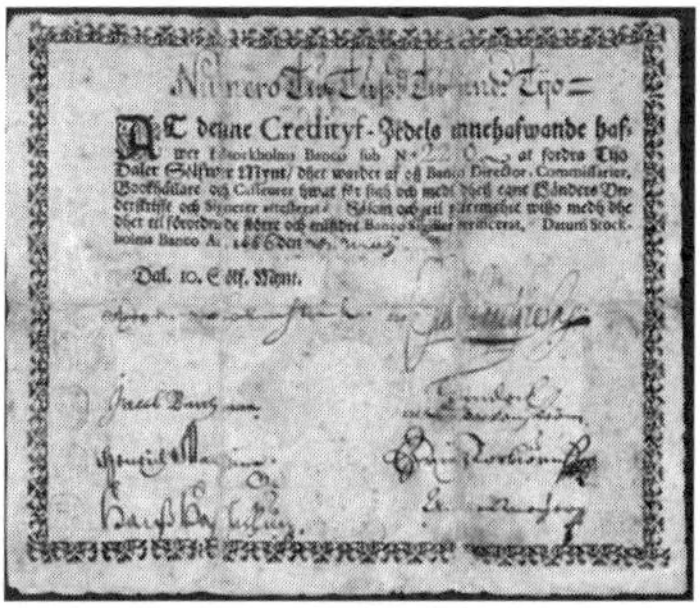

解説の必要もなさそうだが、粘土の貨幣というのはもちろん喩えで、実際の歴史に現れたのは、金属貨幣をもとにして粘土板でなく紙の貨幣、すなわち「紙幣」を発行するという仕組みである。ちなみに、古い時代の紙幣としては、10世紀北宋時代の中国で流通していた「交子」というものが知られている。交子は鉄銭という鋳鉄製の貨幣の預かり証から発達した手形の一種で、最初は民間の商人たちが発行していたのだが、11世紀になると官業化された。交子は、それ自体に価値のない紙をシンボル化して作り出した貨幣としては、記録が残っている世界最古のものである。一方、その紙幣を「銀行」という組織が発行する債務証書として位置づけ、その発行や管理あるいは払い戻しのための制度を整えて貨幣化したものが「銀行券」である。私たちが使っている「お札」も日本銀行という特別な銀行が発行する銀行券である。世界で最初に銀行券を発行したのは1656年にスウェーデン王国の官許の下に設立されたストックホルム銀行で、1661年のことである。もっとも、ストックホルム銀行の銀行券は十分な信用が得られず失敗、その後は新たに設立されたスウェーデン・リクス銀行が引き継いだ（1668年）。ちなみに「リクス」とは「国」という意味で、そのリクス銀行は現在でも世界最古の中央銀行としてスウェーデンにおける中央銀行業務を担っている。写真左が中国の交子、右がストックホルム銀行券。

ものは言い様ですが、こうしてバンクが上げる利子収入も貨幣発行益つまりシニョレッジと呼んでよいでしょう。美しい貝殻そのものを貨幣にしていた時代には貝殻に「印」を付けて貨幣として使えるようにする、そのことがシニョレッジを生み出す源泉だったわけですが、今は粘土板を「貸す」ことで貨幣を世の中に供給するようになったので、その利子収入がシニョレッジに相当するはずだからです。シニョレッジは形を変えて、しかし引き続き王家の収入であり続けたのです。

政府とバンクそして国債

さて、バンクは順調に滑り出しました。それは、人々がシェル家の印がついた粘土の板を、シェル家の印がついた宝貝と同じように使えると思ってくれたからです。そして、人々は貨幣が貝殻だった時代のことを忘れるようになりました。王家の印がついた貝殻を取引の支払いのために使おうと思えば使えるかもしれませんが、それよりは形も大きさも揃った粘土板の貨幣の方がずっと便利だったからです。身を飾るのに使える宝貝は、経済が発展するとともにますます貴重なものとなり、それを貨幣などに使うのはもったいない、そう誰もが考えるようになったことも貨幣の粘土板化に拍車をかけました。貨幣と言えば、バンクが発行する粘土板だということになったわけです。

一方、シェル家も発展しました。ただの粘土板から貨幣を作るなどという胡散臭い仕事から距離を置いたことも良かったのでしょう。政府としての信用も充実してきました。政府は人々から年々の収入の一定割合を払ってもらい、それで人々のために必要だと考えられる仕事を行うようになりました。動物たちに果樹園を荒らされないよう柵を作ったり、いろいろな人が通る橋や道路を作ったりすることは、特定の家族が行うよりは政府が行った方がよい、そう考えられるようになったからです。人々に払ってもらう割合はパンの実の収穫高の一〇分の一ということに決まったとしましょう。政府はそうして得たパンの実を売って貨幣に換え、それで人々のために仕事をするようになります。パンの実を自分で貨幣に換えて納税する人も出てきます。要するに政府は税を取るようになり、それで人々のための仕事をするようになったのです。本当に人々のためになっているのかどうかは分かりませんが、ともあれ人々のためだと考えた仕事をするようになったのです。財政活動という概念が生まれてきたわけです。

　ところが、そうなってくると、政府もまた広場すなわち市場に登場するようになります。理由は、人々が政府にどれほどの仕事をしてほしいと考えるかということと、その年の税収とが一致するとは限らないからです。大きな災害などがあって壊れた橋や建物を修繕するのに多くの人手や資材が必要になると、その年の税収だけでは賄いきれません。そこでシェル家の王は家来の中から財務長官を任命し、彼に市場に出て商人たちと交渉して必要な貨幣を借りるということをさせ始めたわけです。貨幣を借りるためには契約が必要になります。利子も払わなければいけませんん。そうした契約の内容を粘土板に書いて、貨幣を貸してくれる商人たちに渡したものは「国債」と呼ばれるようになりました。国債は、広場で売買もされるようになっていきます。国債市場が形成されたわけです。

パネル8：国債が誕生したころ

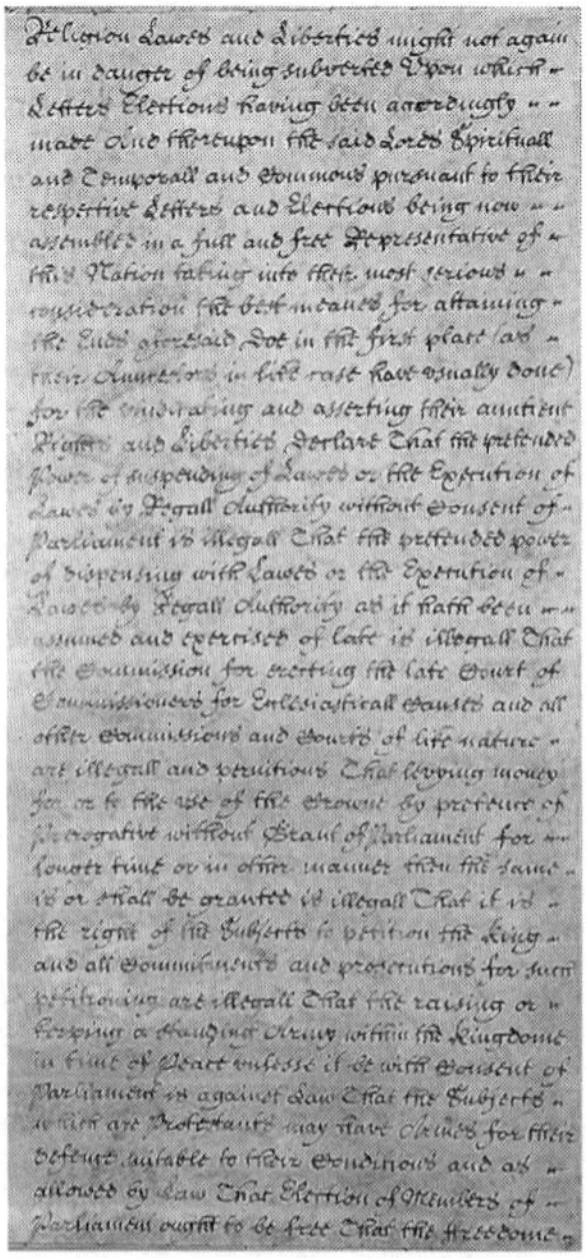

Religion Lawes and Liberties might not again be in danger of being subverted Upon which Letters Elections having been accordingly made And thereupon the said Lords Spirituall and Temporall and Commons pursuant to their respective Letters and Elections being now assembled in a full and free Representative of this Nation taking into their most serious consideration the best meanes for attaining the Ends aforesaid Doe in the first place (as their Auncestors in like case have usually done) for the vindicating and asserting their auntient Rights and Liberties Declare That the pretended Power of suspending of Lawes or the Execution of Lawes by Regall Authority without Consent of Parliament is illegall That the pretended power of dispensing with Lawes or the Execution of Lawes by Regall Authority as it hath beene assumed and exercised of late is illegall That the Commission for erecting the late Court of Commissioners for Ecclesiasticall Causes and all other Commissions and Courts of like nature are illegall and pernicious That levying money for or to the use of the Crowne by pretence of Prerogative without Grant of Parliament for longer time or in other manner then the same is or shall be granted is illegall That it is the right of the Subjects to petition the King and all Commitments and prosecutions for such petitioning are illegall That the raising or keeping a standing Army within the Kingdome in time of Peace unlesse it be with Consent of Parliament is against Law That the Subjects which are Protestants may have Armes for their Defence suitable to their Conditions and as allowed by Law That Election of Members of Parliament ought to be free That the freedome

英国では、フランスとの戦争に敗れて権威を失墜したジョン王が1215年に大憲章（マグナ・カルタ）に署名して以来、貴族や市民の財産に対する王権からの侵害に制限が加えられる方向で伝統が形成されていった。その経緯には紆余曲折はあったが、名誉革命を経て成立した「権利の章典（Bill of Rights）」（1689年、写真）が同国における財産権尊重のルールを最終的に確立したのだといえる。権利の章典では、立法や課税には議会の同意を要することとされ、議会の同意によらない王権による資金集めも違法であるとされた。こうした財産権への保護は、政府の財政的自由を奪うかのようだが、債権者の権利が確実に保護されるという信頼の醸成を通じて、有事における政府の臨機の資金調達を可能にするものともなった。現代につながる国債が誕生したわけだ。富田俊基は著書『国債の歴史』（東洋経済新報社）の中で、ナポレオン戦争時の軍事費調達に関して、英国は国債に依存できたのに対しフランスはできなかったのが、勝敗を分けた原因のひとつだろうと分析している。ナポレオンは1815年のワーテルローの戦いで敗北して世界の政治と軍事の世界から去るが、その際の英国債市場の大変動を利用して大儲けに成功したのが、19世紀のヨーロッパ金融界に君臨することとなる英国のロスチャイルド家である。

解説しましょう。現在の私たちが知っているような国債の歴史は、貸借契約の歴史と比べても貨幣の歴史と比べても、ずいぶん新しいものです。もっとも、古代でも「政府の借入」ということがなかったわけではありません。紀元前二四二年、カルタゴとの第一次ポエニ戦争に苦しんでいた古代ローマは、元老院議員や有産階級などから戦争終結後の支払い可能時に返済するという条件で戦費を調達したそうです（塩野七生『ローマ人の物語Ⅱ』による）。共和制の伝統を持つ古代ローマでは、絶対的な統治権は存在せず税負担の公平という原則も重視されていましたから、そこには現代の「国債」に通じる信頼の基盤があったのでしょう。

しかし、時代が古代から中世へと移り専制的な君主権が確立するとともに、共和制や有力家族による集団統治が生き延びていたイタリアや北部ヨーロッパの都市国家などを少数の例外として、国債は存在しなくなってしまいます。臣下あるいは領民の財産を思いのままに収奪できる専制的な統治者の下では、臣下や領民が皇帝や国王にオカネを貸しても、後で返してもらえる保証がなかったからでしょう。それでは国債という信用の枠組みが存在できないのです。現代の国債につながる政府の資金調達が「復活」したのは、一六八八年の名誉革命を経て国民の財産権を確立した英国においてですから、それは一七世紀末以降のこととなります。

未来の物語

話を島の人々に戻しましょう。国債が普及してくると、政府とバンクの関係にも新たな動きが生じます。政府が多くの貨幣を必要とするときに、市場で商人たちから借りるのでなく、国債を発行してバンクに渡して貨幣を受け取る、つまりバンクから貨幣を借りるということも行われるようになったからです。もっとも、これについては疑問の声もありました。政府が作り、シニョレッジも政府に帰属するバンクが、政府が発行する国債を見合いに貨幣を発行するというのでは、要するに政府が自分で貨幣を作っているのと同じではないかというのです。確かにそれはもっともなことです。もっともなのですが、どうでもよいではないかという面もあります。バンクは商人たちに貨幣を貸すのが仕事です。その商人たちから政府が貨幣を借りるのだとしたら、結局はバンクが政府に直接貨幣を貸しても同じようなことだとも言えるからです。つまるところ重要なのは、バンクが政府の言いなりになるかどうかなのでしょう。私たちは「中央銀行の独立性」という議論をすることがあります。その問題が島でも発生したわけです。もっとも、現在の私たちでも、この点についての確たる合意に達してはいません。ですから、島でもこの問題の結論は出なかったことにしておきましょう。

また、バンクが作り出す貨幣については、別の角度からの疑問もありました。美しい貝殻に王家が「印」をつけて貨幣としていた時代なら、貨幣の価値は美しい貝の価値だと考えて問題はなかったのですが、バンクが作った粘土の板が貨幣だというのなら、貨幣の価値の基盤はいったいどこにあるのだというのです。こちらはさらに難問でした。いろいろな人がいろいろな意見を言いましたが、結論は出ませんでした。でも、人々は疑問を抱きながら粘土板の貨幣を使い続けたのです。理由は、そんなことを悩まなくても貨幣は使えるからです。貨幣はなぜ価値があるのかというような問いに答えることは、議論好きの暇な人たちに任せておけばよい、そう考えて使い続けたのです。

月日が経ちました。やがて宝貝が貨幣だということも記憶と名前だけのものになりました。宝貝が貨幣だということは、人々が粘土板を数えるときの単位程度としてしか考えられなくなったのです。粘土板の貨幣は一枚二枚ではなく、一シェル二シェルというように数えるのですが、それだけが宝貝が貨幣であったことの証といえば言える、その程度のものになったのです。

現実の歴史の流れの中では、貨幣はパンの実つまり実際に価値のある商品を貨幣にするところから始まり、金や銀などの貴金属に重量と品質の保証をつけた金貨や銀貨の時代を経て、紙の銀行券の時代にたどり着きました。航海者たちの子孫の貨幣も同じように、パンの実から宝貝そして粘土板へと「進化」してきたわけです。そうした進化は理にかなったものだと言っても良いでしょう。食べられる麦やパンの実あるいは美しい金銀や宝貝を貨幣として使うのはもったいないからです。貨幣に使うのには、紙や粘土のように貨幣として使っても惜しくないもの、そういうものに貨幣という「印」をつけて使う方がよいのです。

しかし、それは、貨幣の価値がどこにあるのか、もしかしたら価値の根拠などないのではないか、そういう疑問を常に人々の心に去来させることになります。世の中がうまく回っているときは良いのです。多少の疑問を抱いても、人々は世の中が回っているということで、言いかえれば、貨幣が通用するということで、ほどほど安心していることができます。でも、それは危うい安定でもあります。貨幣の価値がどこから来たのか、それに人々が疑問を持っているということは、ちょっとしたきっかけで貨幣の価値がガラガラと崩れてしまうのではないか。そんな不安の材料にもなります。今の私たちの心の中にもそうした不安や疑問があるでしょう。同じ不安や疑問は貨幣と金融の歴史を通じて繰り返し提起されてきました。

私たちは「バブル」という言葉を使うことがあります。株価や不動産価格がわけの分からない上昇を始めたとき、あれはバブルだなどと言いますね。うまく感じをとらえた表現です。バブルとは泡のことです。泡は中に空気が入っているときは、大きく丸く膨らんでいることができます。でも、針で突くとプツンと壊れてしまいます。株価や不動産価格にも、そうした危うさがある、そういう直感がバブルという言葉に含まれています。そして、もしかすると、貨幣の価値にも同じような危うさが含まれているのかもしれません。貨幣もバブルかもしれないのです。本当はどうなのでしょうか。貨幣の価値もプツンと壊れてしまうことがあるのでしょうか。それを考えることは、この本の中心的なテーマなのですが、それはそうとして、経済学では、この「バブル」という語に独特の意味を込めて使います。どういう意味を込めるのかはこれから折に触れて解説していきますが、それを通じて、この「貨幣はバブルか」という疑問にも答えて行きたいと思います。

島の人々の物語に戻ります。私たちが貨幣などバブルかもしれないという不安や疑問は抱きながら、でもそれが使えるからという理由で、日々休むことなく貨幣を使い続けているのと同じように、航海者の子孫たちも、そうした不安と疑問を抱きながら、でも立ち止まることなく粘土板の貨幣を使い、それに慣れていったと思ってください。でも、それが終わる日が来ました。粘土板の貨幣を終わらせなければならなくなる変化が海の向こうからやってきたからです。

パネル9：貨幣としての銀と金

歴史的にみると貨幣として用いられてきた金属は、金ではなく銀や銅だった時代の方が長い。日常取引には銅貨を用いて、まとまった金額の支払いには銀貨を使うというのが洋の東西を問わず世界標準だったのである。産出量が少なく単位当たりの価値が高い金は、取引のたびに精密な計量が不可欠なので貨幣として用いるには不便という事情もあったのだろう。金が銀と並んで貨幣として重きをなしてくるのは19世紀になってからのことである。その背景には、単なる産金量の増大だけでなく、急拡大する世界貿易の決済需要を満たすには単価の高い金の方が輸送コストその他の面で有利という事情もあったようだ。写真上は1794年製造の1ドル「銀」貨で、これが米国で最初に製造された1ドル貨である。髪をなびかせた自由の女神の横顔がデザインされている。米ドル貨もその最初のものは銀貨だったわけだ（現在の1ドル貨には銀は含まれていない）。例外はわが日本で、火山の多い土地柄が品位の高い金鉱脈を形成していたという事情もあってか、中世から江戸期にかけての日本は当時の世界では珍しいほど金貨流通比率が高い国だった。ただ、それでも日常の取引とりわけ大口の商取引には銀の使用が普通だったようで、「江戸の金遣い、上方の銀遣い」という言葉も残っている。商都大坂では銀が普通だったのである。下は江戸時代の佐渡金山の採掘風景（「佐州金銀採製全図・地」）。

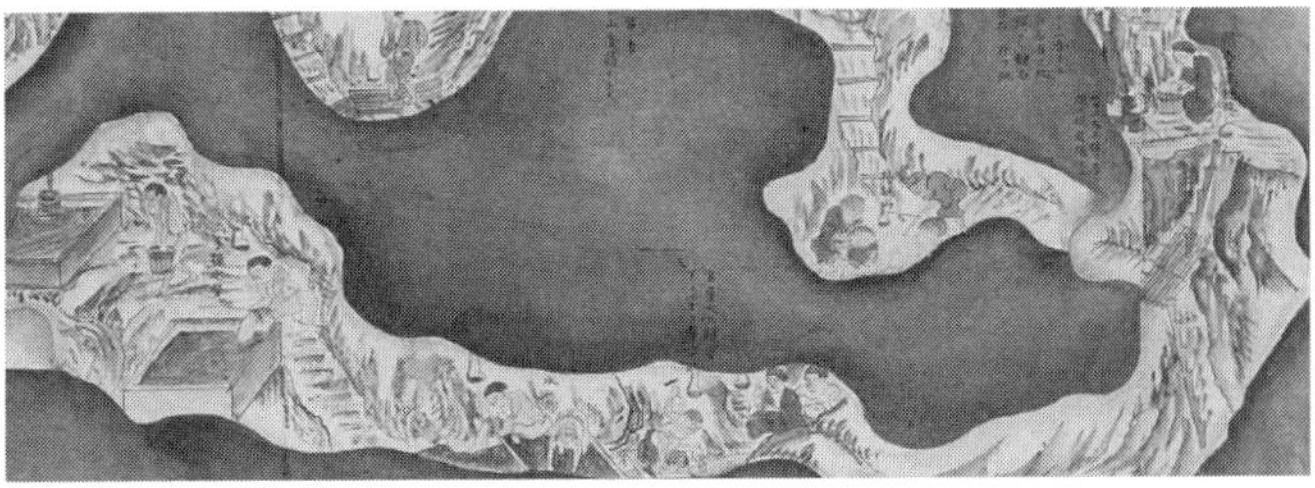

三　最後の日の貨幣

船がやって来た

それはパンの実の収穫の日のことでした。年に一度のパンの実の収穫に島中が沸いているとき、人々は水平線の向こうから大きな船が近づいて来るのを見たのです。船は着岸し見慣れぬ人々が降りてきました。人々は、はじめ恐れ警戒しましたが、それは無用な心配でした。船の人々も島の人々と同じように礼儀正しく親切だったからです。どうにか言葉も通じました。彼らこそ航海者だった島の人々の先祖が住んでいた大きな陸地、そこに住み続けた人々の子孫だったからです。そこまで分かって来ると交易への期待も高まります。船の人々は島の豊かな物産に目を見張りました。なかでも、人々が育ててきたパンの実をはじめとする豊富な食糧には興味をそそられたようです。大海原を航海する術を身に付けた彼らに、大洋の真ん中の離れ島で新鮮な食糧が得られることは魅力だったからです。島の人々にとっても船の積み荷は魅力でした。鉄や銅などの金属で作った道具、あるいは丈夫な木綿や美しい絹糸で織った布は、島では手に入らない品々だったからです。そうすると交易の話はすぐにまとまります。島の人々を代表してシェル家の王は船の人々と交易の約束を交わし、そして船は来年に再訪することを約して去っていったのです。

ところで、ここで難問が残りました。王は船の人々に対して、島で使う貨幣を船の人々が使っている貨幣にすると約束してしまっていたからです。船の人々は金貨と銀行券の世界からやってきた人たちでした。彼らは島の人々の宝貝に相当するものとして輝く金貨を用い、粘土板に代わる物として複雑な意匠を施した紙を使っていました。そうした彼らを見て、王は彼らの貨幣が欲しくなりました。彼らの貨幣が美しかったからだけではありません。彼らの貨幣で買える品々が欲しくなったのです。彼は、やがて次々に訪れるだろう船の人々にパンの実や島の特産品を売り、その対価は彼らの貨幣で受け取っておいて、彼らのもたらす新しい品々を手に入れたかったわけです。だから、船の人々との交易には彼らの貨幣を使おうと決め、なぜ価値があるのかをめぐってうるさい論争が続いていた粘土板の貨幣などやめてしまおうと思ったわけです。

しかし、この王の決断は人々の不安と怒りを呼びました。島の人々は宝貝と粘土板を貨幣と信じて生活をしていたのです。人々は国債も持っています。国債も粘土板の貨幣である「シェル」で支払われるのです。そうした国債を持っていた人たちは、粘土板が貨幣でないただの土くれに戻ってしまえば、財産を失うことになりかねません。また、貨幣価値としてのシェルは人々の間での貸し借りの単位にもなっていました。シェルが貨幣でなくなれば借金をしていた人は喜びますが、シェルを貸していた人は大損害です。島は騒然となりました。人々は広場に集まり王に抗議の声をあげたのです。

王は自信を失います。そして王妃に相談しました。王妃は、その賢さと優しさをもって、王自身よりもはるかに人々から尊敬されていたからです。その王妃なら広場の混乱を収められるのではないか、そう王は考えたのです。王妃はうなずき、王とともに広場に出て人々に対して語り始ます。

めました。その内容は驚くべきものでしたが、王も人々をも納得させるものでした。王妃は語り

「島の貨幣を金貨にするという約束は、来年に再び船の人々が訪れた日に果たしたいと思います。外の人たちとの約束は何をおいても果たさなければいけません。それに外の世界から新しい品々が入ってくれば、そうした品々を皆さんも欲しくなるでしょう。自分だってそうです。そして、そのために金貨が必要だということになれば、私たちが長く使ってきた粘土の貨幣はきっと皆さんから捨てられてしまうでしょう。ですから、約束は果たした方が良いのです。そして、シェルが貨幣でなくなるその日には、自分たちシェル家の家族も、政府の長であることと王家を名乗ることとをやめたいと思います。私たちシェル家はシェルの貨幣と一緒に大きくなって来たようなものです。そのシェルを貨幣でなくすからには私の夫である王には退位してもらい、この島に住むすべての人々が選んだ人たちに新しい政府を作ってもらいたいと思います。その日からは、私もかつて王であった人の妻として、皆さんと仲良く暮らしていきたいと思います」

王は驚きましたが、うなずかざるを得ません。王は人前では威張っていますが、以前から難しいことでは賢い王妃の言いなりだったからです。人々も喜び納得しました。人々も王妃の言うことはいつも正しい、王は王妃の言う通りになるということを知っていたのです。でも、人々は不安も訴えました。

「シェルが貨幣でなくなったら、私たちの蓄えはどうなるのでしょうか。貨幣も国債も価値をなくし、その一切を失うのではないでしょうか」

ところが、王妃は落ち着いて答えました。

「シェルが貨幣でなくなるまで一年の時間があります。その間は夫である王にも政府の主としての務めを果たしてもらいます。だから皆さんも昔からの決まりの通りの税を納めてください。税率はパンの実の収穫の一〇分の一でしたね、納めるのはパンの実のままでもよいし、パンの実を売って粘土板の貨幣で納めても構いません。ともかく決まり通りの税を納めてください。それがあれば、貨幣が船の人々がもたらす金貨に変わっても、これまでの皆さんの蓄えの価値がなくなるようなことにはいたしません。今日の粘土板の貨幣一シェルはパンの実一個と同じ価値がありますが、一年後にシェルが貨幣でなくなる日まで、きっと皆さんが納得できるような価値をシェルが持ち続けられるようにしましょう。皆さんは、その日にパンの実を船の人々に売って彼らの貨幣に換え、今度はその貨幣で暮らしていけば良いではありませんか」

人々はなお半信半疑でしたが、何しろ賢い王妃の言うことです。信じるほかはないでしょう。人々は広場から去り、あとは王と王妃そして王の金庫番たる財務長官とバンクの支配人だけが残りました。王はさすがに心配でしたが、財務長官も支配人も王妃の方針に納得しているようです。だから、王は、本当は何も分かっていなかったのですが、そこは分かったふりをして事の始末を財務長官たちに任せることにしたのです。結論から言うと、それで良かったのです。

最後の日の貨幣価値

話は一年後に飛びます。島は再びパンの実の収穫の時期を迎えました。この日、財務長官は大忙しです。人々は収穫したパンの実の一〇分の一を担いで長官の事務所にやってくるからです。あるいはパンの実を売ってシェル貨幣にして持ち込んで来る人もいました。大量のパンの実や貨幣が国庫に収まったのです。量はパンの実にして六〇〇〇万個分にもなりました。内訳を言うとパンの実が四〇〇〇万個で、貨幣が二〇〇〇万シェルです。

ところが、この日はバンクの支配人も大忙しでした。この日の朝のバンクの帳簿がどうなっていたかというと、まず貨幣が五〇〇〇万シェルも発行されていました。一方、それに見合う財産として、広場の商人たちに二〇〇〇万シェルの貸し出しがあり、さらに四〇〇〇万シェルの国債を持っていたのです。財産は合計で六〇〇〇万シェルです。貨幣の発行高とバンクの財産の額があわないのは、バンクの「資本金」のせいです。なんでバンクに資本金があるのかよく分からない、あるいは資本金って何のことだという疑問を持った方は、次ページの図1の説明を読んでください。要するにバンクは貨幣を商人たちへの貸し出しと国債を見合いに発行していたのです。

そんな状態で朝を迎えたバンクの支配人は、商人たちへの貸し出しを返してもらう一方で、人々が持っている国債をどんどん買い入れました。ちなみに人々は三〇〇〇万シェル分の国債を持っていましたが、夕方にはその全部をバンクは買い入れることに成功しました。戻ってきた貸し出しと買い入れた国債の差額は一〇〇〇万シェルでしたので、その分の貨幣を人々に渡す必要があったわけですが、粘土板で貨幣を新しく作る必要はありませんでした。必要な貨幣は、手持ちの国債のうちの一〇〇〇万シェル分を財務長官に渡し、税として政府の金庫に入ってきたばかりの貨幣と取り換えるというかたちで調達したからです。こうなると財務長官の手もとに残った貨幣は

パネル 10－1：最後の日の貨幣

図1：その日のはじめ

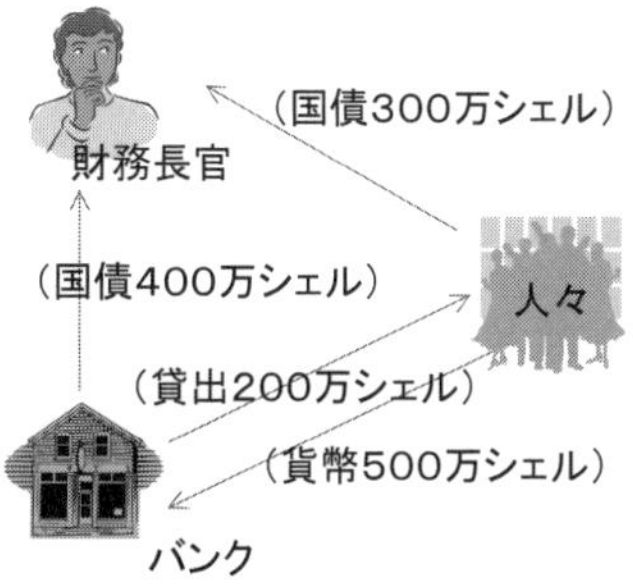

矢印の方向は最終日に清算してもらう権利の向きを示す。バンクについては、清算を求めることの権利の総額は国債400万シェルと貸出200万シェルで、清算義務のある貨幣の発行高500万シェルより大きいが、これはバンクに資本金があるためである（こうした経理方法は、日本銀行をはじめとして世界の中央銀行で普通に採用されている）。

一〇〇万シェルになりました。

　なんだかややこしい話ですが、もし面倒でなければ次ページの図2を見ながら考えてください。これで、人々の手もとには四〇〇万シェルの貨幣があり、その貨幣を発行しているバンクは国債を六〇〇万シェル持っていて、その政府は四〇〇万個のパンの実と一〇〇万シェルの貨幣を持っているという状態に行き着いたわけです。

　さあ、ここまで来れば、王妃の約束は果たせたも同然でしょう。財務長官は政府の持っているパンの実を一個当たり一シェルで売り出すと宣言します。人々は、明日は貨幣でなくなる粘土板を持って財務長官の事務所につめかけます。パンの実はすべて人々のものとなり、同時に人々の持っている貨幣は政府のものとなります。つまり、財務長官はバンクの発行している貨幣五〇〇万シェルの全部を持っている状態になるわけです。これが図3です。後は簡単です。バンクと財務長官は貨幣五〇〇万シェルと

パネル10－2：最後の日の貨幣

図2：国債の回収

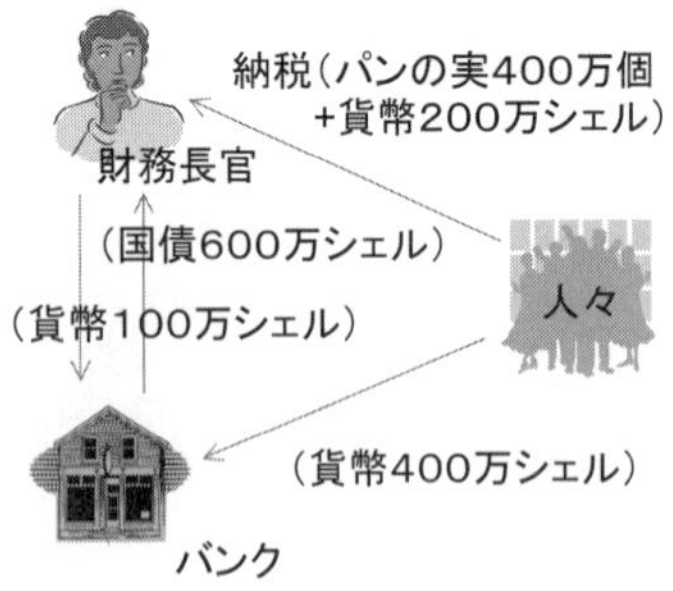

①人々が最初に持っていた貨幣500万シェルは、政府への納税200万シェルにより300万シェルに減少したが、持っていた国債300万シェルをバンクに売る一方でバンクからの借入200万↗

↘シェルを返済したので、そこからの貨幣の出入りにより貨幣を400万シェル持つことになった。

②バンクは上記の操作のために新たに100万シェルの貨幣が必要だったので、買い入れた国債のうち100万シェルを財務長官に渡し、最終的な国債保有高は600万シェルとなった。

③財務長官が得た税収は、パンの実400万個と貨幣200万シェルだったのだが、そのうちの100万シェルは国債と引き換えにバンクに渡したので、100万シェルの貨幣と400万個のパンの実が残ることになった。

図3：すべてが終わると

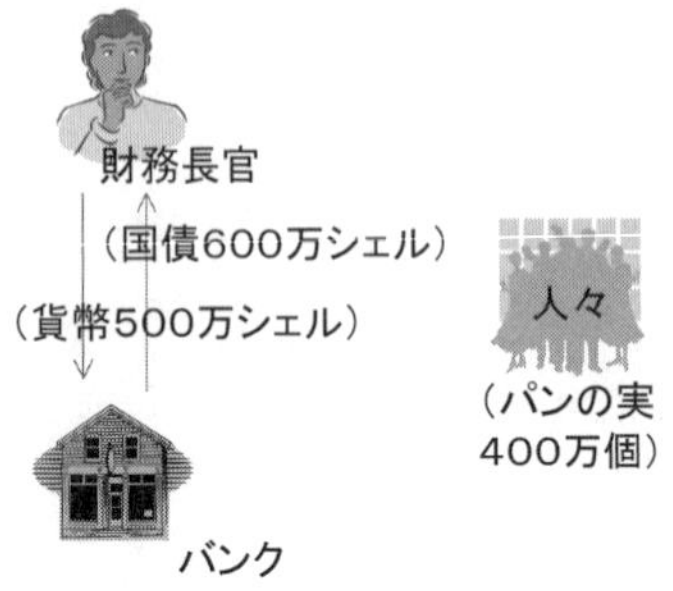

①人々は貨幣を全部パンの実に換えて400万個のパンの実を得た。これで財務長官の蔵の中のパンの実は全部なくなった。

②バンクが持つ国債は600万シェルで変わらないが、バンクに対する請求権である貨幣の全部500万シェルは、財務長官が持つことになった。財務長官との間ではバンクが持つ権利の方が100万シェル多いことになるが、これはバンクの資本金に見合うものである。

国債五〇〇万シェルを交換します。そうすると後にはバンクが持っている最後の国債一〇〇万シェルが残りますが、もうそれはどうでも良いのです。シェルが貨幣でなくなればバンクも必要でなくなります。ですから、財務長官と支配人は話し合ってバンクを清算することにして、バンクの持っている国債一〇〇万シェルを回収してしまいます。バンクの資本金は過去のシニョレッジの蓄積ですから、それはシェル家の政府の当然の権利と言ってよいはずです。これですべての始末がついたわけです。

人々は安心して眠りにつきました。シェル貨幣がただの粘土の板に戻ってしまう前に、確かな価値のあるはずのパンの実というかたちで、その価値を取り戻すことができたからです。そして翌日、約束通りに船が現れました。人々はパンの実を抱えて浜に出ました。そしてパンの実を新しい貨幣に換え、島の人々は新しい世界との付き合いをはじめたのです。

後日譚として

年月が過ぎました。島の暮らしは平穏でしたが、多少の変化もありました。シェル家が王家でなくなり共和国となっていた島は、やがて最初に船でやってきた人たちの国の一部になりました。でも、それは悪いことではありませんでした。島の人々は、船の人々の国の伝説にあった勇敢な航海者たちの子孫として、十分な敬意をもって迎えられたのです。島は自治領になりました。島の人々は世界の一員になったわけです。

もっとも、そのころ、彼らを迎え入れた世界自身が大きな変化の中にありました。島の人たちがその輝きに目を奪われた金貨は間もなく使われなくなり、船の人々が銀行券と呼んでいた紙のオカネだけが貨幣だということになりました。でも、島の人たちは驚きませんでした。船がやって来る前の島の人たちだって、美しい宝貝を貨幣として使うことをやめて、シェル王家の刻印を押した粘土板を貨幣としていた歴史を持っていたからです。だから、「紙の貨幣」も抵抗なく受け入れたのです。そうして、人々は粘土の貨幣を捨てたシェル家の決断に感謝し、今は普通の夫婦となっている王家の二人を、彼らが王と王妃であったときと同じかそれ以上に尊敬するようになっていたのです。

二人はといえば、王と王妃であることをやめたあと、それまでにシェル家が蓄えた財産の大半をつぎ込んで学校を作りました。校長先生はかつての王妃です。財産を提供したのは王だったのですが、王は難しい話が苦手なのですから、これは仕方がありません。王であった夫は、分からないことがあると王妃であった妻に教えてもらう、そういう日々になっていたのです。

そんなある日、王であった夫が尋ねました。彼が、あの日以来ずっと不思議に思っていたことを尋ねたのです。本当はもっと早く聞きたかったのですが、彼にもメンツとか自尊心とかいうものがあります。だから、何年も経ってからやっと質問をしたわけです。

「あのときの話だが、バンクに国債を買い集めてもらったり、財務長官がパンの実を売り出すと宣言したりしたね。方法としてはあれしかなかったのかい。たとえば、バンクが国債を買うのではなくて、パンの実と国債を財務長官が自分で交換してしまっても構わなかったような気がするんだが」

王妃だった妻は答えます。彼女は賢い人ですから、あのときの手柄をすでに亡くなっている財務長官とバンクの支配人のものとしていました。もちろん、本当は王妃自身が考えたことだったのですが、そんなことは言わない方が夫との関係もうまくいきます。彼女はこう答えました。

「私もそう思っていたの。あれは財務長官とバンクの支配人の発案だったんだけど、本当にあれ以外の方法がなかったか、私も二人に聞いたことがあったわ。二人とも方法はいろいろございますと言っていたから、いまあなたが考えたように運んでも、それで良かったはずよ」

「では、なぜああしたんだろう」

「広場の人たちに分かりやすいからだと思うわ。一シェルの国債を一シェルで買いますということと、パンの実一つを一シェルで売りますというのは話が別だから、それを一緒にして広場の人々を混乱させては良くないと思ったからじゃないかしら」

「それじゃあ、話はうまくいくと最初から決まっていたわけだ」

「それがそうでもなかったらしいの。最初の船が帰った翌日に私があなたと一緒に広場で呼びかけたでしょう。あのとき一緒にいた財務長官は税の仕事をしていたから毎年のパンの実の出来に詳しいわけ。だから、あの人は次の年のパンの実の出来がどうか、本気で心配していたみたい」

「パンの実の出来が悪いと何が起こるんだい」

「最後にシェル貨幣が回収できたのは、税収がパンの実にして六〇〇万個だったでしょう。貨幣がうまく回収できたのは、パンの実の量が貨幣の発行高と国債の発行高の合計に釣り合っていたからだと思うの。そうでなければ貨幣を持っている人や国債を持っている人にパンの実を返せなくなって、貨幣一シェルをパンの実一個と交換できなくなってしまうわ」

「ちょっと待ってくれよ。僕も不思議だったから貨幣と国債がどのくらい発行されていたかを調べたんだ。貨幣が五〇〇万と国債が七〇〇万もあったらしいよ。あわせて一二〇〇万シェル分だから全然足りないじゃないか」

「でもね、国債は七〇〇万シェルあったと言っても、そのうちの四〇〇万はバンクが持っていたでしょう。だから本当に人々に払い戻さなければいけないのは三〇〇万シェルで済むというのが財務長官の意見だったわ」

「貨幣の方はどうなんだい」

「バンクは商人たちに二〇〇万シェルを貸していたでしょう。それを返してもらえば、残りは三〇〇万シェルでよいというのが支配人の計算だったわ」

「そうすると、用意しなければいけないのは国債のうちの三〇〇万シェルと貨幣のうちの三〇〇万シェルだから、合計で六〇〇万か。なんだ、それならパンの実の税収六〇〇万個とぴったりじゃないか。では、何が心配だったんだろう」

「だから心配だったのよ。返さなければいけない国債と貨幣の金額は六〇〇万だと計算できるから良いけれど、パンの実がいくら入ってくるかは天気次第でしょう。財務長官も支配人もそればかり心配していたわ。今だから言うけど、船が最初に来た年にはパンの実の収穫についての見通しは、あんまり良くなかったみたい。財務長官はパンの実にして五〇〇万くらいの税収じゃないかと思っていましたなんて言っていたわ」

「本当に五〇〇万だったら何が起こったんだろう」

「貨幣六シェルをパンの実五個で返すほかはなかったんじゃないかしら。私もシェル貨幣や国債の返し方を変えればなんとかなるかもしれないと思って、いろんな計算をしてみたけれどだめだったわ。貨幣六にパンの実五という比率にしないと絶対に計算が合わないの」

「それはつまり……」

「そのときはパンの実が値上がりするはずと言ってもいいし、シェルという貨幣の価値が下がるはずだったと言ってもいいわ。同じことよね」

「そんなことを最初の船が帰った後の広場で言っていたら大変だったじゃないか。でも君はずいぶん落ち着いていたよね。あれは演技だったのかい」

「私だってそんな度胸はないわ。でも、あの場にはバンクの支配人がいたでしょう。あの人が、それでも大丈夫です、すぐにパンの実が値上がりするわけではございません、そうささやいてくれたから私も財務長官も信用したの。今までも、パンの実の出来不出来があると、あの人、なんかいろいろやっていたじゃない。それで商人たちは納得していたでしょう。それと同じだろうと思ったわけよ」

「そういえば、そうだな。船が来る前にも、シェル貨幣の価値を本当に決めているのはあの支配人だと商人たちが言っていたことがあったな。それだったのか」

「でもね、あのときは本当に深刻だったみたいよ。私も支配人に任せておけば何でもうまく行くのかと思っていたら、そうでもなくって……」

「何がまずいのかい」

「支配人の話では、パンの実が値上がりしないようにできるのは、ほんの一時のことで、本当にパンの実が不作になりそうだったら、翌年の船が来るころにはやっぱりパンの実が値上がりしてしまうことになるはずだったんですって」

「つまり、シェル貨幣の価値がなくなるってこと？ それは大変だ」

「価値がまったくなくなるわけではないけど、一シェル当たりパンの実一個というわけにはいかなくなるということね」

「つまり、だんだん価値がなくなるってことかい。それで皆は怒らないんだろうか」

「そこが問題なの、だからそれはね……」

この先の話はやめにしておきましょう。物語としては、王妃の説明をもっと続けてもらっても良いのですが、そうしようとするとインフレとか金融政策というようなことを王妃に話してもらわなければなりません。そこまで来ると、説明は章を改めた方が良さそうです。だから、航海者とその子孫たちの物語もここでおしまいです。でも、短い物語の中に貨幣の誕生から終わりまでのシナリオを一通りは書いておきました。貨幣というものが不思議でも神秘でもない、貨幣の動きあるいは貨幣価値の動きというものが、考えれば分かるものなのだという気持ちを少しでも持ってもらえたら、物語という仕立ては成功したことになります。さあ、どうでしょうか。

次の章では、本当の歴史の物語をお話ししたいと思います。

第二章　金本位制への旅

金本位制のモデルを完成させたのは英国のイングランド銀行である。イングランド銀行が設立されたのは17世紀の終わりだが、それが銀行券の独占発行権を持つ「中央銀行」となるには19世紀半ばまでかかった。イングランド銀行は、今でもロンドンはシティの一角、スレッドニードル通りに面して大英帝国の面影を残す建物で営業を続けている。あだ名は「スレッドニードル通りの老婦人」である。

貨幣とは「価値の乗り物」です。貨幣があれば、私たちは今日の富を貨幣に換えて食べ物や着る物を得たり、あるいは明日のために蓄えたりすることができます。しかし、価値の乗り物としての貨幣の出来は必ずしも良いものではありません。貨幣をしまい込んだままにしないで、銀行に預けておけば利子を稼ぐことができます。今日の富を明日のために蓄える価値の乗り物としては、ただ価値を維持するだけでなく利子まで稼いでくれる預金の方が優れているのです。でも、なぜ、貨幣を銀行に預けておくと利子が稼げるのでしょうか。そもそも利子とは何なのでしょうか。この章では、この利子という問題を切り口にしながら、現在の貨幣制度が生まれるまでの歴史の流れを旅してみたいと思います。

一　利子は罪悪か

時間を盗む罪

かつて利子は罪悪でした。中世ヨーロッパ社会での話です。ダンテの『神曲』には、当時のフィレンツェ名門貴族たちが「高利貸し」の罪で地獄に落ち苦しむさまが描かれています。しかし、なぜ利子は罪悪だったのでしょうか。

根拠はまず聖書にあります。旧約聖書は、異教徒からの利子取り立てを許す一方で、同胞から利子を取ることを禁じています（申命記二三―二〇、二一）。中世ヨーロッパの精神世界を支配していたカトリック教会は、旧約以来のそうした聖書の教えに、交換経済のために生まれてきたはずの貨幣を他人に貸して利子を生ませるのは不正であるというアリストテレスの利子否定論を加味し、最後には「利子とは神の与えてくれた時間を盗むものだ、だから罪だ」という論理を作り上げました。家畜や穀物が時間の流れの中で「子」を増やすとしたら、子を増やす時間を与えてくれた神に感謝するのが本来の姿だろう。貨幣だって同じだ、神に感謝せず勝手に利子を取るのは神のものを盗むに等しいというのです。確かに、神のものを盗んだら罰せられても仕方がないでしょう。神のものは神の代理人である教会に返すべきなのです。

この論理は、聖書が異教徒から利子を取ることを許していることの根拠にもなります。利子を取ることは神の時間を盗むものだとしても、異教徒が崇める神の時間を奪うのなら罰せられないはずだからです。奪ってきた時間を自身が奉じる正しい神に捧げれば褒めてもらえるかもしれません。信仰を同じくする者から利子を取ることは許されないのですが、異教徒からなら許されてしまうわけです。

こうした二重基準は、ユダヤ教徒といえば高利貸しだとする中世的職業観の背景にもなっています。ユダヤ・キリスト・イスラムの三教徒共通の聖典である旧約聖書が同胞間での利子の授受を禁止している以上、中世の地中海世界を二分していたキリスト教世界とイスラム教世界のどちらにおいても、そこでの少数派だったユダヤ教徒が金融業を担うようになるのは当然の成り行きだったのです。ですから、もし当時の地中海世界のどこかにユダヤ教徒の国家が存在し、そこでの少数派としてキリスト教徒が存在していたら、彼らがユダヤ教徒を相手に金貸しを営んでいたかもしれません。リスク分散を原則とする金融業は、少数が多数を相手にするからこそ成り立つ産業だからです。

ところで、この「時間を盗む」という概念に触れると、別のことを思い出す読者も多いのではないでしょうか。そう、あのミヒャエル・エンデの『モモ』における「時間どろぼう」のモチーフです。あるいは、マルクス主義における労働価値説を連想する読者もいるかもしれません。一九世紀に生きたカール・マルクスは、利子や配当として資本に報酬を払うことは、世の富を増加させるために投入された労働の成果をだまし取る行為だと批判しました。この「労働」という語を「額に汗した人々の時間」と読み替えれば、マルクス主義の労働価値説が、政治的には最も激しく彼らと対立していたはずのカトリック教会の利子論と通じるところがあることに気付くと思います。中世カトリック教会とエンデあるいはマルクスとの利子観の違いは、時間を盗まれた「被害者」について、それは神であると考えるか、人であると考えるか、その差に過ぎないという面もあるのです。

カトリック教会の思考はさらに発展し、「貸付と引き換えに、貸し付けられた財自体を超過して要求されるいっさい」を「ウスリア」と呼び、そのウスリアを否定する一方で、将来に起こるかもしれない貸し倒れ損失相当分を穴埋めするために、借り手に対してあらかじめ対価を求めておくことは「時間を盗む」ことには当たらず、したがって禁止されていないという議論を展開するようになります。前の章では、利子率を構成するのは「現在財と将来財の価格差」と「リスク・プレミアム」そして「時間選好率」だという解説をしましたが（33ページ参照）、この文脈でいえば、利子のうちの「現在財と将来財の価格差」の部分は許されないが、「リスク・プレミアム」に相当する部分は許されるというわけです。許された部分は「インタレッセ」と呼ばれていました。この語が、後には利子全体を意味する英語の「インタレスト」になって行きます。

こうして、異教徒に対する利子ばかりでなく、同胞に対する利子も、時と場合によっては許されることになりました。中世フィレンツェやジェノバなどの北イタリア都市が金融業で繁栄をしていたことは歴史の本にありますが、利子を禁じているはずのカトリックへの帰依と俗世における金融業の繁栄という一見奇妙な現象も、この利子解釈を前提にすれば不思議ではなくなります。やっているのがウスリア取りでなくインテレッセ取りなのだと教会に認めてもらえば、それは神に許される営みになるからです。

なお、最後の「時間選好率」については、彼らは何も言っていないのでどう考えていたか分かりません。教会は最後の審判の日までの時間を支配していたわけですから、そうした超越的時間感覚からみれば、もし「時間選好率」などという概念に気が付いていたとしても、そんなものはただの錯覚であると切り捨てそうですが、これは想像にすぎません。想像に基づく議論には深入りしないことにして、別にきちんと考えておきたいことがあります。それは、こうした利子に対する態度と時代状況との関係についてです。

パネル11：ウェルギリウスに導かれて地獄を巡るダンテ

フィレンツェの小貴族の子として生まれたダンテ・アリギエーリは、政争に敗れてフィレンツェを追放され（1302年）、以降、流浪の生涯を送る。『神曲』の中で、ダンテはローマ時代の大詩人ウェルギリウスに導かれ、地獄と煉獄そして天国を見てまわる。そこで見たのが、フィレンツェの貴族たちが高利貸しの罪で罰を受ける様子である（図はギュスターブ・ドレ画の挿絵を組み込んだ『ドレの神曲』から）。詩中には、罰を受けている貴族たちの紋章が描かれているので、彼らの家名まで分かってしまう仕組みなのだが、こうしたどぎついとも言える表現に政争に敗れたダンテの恨みが込められているのだろう。ちなみに、ダンテの生家も金融業を営んでいたらしいから、彼も「ウスリア：usuria」と「インテレッセ：interesse」の区別は知っていたはずで、このことが、作品中でダンテが彼の政敵であった貴族たちには罰を与えながら、自身の一族については何も書いていない理由にもなっていたと思われる。自身の一族は神に許されている「インテレッセ取り」だから地獄で罰を受けていないのだが、彼の政敵たちは聖書に背く「ウスリア取り」すなわち「高利貸し」だというわけなのだろう。なお、本節で説明した中世カトリック教会の利子解釈は、ジャック・ル・ゴッフ『中世の高利貸』（渡辺香根夫訳・法政大学出版局）によったほか、南山大学教授でもあるマイケル・シーゲル神父の解説によった。

成長へのギア・チェンジ

ここ数十年や数百年程度の話ではなく、千年あるいは二千年のタイムスパンで世界全体の経済成長を眺めてやろうという壮大なプロジェクトを展開している世界的な学者グループがあります。プロジェクトを開始したのはアンガス・マディソンという経済学者ですが、そのマディソンらが描き出した世界史観は、経済は成長するものだというシナリオに慣れ切った私たちには、ちょっとした驚きですらあります。紀元一世紀つまり東の漢と西のローマの時代から一九世紀初頭までの約一八〇〇年間、一人当たりの所得でみた世界経済はほとんど成長していないことが示されているからです。それは新世界アメリカが加わった一六世紀以降をみても同じです。

マディソンらが描き出した結果は、経済の成長というものは意外なほど新しい現象で、長い人類史を通じてみると経済というものは変動こそすれ、基本的には成長をしない時代の方がはるかに長かったということを示しています。中世の世界とは基本的にゼロ成長の時代だったわけです。人々が豊かになるという意味で、世界が、とりわけ西ヨーロッパ世界が成長の時代に入るのは、早く見積もっても一八世紀の終わり、手堅く見積もれば一九世紀の初めごろからなのです。

そう思ってみれば、利子に関する中世カトリック教会の態度にもあまり違和感を覚えなくなるのではないでしょうか。彼らが禁止していたのは、利子を取ることの全部ではなく、法外な「高利」である「ウスリア」を取ることでしたが、それはゼロ成長の時代としては自然な感覚だったと言っても良さそうだからです。ゼロ成長の時代には「現在財と将来財の価格差」など、ほとんど存在しなかったはずです。したがって、もし当時の世界に現代の資本市場に相当する取引の場が存在していたとしても、そこで成立する現在財と将来財との相対価格つまり自然利子率は、基本的にゼロを中心に上下するだけだったでしょう。もちろん、借り手の信用度に応じて付くはずのリスク・プレミアム相当部分であるインテレッセは別です。でも、この部分を除いた利子がゼロであるべきとされるのは、時代環境からみればナンセンスなことではないのです。

ところが、そのカトリック教会も、中世も終り頃になると教義を徐々に転換し、時代が一九世紀に移るころには利子を公に認めるようになります。この転換の時期は、西ヨーロッパ世界が成長へとギアを入れ替えた時期と一致しています。利子が認められたので経済が成長できるようになったのか、成長するようになったので利子を認めたのか、そんなことを言いたくなる転換なのですが、その議論をしてもあまり意味はないでしょう。ルネサンスと宗教改革そして絶対主義王権国家の成立と続いた変化の中で、このころになると人々の精神は教会が認めるかどうかをあまり気にしなくなっていたはずだからです。いずれにしても、経済が成長の時代に移るころには、利子は罪悪から常識に変わっていたのです。

さて、それでは何が一九世紀初めの成長へのギア・チェンジを演出したのでしょう。そこで、すぐに頭に浮かぶのは、技術革新あるいは工業化です。産業革命説と言っても良いと思います。しかし、この説にはどうも腑に落ちないところがあります。

それは、産業革命を形成した工業技術上の重要イベントと、マディソンらが示した成長へのギア・チェンジの時期とが必ずしも一致しないからです。産業革命における重要技術イベントと言えば、①ハーグリーブスのジェニー紡績機（一七六四年）とアークライトの水力紡績機（一七七一年)、②ニューコメンの鉱山用蒸気機関(一七一二年)とワットによる大改良(一七八五年)、③ダービー一族によるコークス製鉄法の開始(一七〇九年)と改良(一七五〇年頃)、そして、④トレビシックの蒸気機関車(一八〇四年)とスチーブンソンのロケット号(一八三〇年)、といったあたりでしょうが、それだけが要因だったら、成長へのギア・チェンジはもっと早く起こっても良さそうなのです。蒸気機関車を除けば、産業革命上の重要技術の多くは世界が成長を始めるよりもかなり前の一八世紀中ごろまでに出現しています。もっとも、一八世紀後半から一九世紀初めまでのヨーロッパはフランス革命とナポレオン戦争という動乱の時代ですから、その点は割り引いて考えても良いかもしれません。ただ、それにしても、時間的前後関係をみる限りは、世界を成長にギア・チェンジさせるためには技術という要素だけでは不十分なようです。

では、何が必要な要素だったのでしょうか。この点について、豊富な学識と実績を備えた投資家として知られているウィリアム・バーンスタインは、世界的ヒットとなった著書『「豊かさ」の誕生』のなかで、成長へのギア・チェンジを生じさせた条件として、①私有財産権、②科学的合理主義、③資本市場、④迅速で効率的な通信と輸送の手段、という四要素をあげています。バーンスタインは、「これらの四要素は、一六世紀のオランダでごく短い期間だけ揃ったが、それらが英語圏に定着したのは一八二〇年頃のことだった」(徳川家広訳・日本経済新聞社)と書いています。説得力ある歴史観ですが、それは利子というものの帰属先についても大きな含意を持つものでもあります。成長へのギア・チェンジが技術進歩のような外的要因だけによって起こったのだとすれば、その成果を資本提供者に帰させることへの非難には一定の理があるといえるで

パネル12：成長へのギア・チェンジ

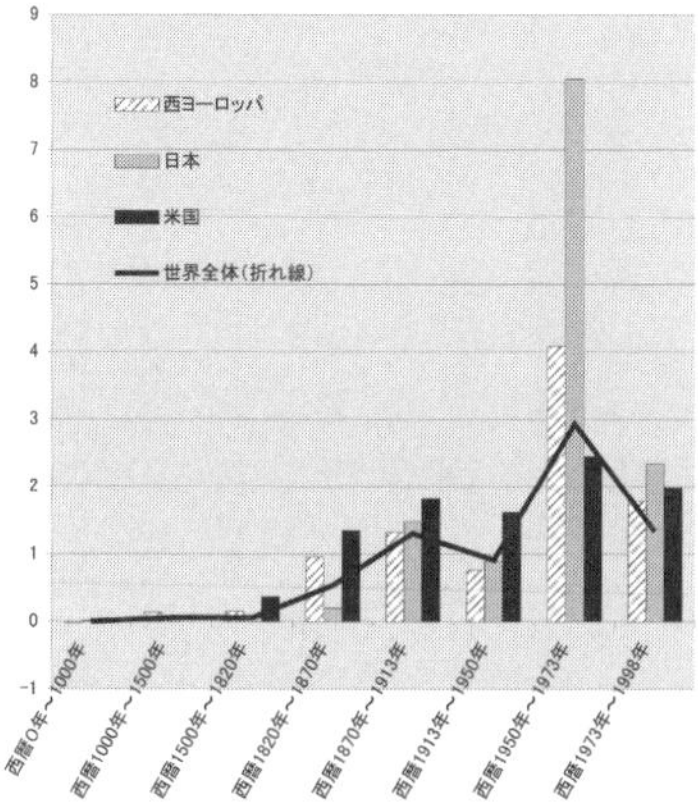

グラフは、１人当たりGDP成長率を年率換算したものだが（Angus Maddison "The World Economy" OECD Publishing 2006 のデータをもとに作成）、この図から観察できる成長へのギア・チェンジの要因についての見方は、大きく２つに分かれる。バーンスタインは私有財産制度の確立により明日のために資本を投じることに人々が熱心になったことを重視しているが、伝統的な産業革命史観では紡績機の発明や蒸気機関の実用化などの技術要因を重視する。マルクス（Karl Marx、1818-1883、右下）も後者である。彼は『ゴータ綱領批判』のなかで、その理想とする共産主義社会の在り方として、「社会的労働日は個人的労働時間の合計から成り立つ。……彼は……これこれの量の労働を給付したという証明書を社会から受け取り、そして、この証明書で消費手段の社会的貯えのなかから、等量の労働を要するものをひきだす」（後藤洋訳・新日本出版社）と書いている。マルクスの世界では、時間が価値の単位すなわち貨幣となっているわけである。また、その世界では、労働者が資本蓄積に協力すれば相応の見返りつまり利子が得られることになる。経済が成長して１人当たりGDPが大きくなれば、「等量の労働」でより多くの富が引き出せるはずだからである。

しょう。しかし、私有財産制度が成長へのギア・チェンジにおける主要な演出者として加わっているのだとすれば、資本提供者への利子配分は否定されるべきではないでしょう。それがなければ、資本市場が存在せず、経済の成長もなかっただろうからです。

どちらなのでしょうか。状況証拠からみる限りは、バーンスタイン的な見方に分がありそうです。でも、そのことは、彼のいう四要素さえそろえば経済は成長し、私たちは豊かになり続ける、そう信じることと同じではありません。たとえば、私たち日本の経験があります。

第二次世界大戦後の混乱期を抜けた日本は奇跡といわれるほどの成長を経験しました。現在の日本の悩みは、その成長が止まってしまったということでしょう。私たち日本人は、こんなはずはない、戦後の苦しい時代ですら頑張れば豊かになったのだから、自分たちが成長できなくなったのは何かやり方がまずいのではないか、そう思い悩んできたわけです。そして、日本は数々の「対策」を試しました。今でもそうです。でも、どの対策も大した効果はありませんでした。これは、バーンスタインの言うような四つの条件さえ揃えば、経済は成長を続けるという議論に疑問を投げかけるものでもあります。

私には、高度成長とバブルの崩壊という日本の経験は、成長というものがそう簡単なものではない、ある種の「運」とか「巡り合せ」とかが深く関係していそうだということを示唆しているように思えてなりません。そうした成長の持続性についての問題は、この本の後の方でもう一度考えてみることにしたいと思います。

話題が日本になったところで、ヨーロッパ世界で利子が罪悪とされていた中世、その時代の日本人が利子というものをどう考えてきたかを次に振り返ってみたいと思います。

中世日本の利子感覚

日本人と貨幣あるいは金融との付き合い方の歴史はなかなか興味深いものです。まず貨幣ですが、日本が初めて金属貨幣を鋳造したのは七世紀の終わりごろ、作られたのは「富本銭」という貨幣です。富本銭については良く分からないことが多いのですが、その富本銭の後を受けて、当時の国家プロジェクトとして鋳造されたのが「和同開珎」です。七〇八年のことでした。以降、貨幣鋳造は国策になり、律令政権はその後の二五〇年間にわたって「皇朝十二銭」といわれる貨幣を作り続けますが、そうして作られた貨幣は一般の商取引にはほとんど用いられませんでした。当時の日本には活発な商業活動そのものがほとんど存在しませんでしたから、それも当然の話でしょう。日本の貨幣鋳造は早過ぎたのです。律令時代の日本とは、強大な帝国を形成していた中国の唐を恐れつつ憧れていた時代でした。その中華文明の象徴として金属貨幣を導入したのですが、そうした背伸びした貨幣鋳造政策は定着することなく、貨幣の鋳造は九五八年の乾元大宝を最後に行われなくなります。

ところが、こうした形式ばかりの貨幣導入とは裏腹に、利子についての日本人の態度は意外にも古くから積極的でした。

律令時代の出挙については前にも紹介しましたが（36ページ参照）、春に種籾を借りて秋に利子を付けて返すという慣行自体はもっと古くからあったようです。秋の最初の収穫は「初穂」といわれ、神への感謝として神聖とされる蔵に保管されます。今でも、祭礼などで神社に捧げる奉納金を「初穂料」と言いますね。あの「初穂」です。そして翌春の播種期になると、初穂として納められた籾は農民たちに分け与えられますが、収穫に恵まれれば農民たちは与えられた以上の籾を返します。割り増し分を「利稲」といいますが、この仕組みが出挙へと制度化されたようです。そうした枠組みの中で生まれた利子なら非難の対象にならないでしょう。春から秋への季節の移り変わりのなかで生活をする農業の世界では、利子を伴う貸し借りについての感覚も遊牧社会を基盤とする旧約聖書のそれとは違っていて当然なのです。

世界最古の利子規制を含むハンムラビ法典については前の章で紹介しましたが、そのメソポタミア文明は、交易文明であると同時に、氾濫期の河水をため池に蓄えて乾期に灌漑水として利用する農業文明でした。ですから、そこでは利子は当然のものでした。利子の上限を法で画するという発想は、利子を当然とする感覚なしには生まれません。彼らにおける大麦の収量倍率(播種量と収穫量の比率)の高さについてはヘロドトスの『歴史』にも記載がありますが、そうした比較を行うという感覚こそが、利子という概念を形成する下地になるわけです。稲作を始めた後の日本も似たような状況だったのではないでしょうか。

そうした種籾の貸借と利子が普及していた世界に貨幣が持ち込まれれば、そこに金貸しという行為が発生するのに抵抗はありません。日本に貨幣経済が普及するのは、宋の時代の中国から大量の銭を輸入した平清盛の時代、すなわち日本史における中世に入るころからです。神の蔵に納める初穂も籾から銭になりました。銭になった初穂は「上分銭」とも言われるようになります。

その上分銭が貸し出されるようになったとき、日本で金融が業として成立することになります。神社や寺が金融業を行うようになったわけです。それなら、同じことを俗世にいる者が営んでも、非難はされないでしょう。程々のたしなみをもって取り行えば、称賛と尊敬の対象になるかもしれません。この時代になると商業活動とりわけ金融活動を通じて財をなすことを「徳（＝得）」とみる風潮が普及します。金貸しを営む大商人は「有徳」の人とされるようになりました。中世の日本では蓄財や利子は、少なくとも倫理のレベルでは非難される業ではなかったわけです。

しかし、その中世でも利子はいつも保護されていたわけではありませんでした。金融が社寺の行うものから職業的な貸金業者である「土倉」が行うものになるにつれ、利子も高くなります。そうなると、人々の恨みというマグマが蓄積を始めます。称賛と尊敬が妬みとバッシングに変わりやすいことは中世も現代と変わりません。そして、時の権力者は、ある場合には自身や家臣団の借金の踏み倒しのために、別の場合には人々の不満に迎合するために、そして多くの場合には両方のために、「徳政令」という借財破棄令を発動することになります。

徳政令が社会に及ぼした影響については否定的な見方が多いのですが、基本的にゼロ成長の状況にあった中世という時代では、こうした徳政令のような仕掛けがない限り社会が安定しなかったとも言えそうです。全体のパイが増えていく状況なら、貧しい人々にも富を得る機会がそれなりに巡ってきそうですが、パイが増えない状況下では、徳政令のようなやり方で借金の棒引きでも行なわない限り、社会の富は非常に片寄った分布になって世の中が治まらないからです。北極圏に棲むキヌゲネズミ科のレミングは、周期的に大増殖と個体数激減を繰り返す動物として知ら

パネル13：中世日本人の貨幣観

徳政とは天子の交替などに伴って行われる改元などと同様の「復古あるいは一新（＝維新）」の一種と位置づけられていたようで、室町時代になると、その論理は「世を新しく始めるために元号や将軍が代わったのだから、すべからく過去を捨てるべきだ」という「代初め思想」となって質流れ地の還付や借金の棒引き要求などへと具体化した。そうした論理をみる限りでは、背景に貨幣や利子のやり取り自体を本来的な罪とみる思想はない。古代から中世の日本を特徴づけたのは、貨幣に対する神聖視とすらいえるほどの尊重ぶりで、吉田兼好『徒然草』には、大福長者すなわち当時の徳人の言として、貨幣を「君のごとく神のごとくおそれとうとみて」云々という記述がみえる。今日のビジネス本のような内容だが、こうした記述を神職出身の兼好法師が書くということ自体、当時の日本での貨幣尊重の気風が幅広い階層に及んでいたことを示すものだろう。鎌倉時代の人気武将で歌舞伎や読本の題材にもなった青砥藤綱には、川で十文の銭を落としたときに、五十文の銭を費やして松明を買って銭を探し出したという有名な逸話がある。理由を問われた藤綱は、「十文の銭を取り戻せばその銭は貨幣経済に復帰できるし、松明を買うのに費やした銭は銭で、回り回ってやはり世のためになる」という趣旨のことを答えたという。松明という資源の無駄遣いを指摘したくなるところもある話なのだが、藤綱のような主張は現代の景気対策論議でもときどき耳にする。読者はどちらに与するだろうか。絵は藤綱の銭探しの図（菊池容斎『前賢故実』より）。

れていますが、そういうリセットのシステムがなければ彼らは限られた環境の中で種を維持できないでしょう。中世日本の金貸しも徳政という周期的リセットが存在しなければ持続できなかったという意味では、レミングのようなものだったわけです。

中世ヨーロッパのカトリック教会は「高利」そのものを禁じていました。日本は利子を禁じる名分を思いつかなかったので、徳政という仕組みを作り出したと言っても良いかもしれません。ゼロ成長の社会では、リスク分を差し引いた後で考える限り、高い利子率は長期的には持続できないからです。

ところが、そのことを分かっているのかどうか、ときに疑わしくなる議論をする人もいます。とくに名前があるわけではないのですが、あえて呼ぶとすれば「貨幣無限膨張論」とでも名付けたくなるタイプの議論です。

ヨゼフの黄金

ドイツ生まれで、自由通貨とか地域通貨というキーワードで、現在の貨幣システムに代わる新しい貨幣モデルを提案する活動を展開している運動家に、マルグリット・ケネディという建築家がいます。彼女らの活動は、文学者エンデの貨幣に対する思想を伝えたNHKの番組と、それをもとに編集出版された『エンデの遺言「根源からお金を問うこと」』（河邑厚徳＋グループ現代・NHK出版）で取り上げられたことで、多くの人に知られるようになりました。そうした彼女が、現在の貨幣システムの矛盾点の象徴としてしばしば持ち出すのが、「ヨゼフが息子キリスト誕生のときに、五％の利子で一プフェニヒ（一マルクの一〇〇分の一）の預金をしたとすると、そのヨゼフは一九九〇年には地球と同じ重さの黄金の玉を一三億四〇〇〇万個も引き出すことができる」という数値例です。そうした利子による貨幣の無限ともいえる膨張性への批判が彼女らの運動の原点になっているようです。

解説をすると、彼女らの運動は、感覚的には二〇世紀のはじめの社会思想家シルビオ・ゲゼルの流れをくむものだといえます。ゲゼルの考え方の基本は、パンにせよ家具にせよ実物的な財はすべからく時間の流れの中で劣化していくのに、貨幣だけが腐りもせず時代遅れにもならずに自動的に価値を維持し続けるのはおかしい、そうした実物財と貨幣とのアンバランスが富の集中という不公平と貨幣の抱え込みによる不況の原因になっているというものでした。

ゲゼルは、この認識から進んで「スタンプ付き貨幣」という仕組みを考案し提案しました。スタンプ付き貨幣というのは、簡単にいえば貨幣を持っている限り保有期間に応じて一定の金額を払い込まないと価値が維持できないよう設計した貨幣のことで、いわば貨幣にマイナスの利子を付けるということに相当します。こうしたゲゼルのアイディアについては、この本の最後の章で改めて取り上げることにしましょう。なぜマイナスなのかという理由付けについてはともかく、貨幣に利子をつけるという発想自体は今後の貨幣のあり方を考えるうえで重要だからです。

しかし、ケネディらがゲゼルの後継者を任ずるのであれば、この数値例はいただけません。こうした数値例は一見もっともらしいのですが、そこには利子や貨幣価値というものに対する初歩的な誤解が含まれているからです。それでは、ケネディらが祖と仰ぐゲゼルだって不本意でしょう。ゲゼルの名は標準的な経済学の教科書で取り上げられることはほとんどないのですが、あのジョン・メイナード・ケインズが代表作『一般理論』のなかで彼を「不当に無視された予言者」と呼んで多くのページを割いて紹介しているので、それを通じて知っている読者も多いかもしれません。いずれにせよ、ゲゼルはケインズも一目置くほどの思想家ですから、こうした幼稚な数値例で議論をしているはずはありません。ケネディらの誤りは大きく二つあります。

第一の誤りは、利子に含まれるはずのリスク・プレミアムという要素の見落としです。これは分かりますね。すでに説明した通り、有史以来のほとんどの時代の利子率を構成していたのはリスク・プレミアムでした。そして、預金金利に含まれるリスク・プレミアムは基本的には銀行が倒産して預金が返してもらえなくなる確率そのものですから（厳密に言うと両者は少し違うのですが、ここではこだわらないことにしましょう）、もしヨゼフと銀行とが西暦一年にきちんとリスクを評価して取引をしていたのだとすれば、一年後にヨゼフが利子を上乗せした金塊を銀行から引き出せる確率は九五％ということになります。なんだ、そんな程度かと思ってはいけません。この先がケネディ女史もお得意の複利計算の世界ですが、銀行が倒産せずに金塊を引き出せる確率は、一〇年後には六〇％に少し足らなくなり、一〇〇年後になると〇・六％まで低下します。一九九〇年といわず、十字軍の遠征が始まるよりも前の紀元一〇〇〇年には、もう一〇の二七乗分の一という天文学的に低い確率になってしまいますが、そんな計算は程々にしておきましょう。利子がリスクと見合うものである限り、そうした金融取引を何千年続けていても貸し手の財産が無限に膨張するということなど起こらないということだけが大事なことです。

第二の誤りは、貨幣価値の変動というものについての認識の甘さです。この数値例は「五％の利子率」というところから始まりますが、それを私たちが不自然でないように感じるのは、おそらくは二〇世紀の世界で「定着」してしまったかのように思えるインフレのせいでしょう。もしヨゼフがキリストの誕生を祝って一プフェニヒの金塊に相当するオカネを銀行に預けたのと同時に、年率五％のインフレが発生していたとしたら、何年たっても預金の価値は一プフェニヒの金塊相当の価値のままで変わりません。ヨゼフの預金通帳には、インフレを反映してゼロの文字がいくつも並ぶでしょうが、だからと言ってその実質的な価値は変わらないはずです。インフレで減価した貨幣しか引き出せない以上は、ヨゼフがいくら銀行に足を運んでも、そもそも地球の重量の十数億倍もの金塊を引き出したりはできないのです。

では、貨幣が（より正確には貨幣で表示された金融資産が）、時間の流れの中で増殖するというのはナンセンスなのでしょうか。そうとも限りません。世界は一八二〇年ごろを境に成長する経済へと大きくギアを切り替えました。何度か説明したことですが、成長する経済では自然利子率はプラスになるのが普通です。自然利子率がプラスになれば貨幣が増殖してもおかしくはありません。経済が成長して自然利子率がプラスになるということは、私たちの豊かさが増加するということです。豊かさが増加する世界でならば、それに応じて貨幣が増殖しても変な話ではないからです。そこでの問題は、豊かさの増加とバランスの取れた貨幣の増殖を演出する仕組み、つまりは多くの人が納得のいく利子制度というものを設計できるかどうかでしょう。どう考えればよいのでしょうか。

パネル14：ゲゼルとケインズ

ゲゼル（Silvio Gesell、1862-1930、写真左）はドイツ生まれ。若い時期に住んでいたアルゼンチンでの経験などから貨幣について深く考えるようになり、そこからスタンプ付き貨幣の仕組みを提案して現代のケネディらの「自由通貨運動」の祖となった。そのゲゼルに一定の評価を与えたケインズ（John Maynard Keynes、1883-1946、写真右）は、ケンブリッジのハーベイ・ロード6番地の学者一家に生まれ、恵まれた環境に育った知的エリートである。ケインズは、言うまでもなく20世紀を代表する経済学者であり、また現実の経済政策にも深くかかわった実務家でもあるが、その彼の問題意識の基本は、アダム・スミス以来の経済学における市場機能万能の前提に疑いを持ち、政府の役割を重視するところにあった。そうした彼および彼の後継者たち（彼らを「ケインジアン」と呼ぶことがある）の政策論議を批判するとき、そこに「ハーベイ・ロードの前提」があると言うことがある。市場が誤る可能性は分かるが、では政府が誤らない保証はどこにあるのか、そういうメッセージをエリート家系育ちで政府の高官をも務めたことのあるケインズの生地名にかけたものである。もっとも、ケインズが主張しているのは「政府は誤るべきでない」ということであって、素朴に「政府は誤らない」と信じていたとは思えない。彼は、第1次世界大戦後の英国大蔵省に勤務当時、後のヒットラー政権の誕生にもつながる対ドイツ賠償要求に反対して辞任するということをしている。政府が誤った現場に居合わせた経験なら痛いほどあったはずである。

それに答えるためには「モノの利子率」とは別の「オカネの利子率」というものについて頭の中を整理しておかなければなりません。それが、次の「二つの利子率」の問題です。

二つの利子率

自然利子率とは現在財と将来財との間で成立する交換価格つまりは「モノの利子率」です。モノの利子率は、手持ちの財を今日のうちに使ってしまうのでなく明日の豊かさのために投資すれば大きな見返りが得られる、そう人々が予想するほど高くなるはずでしょう。そのことを経済学者たちは、「自然利子率は資本の限界効率で決まる」と言うことがあります。ここで「資本の限界効率」というのは、「あともう少しだけ現在の財を使うのを我慢して投資に回したら、代わりにどのくらい多くの将来の財を得られるか」という意味です。これが大きくなるほど、わずかの現在財が多くの将来財に見合うこととなるはずですから、現在財と将来財の交換レートは将来財に不利になります。つまり、自然利子率が上がってくるわけです。注意しておいて欲しいことは、この自然利子率というのは、技術の状況や人口の動態などで決まるもので、政府や中央銀行が政策という名の下で簡単に動かせるものではないということです。ところが、世の中には彼らが動かせる利子率もあります。

それが「オカネの利子率」、つまり貨幣を貸したり預けたりしたときに得られる利子率です。この利子率を経済学の世界では「名目金利」と呼びます。ちなみに、ここで「名目」というのは「オカネで測る」という意味で、対語は「モノで測る」ことを意味する「実質」です。でも、こ

パネル15：自然利子率の発見者

自然利子率を「発見」したのは、スウェーデンのクヌート・ウィクセル（Johan Gustaf Knut Wicksell、1851−1926、写真）である。あえて「発見」という言い方をしたのは、モノの利子率である自然利子率は、オカネの利子率である金利と違って、直接に観察することができないからである。自然利子率の概念は、ケインズの『貨幣論』や『一般理論』の論理展開にも重要な役割を果たしているが、それにもかかわらず、ケインズのウィクセルに対する扱いは妙に冷たく、自然利子率は当時からすでに常識であり、彼は概念の整理に貢献してはいるが発見者そのものではないかのようである。私自身、なんとなくそう思っていたのだが、最近になって池田信夫『ハイエク―知識社会の自由主義』（PHP 新書）を読み、そこで紹介されているハイエクのエッセイを読んで認識を改めた（ハイエクについては、この後249ページで紹介する）。ケインズは、この分野におけるウィクセルの貢献をあえて無視していると思えて来たからである。ウィクセルが経済学の世界で活動を始めたのは比較的遅く40歳近くになってからのことで、前半生はもっぱら劇作と社会活動で過ごしていた。そうした活動のなかでアンナ・ブッゲという女性に会い後半生をともにすることになる。アンナはノルウェー政府の高官の娘だが早くから平和運動と婦人参政権運動に加わり、第1次世界大戦後は国際連盟委任統治領の行政を監督する委任統治委員会における初の女性委員として重要な役割を担った。ウィクセルは彼女がいないと落ち着かなくなり論文を書くこともできなかったという。賢く勇気ある女性だったのだろう。ウィクセルの葬儀はアンナが主導したが、そこには彼の死を悼む多くの社会運動グループが参列し赤旗が林立した。そして、その全員が賛美歌を歌い聖書を朗読したと伝えられている。

の本ではいちいち「名目」と断るのは煩わしいので、単に「金利」と言ったら、この「オカネの利子率」のことだということにしておきましょう。

新聞でもテレビでも、日本の中央銀行である日本銀行や米国の中央銀行である連邦準備制度が「利上げ」する、あるいは「利下げ」するというような記事や観測が毎日のように流れていますが、そこで言っているのも「オカネの利子率」つまり金利のことです。ですから、そうした記事の背景には、「金利は中央銀行がコントロールできる」という認識があることになります。認識と言うよりも経験あるいは実感と言った方が良いかもしれません。でも、なぜそうなのでしょうか。なぜ、そう認識されるのでしょうか。

理由は、貨幣が中央銀行により独占的に供給されているからです。経済学を勉強したことのある読者は、「独占」という概念を習ったことがあるでしょう。財が一人の供給者だけによって提供されているとき、その財の供給が独占されているといいます。財の供給が独占されていると、その財の供給条件である価格は独占的な供給者の意思に支配されるようになります。価格を自由に決めることができるか、影響を与えることができるという程度にとどまるかは、その財が世の中に必要とされる度合いによって異なりますが、必要度の強い財の供給が独占されていると供給者の力は圧倒的になります。

石油の基本的供給条件である原油価格が、サウジアラビアをはじめとする少数の産油国の決定に左右されていることは良く知られていますが、これは彼らが石油輸出国機構（ＯＰＥＣ）という連合体すなわちカルテルを作って、あたかも一人の供給者のように値段を付けているからです。

もっとも、石油輸出国機構というカルテルは、石油に代わるエネルギー源の開発や、カルテルに参加しない産油国の存在によって、かつてほどの力を振るえなくなっています。ところが、一国内のオカネの供給はほぼ完全に中央銀行に独占されていますし、私たちはオカネがないと暮らしていけませんから、オカネの供給条件は中央銀行が自由に決めてしまえそうです。貨幣は日本なら日本の中央銀行つまり日本銀行が独占的に供給しています。だから、日本銀行は日本の貨幣である円の供給条件を決めることができそうなのです。

ここで、少し言葉の整理をしておきましょう。私たちは、「オカネ」のことを「貨幣」と言ったり「通貨」と言ったりします。どう違うかといえば、「貨幣」というのは決済や価値尺度に使うことができる財という意味で使うことが多く、「通貨」というのはその供給と管理のシステムに力点を置いて表現するときに使うことが多いようです。あまり厳密に使い分けても意味はなさそうなのですが、この文脈で使うのだったら「通貨」です。だから言い直しましょう。通貨の供給は中央銀行が独占している、だからその価格も中央銀行が決められるはずなのです。

もっとも、石油の価格は一単位の石油を貨幣に交換したら何単位の円やドルすなわち貨幣がもらえるかという意味での価格ですが、円やドルはそれ自体が貨幣ですから石油と同じようなかたちでは価格を付けることはできません。したがって、通貨に価格をつける方法は二つに限られてきます。

最も単純な方法は、自国の供給する貨幣の価値を他の貨幣に関連付けることです。貨幣の値段をドルのように国際的に流通している貨幣を基準にして、一単位あたり何ドルというように決めてしまうのです。これを「ペッグ」とか「カレンシー・ボード」といいます。ペッグによって通貨を供給している国は数のうえでは多いのですが、世界の全部の貨幣が他国に頼るというわけにはいきません。それでは、貨幣と貨幣の間の相対的な関係は決まっても、貨幣価値の絶対水準が決まらないからです。

ですから、世界の主な中央銀行は別の方法で通貨の価格をつけています。それは現在の貨幣と将来の貨幣の間に価格差をつけて貨幣を供給するというものです。現在時点で一単位の貨幣をあげるから、一年たったら何々単位の貨幣にして返してください、というやり方で価格をつけるわけです。要するに、金利を決めて貨幣を供給するのです。具体的には、会社が発行していて返済期限と金額が書いてある借入証文を額面より安い価格で買い入れるとか、貨幣が欲しいという人に自分で借入証文を書いてもらうとかして貨幣を供給します。買い入れる借入証文として国債を使い、国債の売買を扱っている銀行や証券会社に対して、どんな条件で買おうとするかを提示して行う貨幣の供給を「国債オペ」といいます。中央銀行が、人々が取引をしている世界に出て行って、そこで取引されている証券（「借入証文」というと品がないので、これからは「証券」と言いましょう）を売ったり買ったりすることを「公開市場操作」と言いますが、この「操作」のことを英語で「オペレーション」、略して「オペ」というので、国債の売り買いを通じて金利に影響を与えることを「国債オペ」と呼んでいるわけです。日本銀行も含めて、世界の有力と言われる中央銀行は、こうしたオペを通じて金利を操っているところが大半です。通貨は彼らが独占的に供給していますから、その価格である金利は独占価格として中央銀行の決定に左右されるようになります。これが「金融政策」というものの本質です。

しかし、そうした金利の操作という意味での「金融政策」が定着したのは、それほど古いことではありません。貨幣や金利の歴史のうち、そのほとんどの時代には、中央銀行などという仕組みはありませんでした。では、当時の金利はどう決まっていたのでしょうか。それを探るために、時間の流れをもう一度さかのぼって、中世の金貨や銀貨の時代から中央銀行という仕組みが生まれた金本位制の時代まで、歴史の流れの中を旅してみようと思います。

旅の出発地は、中世という時代が終わって、強くなった王権の下で産業が勃興し始めたころのヨーロッパです。

二　金貨から銀行券へ

金貨と銀貨の時代

第一章の物語を思い出してください。そこで最初に貨幣になったのは「宝貝」でした。しかし、現実の歴史で貨幣素材に選ばれたのは、多くは金や銀あるいは銅などの金属です。

ところで、金属、とりわけ貴金属は今も昔も高価な素材です。ですから、そうした金属を貨幣として用いている世界では、貨幣価値の大半は素材金属の価値で占められることになります。貨幣の価値とは要するに素材となっている金属の価値だったのです。

もちろん、貨幣として選ばれ加工された金属には、それが貨幣として使えるというところから生じる「オマケ」としての割増分が付いています。経済学者はこれを「流動性プレミアム」が付いているといいます。「流動性」とは「支払いに使える」という意味です。この流動性プレミアムこそが貨幣の発行者にとってのシニョレッジの源泉なのですが、そうしたプレミアムがあったとしても、それは当時の貨幣発行者が貨幣価値を操作できるということを意味するものではありません。この時代の貨幣価値は、貨幣の材料である金属が豊富に流入すれば減価し、反対であれば増価したからです。もちろん、金属に流動性を与えるという仕事が権力者によって独占されていれば、流動性プレミアムにも操作の余地が生まれます。でも、中世ヨーロッパのように、たくさんの王権や領主権が隣接する空間を、同じ金属を貨幣とする人々が行きかっている世界では、そんなことは不可能です。また、中世の日本は貨幣を作るということすら放棄して、中国からの輸入銭を交易に用いていました。流動性プレミアムを与えるという事業に、今日でいう「国際競争力」を認めなかったからでしょう。そうした世界では貨幣の材料の供給事情が直接に貨幣の価値を決めることになります。

一六世紀のヨーロッパでは、アメリカ大陸からの銀の大量流入により銀価格が下落し、結果として大きな社会変動が起こりました。当時のヨーロッパで主として貨幣に用いられていたのは銀でしたので、銀価格の下落は貨幣価値の下落すなわち物価の上昇をもたらしました。これが中世ヨーロッパを近世と呼ばれる絶対王政の時代に変化させる転機となったとされる事件、一般には「価格革命」と呼ばれている経済史上の大事件です。価格革命が起こったのは、金貨や銀貨の時

パネル16：価格革命

価格革命の結果、たとえばイタリアにおける物価は、1550年から1620年までの間に2.5倍まで上昇したという（真壁昭夫・玉木伸介・平山賢一『国債と金利をめぐる300年史』東洋経済新報社）。70年間で2.5倍という物価上昇率は、年率換算すれば約1.5％にも満たない数字で、現代の私たちからみると「穏やかなインフレ」と呼びたくなる程度のものだが、金や銀の変わらぬ価値を信じていた当時の人々にとっては大事件だったのだろう。価格革命は政治と経済の基盤を大きく揺るがし、中世が絶対主義国家が割拠する近世へと変わる原動力となった。ちなみに、この価格革命という現象を指摘したのは、16世紀フランスのジャン・ボダン（Jean Bodin、1530–1596、右上）である。ボダンは、『国家論』において近代君主制の基礎を築いた政治学者であり、『歴史的方法論』において法学に歴史学の観点を導入した法学者でもあり、さらに、当時のフランス国内における物価上昇の原因をアメリカ大陸からの大量の銀流入に求めて、貨幣の供給量が物価を決めるという後の「貨幣数量説」の先駆けにもなった経済学者でもある。こうした業績から16世紀のモンテスキューとも評される一方で、『魔女の悪魔狂』と題する書を著し「魔女狩り」を主導した狂信の法曹家として、歴史の中で断罪され続けている人物でもある。左の写真は現代のボリビアのポトシ市の風景。1546年にスペイン人によって開発されたポトシは、通算で45000トンの銀を産出した後、19世紀に枯渇した。鉱山では、強制的に集められた多数のインディオたちが命を落とした。

代には、貨幣材料の供給量そのものが貨幣価値すなわち物価の「水準」を支配していたからです。

もちろん、貨幣の供給量が貨幣価値を支配していたと言っても、それは貨幣の材料として選ばれた金属と他の商品との相対価格という意味での貨幣の価値ですから、貨幣材料となる金属の供給量だけでなく、他の商品の供給量や需要量がどうなるかにも大きく影響されていたはずです。そうした文脈での貨幣価値の「変化」についての予想に支配されるのが金利だということになります。中央銀行が登場する以前の物価と金利は、ともに貨幣材料となる金属と他の商品との需給のバランスによって支配されていたわけです。

たとえば、新しい王様が即位して、それに相応しい大宮殿と都市の建設を計画したとしましょう。それが始まれば建築材料である材木の値上がりが起こりそうです。このとき、低い金利でオカネを借りられれば、材木を買い集めておいて実際に値上がりが起きたときに売り出すことで大儲けができます。同じことを多くの商人たちが考えると、材木の値段は都市の建設開始を待たずに値上がりを始めるかもしれません。投資は投機になり、材木を買い集めるのに成功した材木商は大儲けができそうです。

しかし、金貸したちがそれに気づいていれば、そう易々とは儲けさせてくれません。彼らは金利を引き上げて投資あるいは投機の利益を取り上げようとするでしょう。金利が上昇を始めるのです。ところが金利が上昇してくれば材木の値段が急上昇するようなことは起こりません。高い金利に投機が抑制されるからです。もちろん、本当に都市の建設が始まれば材木の値段は上昇を始めるでしょう。材木は暴騰こそしませんが値上がりはするのです。そして、それを見越して材木を手持ちしていれば値上がり益は商人たちのものとなり、そのための資金が借り入れたものであれば金貸したちのものともなるでしょう。

もちろん、物価の変動がもたらす利益や損失が最終的に誰のものになるかは、そう簡単ではありません。材木の値上がり益が材木商のものとなっていることに気づけば、王様は材木商に高い税金をかけるかもしれません。金貸しが儲けていることに気が付けば、儲けたというそのこと自体を理由に財産の没収だって起こりそうです。だから、実際の歴史は簡単ではありませんでした。間違いなく言えることは、物価と金利とには一定の関係があるということぐらいでしょう。もちろん、それは今でも変わりません。

ところが、そうして貨幣材料の供給量が物価と金利の両方を支配した時代は終わりました。それは、金貨や銀貨ではなく、金貨に結びついた銀行券という紙の貨幣を使う金本位制という仕組みと、その下で銀行券を独占的に発行する中央銀行という組織が登場したからです。

イングランド銀行の生い立ち

金本位制の下での中央銀行という仕組みを作り上げたのは英国です。その名をイングランド銀行といいます。しかし、イングランド銀行は最初から私たちが知っているような中央銀行として作られたわけではありません。

イングランド銀行が設立されたのは、一七世紀の終わりの一六九四年のことです。設立の目的は、当時、最盛期を迎えていたフランス王国に君臨する太陽王ルイ十四世の拡張政策に対抗するための戦費調達です。イングランド銀行は、「捺印手形」という利子の付く証券を発行し、そうして得た資金を政府に融資する役割を負っていたのです。イングランド銀行は何よりも政府の資金調達をまかなう銀行としてスタートしたわけです。

イングランド銀行という試みは成功しました。強敵ルイ十四世との抗争が紆余曲折もありながら、おおむね英国に有利なかたちで展開したからです。そうした局面の展開とともに捺印手形の利子も低下し、やがて無利子でも通用するようになります。信用度の高まった捺印手形は金貨や銀貨よりも安全で便利な貨幣の代替物として各地で通用するようになりました。捺印手形は銀行券へと進化を始めたわけです。では、そうして形成された銀行券の信用を支えているのは何だったのでしょう。それは、イングランド銀行が金庫に金貨を用意していて、いつでも銀行券を金貨に交換しますよという約束でした。銀行券の信用の基礎は、それが金貨の引換券として使えるというところにあったのです。

もっとも、紙の券片に印をつけて実物的な価値のある貨幣に交換するという貨幣引換券なら、昔からありました。歴史的には49ページで紹介した中国の交子の方がずっと古いですし、日本でも一七世紀の初めには同じようなものが登場します。こうした昔からの貨幣引換券と銀行券はどう違うのでしょう。それは、預かった貨幣の全部を単に保管するのではなく、その一部を一定のルールにしたがって政府や信用度の高い商人たちへの貸付というかたちで運用するというところにあります。銀行券の本質は、この「ルール」というところにあると言ってよいでしょう。そのルールを確立したのが、この時代のヨーロッパ世界であり、その代表選手の一人がイングランド

パネル17：山田羽書と藩札

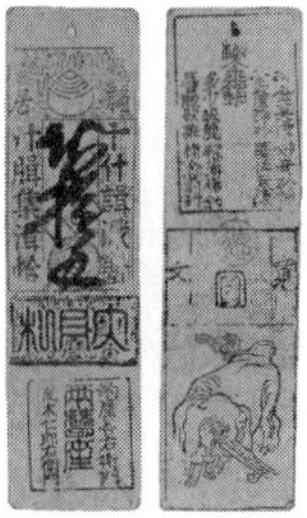

日本では江戸時代に入ると「紙幣」が使われるようになった。上は「山田羽書《はがき》」と呼ばれるもので、発行していたのは御師と呼ばれていた伊勢神宮を拠点とする人たちである。御師とは寺社への参詣人の世話をする僧や神職のことだが、伊勢神宮の御師は特に強力で、日本全国に張り巡らされた商人グループ網を通じて伊勢講を提供していた。現代風に言えば、伊勢神宮参詣のためのパッケージ・ツアー業者連合のようなものと思えば良い。山田羽書は、その伊勢御師たちが17世紀の初めごろから発行していた一種の紙幣で、銀の預かり証として始まったものである。旅行会社が発行するトラベラーズ・チェックのようなものと言えるが、株仲間の形成による連帯保証制度や発行限度に関する規制など現代にも通じる信用維持のための仕組みが整備されていたことに特色がある。一方、下は越前福井藩発行の「藩札」で、これは要するに「政府紙幣」である。現代の銀行券や同時代の山田羽書とは違って、藩の支払いがあるときにいきなり発行されるわけだが、藩に負った支払義務を果たすときには使えるわけだから、その価値が認められる域内つまり藩内であれば貨幣として利用することができる。後の軍票の原理と同じである。日本の江戸時代は、金貨である小判と一分銀などの銀貨が主として用いられていた時代であると思われがちだが、これらはいわば国際通貨（藩際通貨）で、各藩領内での貨幣流通は藩札や銭つまり銅貨が主体だったようである。鎖国という閉ざされた環境が信用制度を発達させた面もあったかもしれない。

銀行だったのです。

補足をしておくと、イングランド銀行は世界で最も古い中央銀行というわけではありません。前にも書いたとおり（49ページ参照）、最も古いのはスウェーデンのリクス銀行です。ただ、その最も古いというのは、古くからあって現在に続いているという意味で、たとえ話でいえば、もし世界に中央銀行連合会というようなものがあり、その総会が開かれるときに、古くから続いている順に席次を決めましょうという話になったとしたら、そのとき最上席にお座りになるのがリクスさんです、という意味での古さです。リクス銀行の設立は一六六八年ですからイングランド銀行は三〇年ばかり負けていることになります。

また、いつでも金貨に交換できる銀行券の発行という観点だけから言えば、同じ英国ブリテン島にさえスコットランド銀行というライバルがいます。スコットランドは一七〇七年にイングランドに立法権を譲渡したのですが、その前から同地の銀行は銀行券を発行していました。このため、その当時から営業を続けているスコットランドの銀行は、今でもポンド表示の銀行券を発行しています。こうしたスコットランドの銀行が発行している銀行券は、イングランド銀行発行の銀行券と等価で交換されて現地では普通に通用していますから、スコットランドを旅行したときに知らずに使っていた読者もいるかもしれません。何しろ制度の始まりのころの話ですから、どういうものなら手形で何が備わっていたら銀行券かということ自体が定義次第という面はあるのですが、それはともかく、その銀行券という文脈でもイングランド銀行はそれほど特別ではないのです。さらに、銀行券発行の「独占」という意味では、一八一六年に設立されたオーストリアの中央銀行の方が早いようです。したがって、この分野でもイングランド銀行は最古ではありません。イングランド銀行が重要なのは大英帝国の世界制覇と同期して、中央銀行という仕組みを世界に普及させたからなのです。

イングランド銀行の話に戻ります。繰り返しますが、イングランド銀行券はただの金貨の預かり証ではありません。請求があれば金貨を払い戻しますと言っている点では預かり証の一種なのですが、銀行券に見合う金貨をイングランド銀行の金庫に保管しておきますというわけではないからです。請求に応じて払い戻すための金貨は金庫に入っているかもしれないのですが、もしかするとイングランド銀行は「また貸し」をしているかもしれません。ただ、その「また貸し」を一定のルールに基づいてやっているのだったら、銀行券という証書はほどほど信用できるはずですし、そのルール次第では信用度も高くなるでしょう。信用度が十分に高くなれば貨幣の代わりに使えるし、貨幣と同じに使えるのなら、金利は付かなくても人々に受け入れてもらえそうです。これが金本位制の本質です。

金本位制の下で銀行券を金貨に交換することを「兌換」といい（金貨への交換を約束しない銀行券や紙幣のことを「不換」といいます）、兌換を維持するために銀行が金庫に入れて準備しておく金貨のことを「金準備」とか「支払準備」といいます。こうした仕組みを整えることで、イングランド銀行は金本位制の下での「発券銀行」として歩み始めたわけです。あえて「発券銀行」と言って「中央銀行」と言わなかったのは、そのイングランド銀行が「中央銀行」になるためには、まだ百年あまりの時間がかかるからです。

スレッドニードル通りの老婦人

さて、スタート後のイングランド銀行の歩みは「山あり谷あり」でした。考えてみれば無理もありません。金貨を預かって銀行券を発行しておきながら、その金貨を保管しておくのではなく「また貸し」をして利ざやを稼ぐというのは、当時としては相当の金融革新です。今でいうベンチャー企業のようなものだったと言ってもおかしくありません。イングランド銀行設立というプロジェクトの面白いところは、そうしたベンチャー企業を政府が出資するのではなく、いわば政府は音頭を取るだけで、後は民間の出資を集めて作ってしまったというところにあります。どうして、そんなことができたのでしょう。

理由は時期が幸いしただけだと言ったらあきれられるでしょうか。でも、そう言ってしまった方が事実に近そうな面もあるのです。

イングランド銀行が作られたのは太陽王と言われたフランスのルイ十四世の拡張政策に対抗する資金調達のためだったということは説明しましたが、この一七世紀末の英国では資本市場が急速に発達しました。ノウハウの相当部分は当時の金融先進国だったオランダから持ち込まれたものと言われています。背景には一六八八年の名誉革命で王位に就いたウィリアム三世という人物が、革命勢力によってオランダから迎え入れられたオレンジ公ウィリアムだったということもあったのでしょう。一六九二年には国王政府の借入を議会が承認し税収をもって元利金の返済を保証するという法律が成立します。これが現在に続く英国国債の起源です。株式の取引も活発になります。ロンドンの下町、シティと呼ばれる商業地区には株式ブローカーたちがたむろする喫茶店が生まれます。その後の世界の保険システムを牛耳ることになるロイズ保険組合が生まれたのも、やはりロンドンの船員や貿易商の集まる喫茶店からでした。要するに、当時の英国は金融革新ブームのさなかだったわけです。

イングランド銀行の株式募集は大成功しました。人々はイングランド銀行というプロジェクトが「儲かる」と考えてその株式に応募したのです。公共の利益や愛国心から銀行の設立に協力したのではありません。イングランド銀行の立派なところは、そうした「怪しい」生い立ちにもかかわらず堅実な発展を志向して、いつの間にか大英帝国の中央銀行として政府と同じか政府以上とさえいえるほどの信用を得ることに成功してしまったところにあります。でも、それには百年ほどの時間がかかります。設立まもないイングランド銀行には手強いライバルも登場しました。

英国は一七一三年のユトレヒト条約でルイ十四世との抗争に決着をつけました。形式的には英国の一方的な勝利というわけではありませんでしたが、内容的には悪くないものでした。フランスを含めたヨーロッパ大陸の王様や皇帝たちが面子と王冠に気を取られている間に、実利優先で戦局を展開していた英国は、アメリカ大陸などでの経済的利権を確保できたからです。英国政府への信頼は高まり、イングランド銀行の信用度も上がりました。捺印手形が無利子の銀行券として通用するようになったのも、こうした局面展開のおかげです。英国政府の資金調達に協力しながら儲けさせてもらうというイングランド銀行のビジネスモデルは成功したわけです。そして、成功話にコピーが登場するのは昔も今も変わりありません。これが後に「南海泡沫事件」と呼ばれるようになるバブル騒ぎです。

騒ぎを起こしたのは同じ英国の「南海会社」という国策会社で、この会社が乗り出したのが戦争で累積していた国債の整理プロジェクトでした。その内容は、要するに同社が新たな株式を発行し、それで人々が持っている国債と交換するというだけのことです。国債を持つのではなくて、国債を持つための会社の株を持ちましょうと国債保有者に呼びかけるわけです。このごろでは、事業会社の株主に対して、事業会社の株式を直接に保有するのではなくて、新しく作る別の会社つまり持株会社の株を持ってくださいというのがありますね。あの国債バージョンだと思ってもらっても構いません。そんな話で利益が出るでしょうか。出るはずがありません。

持株会社の目的は、株式の保有構造を変えることで、たとえば企業グループの意思決定の仕方を変えようとか、投資家からの見え方を分かりやすくしようというところにあります。ですから、そこで会社が十分に中身のある経営改革を行えば会社の価値も上がるかもしれません。でも南海会社のプロジェクトには、そんな中身はありません。プロジェクトがどうなろうと、英国政府の税収が増えるわけではないからです。

イングランド銀行はどうでしょう。彼らがやっていることは、英国政府の国債に投資したり融資したりすることですから、みかけは南海会社と良く似ています。でも、イングランド銀行は、そうして得た政府の信用を銀行券というかたちに作り変えて、今でいう決済サービスを作り出すということをやっているわけです。それに対して南海会社は何もやっていません。やっているのは、国債を持つということだけです。だから、南海会社はイングランド銀行とも違うのです。かたちは似ていますが別物なのです。

そこに気付けば、南海会社のプロジェクトが見かけだけの儲け話にすぎないことは明らかでしょう。なんとも下らないプロジェクトなのですが、そこは簡単に本性が見透かされないよう、十分な厚化粧が施してありました。南海会社の株式が値上がりしたら株主に分け前が行き渡るよう利益配分の仕組みが作ってあったのです。そうすると、南海会社というプロジェクトに投資して利益が得られるかどうかは、株価が上昇するかどうかにかかってきます。株価が上昇するかどうかは、投資家が利益を得られると思うかどうかにかかってきます。この事件に「泡沫」という名がつけられたのは、こうした循環ゲームの構造にあります。そして、よくある話ですが、人々はこのゲームに熱中しました。

この騒ぎは「泡沫」つまり「バブル」という名がついたので、すっかり有名になりました。経済学では、自分が使って味わって実感できる価値ではなく、他の人が買ってくれるだろうという期待だけに基礎を置く価値のことを「バブル」と呼びますが、その語源になったからです。バブルとは連鎖的な期待に基づく価値のことです。私たちの日本でも一九八〇年代に、理由のよく分からない不動産と株式への投資ブームが発生しました。あれがバブルです。

一七二〇年の一月に南海会社のプロジェクトが発表されると同社株の人気は沸騰します。額面一〇〇ポンドだった株式は四月に行われた最初の募集では三〇〇ポンドの値を付け、六月には一〇〇〇ポンドを超えました。でも、その辺りで人々は正気に返り始めたのです。八月になると株価は頭打ちになり、秋には完全に崩壊しました。南海会社のプロジェクトの仕掛けは、株価が値上がりすればするほど全部の関係者が利益を得るという仕組みにあったわけですが、その裏を返せば、株価が値下がりすればするほど全部の関係者が損をする仕組みになるということでもあります。上向きの勢いがつきやすいよう設計されたシステムは、下向きの勢いがつくと底なしの落下を始めるわけです。しかし、そうしたバブル騒ぎも当時のイングランド銀行にとっては幸運だったといえるかもしれません。南海会社のようなプロジェクトに比べれば、イングランド銀行のやっていたことは堅実で保守的でしたから、その対極にある南海会社の破綻がイングランド銀行の手堅さを世にアピールするものとなった面もあったからです。

イングランド銀行は今でも英国の中央銀行ですが、その本店がロンドンのシティと呼ばれる地域の一角、番地でいえばスレッドニードル通りにあることから、「スレッドニードル通りの老婦人」と呼ばれることがあります。スレッドニードルとは裁縫用の糸と針のことでこれは通りの名称ですが、「老婦人」というあだ名の由来については諸説あります。最もよく知られているのは、その昔に横領事件を疑われて捕まった行員の姉の幽霊が出るからだという説なのですが、生きて住んでいる人に死んで住んでいる人を加えるとブリテン島の人口は倍になると言われるほど幽霊好きのイギリス人の伝える話ですからあてにはなりません。ただ、あまり付き合いやすいパートナーではないはずの政府との程々というほかはない距離の取り方や、その長い歴史を通じて確立してきた良くいえば堅実で悪くいえば頑固な行動スタイルをみると、なんとなく「老婦人」というあだ名がしっくりくるところがあります。

余談ですが、シティとは慣習法的に王権に対して一定の独立性を持つ商人の自治区のことで、

パネル18：歴史に残るバブルたち

南海会社の起こした事件には「泡沫＝バブル」という名がついたので歴史の教科書に名前を残すことになったが（写真は当時の風刺画）、バブル騒ぎということならオランダの方が先輩である。16世紀のオランダは一定の成長の条件を備えた国だったが（80ページ参照）、その活動はやがて金融取引に向かっていった。そこで起こったのがチューリップ球根への投機騒ぎである。トルコから持ち込まれたこのエキゾチックな植物の球根への人気は17世紀の初めから徐々に高まって、1636年末には現物よりも先物のかたちで値を飛ばすようになり1637年2月に急落した。経済学の教科書には、バブルの特性として期限付きの権利に関するバブルは永続することができないと書いてあるが、この2月というタイミングはなかなか教訓的である。春になると球根の先物は決済しなければならないからだ。この投機では現代の先物やオプションにも通じる手法が開発され、熱狂が続いている間は歓迎され、熱狂から覚めるとバブルの犯人扱いされた。これも現代に通じる話である。また、南海泡沫事件にやや先行して、18世紀初頭のフランスではジョン・ローというスコットランド人が王室に入り込み「ミシシッピ会社事件」というのを起こしている。その中身は累積していたフランス国債の株式への転換プロジェクトだから、要するに南海泡沫事件の双子の兄のようなものである。ローは当時のヨーロッパ世界では有数の経世家あるいは経済思想家として知られた人物だが、そうした人物がバブルを演出し自ら嵌るという顚末もこれまた現代に通じるものがある。

現在でも国王がシティ内に立ち入るときはロードメイヤーと呼ばれる市長（今は名誉職です、権限はありません）の許可を得なければならないということになっています。イングランド銀行は、そのシティの中に設置された国王政府の資金調達拠点だったわけですが、小言が多く癪に障るところもある、さりとて無視するわけにもいかない「老婦人」として、今もシティに住み続けているわけです。

そして中央銀行へ

一八世紀も後半になると、英国の各地で新しい産業が興り始めます。産業革命が始まったのです。田園の風景が広がっていた地方に工場が立地し運河が開かれます。とはいえ、馬車と運河交通が主体の当時の交通事情では、国内各地に金貨や銀貨を大量に輸送することは容易ではありませんでした。そこで、地方の人たちは自分たちで銀行を設立しました。そうした銀行の多くが採用したのが、イングランド銀行券を金庫に入れておいて、それとは別に「イングランド銀行券に交換可能な自身の銀行券」を発行するというやり方でした。当時のイングランド銀行は地方に支店を開設していませんでしたから、そこに地方銀行設立の必要と余地とがあったのです。

金本位制の発券銀行であるイングランド銀行の謳い文句は、その銀行券が金貨と交換可能ですというところにあったわけですから、そのイングランド銀行券との交換可能性を謳い文句にする地方銀行券とは、金貨を「親」としてイングランド銀行券を「子」としたときの「孫」のようなものだったと言ってよいかもしれません。そうして形成された階層構造を通じて、イングランド銀行は、かつての「政府の銀行」から「銀行の銀行」といわれるほどの存在感を持つようになっていきました。

そうしたなか、一八世紀末にはフランス革命とそれに続くナポレオン戦争が起こりました。英国にとっては一五八八年にスペインの無敵艦隊を迎え撃ったとき以来の国難です。戦争継続のため英国は多額の軍資金を反フランス連合国に送りますが、他方で以前から続いていたフランスからの金流入が止まり、イングランド銀行に対する金兌換請求が増加しました。イングランド銀行は一七九七年に金兌換停止に追い込まれてしまいます。

しかし、こうした危機にこそ、名誉革命以来、議会と交渉しながら課税と誠実な国債利払いを続けてきた英国政府の信用が威力を発揮します。金との兌換ができなくなったにもかかわらず、英国の通貨であるポンドで表示されたイングランド銀行券の価値は崩壊しなかったのです。物価は上昇しました。イングランド銀行も金利を引き上げます。しかし、影響はそれにとどまりました。物価が上昇するということは貨幣価値が下落するということですから、政府やイングランド銀行への信用が無傷だったわけではありません。でも、致命的には傷つかなかったのです。金兌換を停止したにもかかわらず、ポンドの価値が一気に消えてなくなるというようなことは起こりませんでした。このことは、後の議論にも関係することですので、記憶しておいてください。

歴史の歯車を回しましょう。英国は今度も危機を脱しました。ワーテルローの戦いに敗れたナポレオンが歴史の舞台から去って六年後の一八二一年には、イングランド銀行は金兌換の再開に漕ぎつけています。危機が去ると物価はおおむね危機前の水準に戻りました。金利も低下します。

物価と金利の程々の上昇で危機は乗り越えられたのです。

もっとも、ナポレオンという特大級の脅威が去った後でも、経済あるいは金融の世界では危機は何度も発生します。産業活動が活発になるのと裏腹に、景気の大幅な後退、いわゆる「恐慌」が頻発するようになったからです。一八二五年には南アメリカの鉱山会社への投資ブームとその崩壊から、後に「世界最初の恐慌」と呼ばれるようになる大規模な信用危機が起こりました。背景には地方銀行による過大融資などがあったようですが、それもイングランド銀行の立場強化に役立ちました。イングランド銀行は、一八二六年に地方支店の設置が認められ、一八三三年には銀行券に「法貨」としての地位を与えられます。「法貨」というのは、法律によって貨幣としての機能を認められた貨幣ないし貨幣同等物という意味で、要するに貨幣金額表示での支払いの義務があるとき、これを相手に渡しさえすれば債務の履行になるもののことを言います。ちなみに現在の日本では日本銀行券が唯一の法貨とされています。

イングランド銀行の立場強化あるいは中央銀行化の総仕上げとなったのが、一八四四年に制定されたピール銀行条例という法律です（法律ですから「ピール銀行法」と呼んでも良いのですが、昔から「条例」という訳語が定着しているようなのでこう呼びます）。ピールというのは当時の首相の名前で、その内容は銀行券の独占的な発行権をイングランド銀行に与えるというものでした。これによりイングランド銀行は英国の「中央銀行」になりました。金貨の引換券に過ぎなかった銀行券は金貨や銀貨にとって代わる貨幣となったわけです。

イングランド銀行の仕組みは大英帝国の世界制覇とともに世界の標準となりました。開国して

パネル19：日本銀行の設立と銀行券

日本銀行が設立されたのは1882年（明治15年）だが、銀行券発行業務を開始したのは西南戦争後のインフレを松方財政（松方大蔵卿が主導した超緊縮財政）で収拾するのに成功した1885年である。ただし、当時の日本には金本位制を実施するだけの金準備がなく、実現できたのは金本位制ではなく銀本位制である。日本は1871年に「新貨条例」という法律で「1円＝金1.5グラム」という貨幣価値を法定していたが、それとは別に貿易決済用として重量26.96グラムで品位90%という1円「銀」貨を製造していたので（途中で一度品位を上げたことがあるが鋳潰されて失敗している）、この1円銀貨を日本銀行券の兌換対象としたのである。ちなみに、19世紀末の金銀比価は1対33程度とされているから、当時の1円銀貨の量目を純金に換算すれば0.75グラム弱で、要するに新貨条例による法定価値の半分程度にまで実質価値を落とした銀貨を流通させていたことになる。それを基準に貨幣制度を整備したのが日本銀行による銀行券発行だったわけだ。なお、日本が金本位制に移行したのは、日清戦争後の1897年だが、このとき形骸化していた新貨条例を廃し、新たに「貨幣法」という法律を制定して「1円＝金0.75グラム」と法定価値を定め直している。計算上は以前の半分にまで価値を切り下げたことになるが、実際は現実追認と言った方が良いだろう。写真は当時の1円銀貨（右）と業務開始時の日本銀行券（左）。銀行券券面に「此券引かへ尓銀貨拾円相渡可申候也」と書かれている。兌換を意味する文言である。

世界の動きを知った日本も、一八八二年に日本銀行を設立します。そして、世界には、もうひとつの変化が生じました。金融政策が始まったのです。

三　金融政策が始まる

ニュートン比価と金本位制

金本位制とは金と貨幣価値とを結びつける制度です。金と貨幣価値との関係を「平価」と言いますが、これは法律で決めるのが普通です。かつての日本もそうしていました。もっとも、金本位制が始まった頃の事情というのは、平価はいくらだと法律に書きさえすれば、それで貨幣価値が決まるというほど簡単なものではありませんでした。金貨だけではなく銀貨や銅貨も入り混じって流通していたからです。平価も、そうした実態を尊重して決めなければいけません。

金本位制発祥の地の英国では、一八世紀初めに純金一トロイオンスを三ポンド一七シリング九ペンスとするということが決められました。もっとも、これでは何のことか分からないでしょう。分からないのも当然で、そもそもの重量単位系に二十進法だの十二進法が入り乱れていてややこしいうえ、金貨（ポンド）と銀貨（シリング）と銅貨（ペンス・単数形はペニーです）を一緒にして、その合計額で金一オンスとの価値関係を決めるという無茶なことをしているからです。ちなみに、こうした方法で平価つまり貨幣価値を確定するためには、金と銀の相対価値を決めておかなければなりません。それを金銀比価といいます。金銀比価を基準にポンド金貨とシリング銀貨の量目を決めて貨幣を鋳造するのです。このときの金銀比価は金一に対して銀一五・二一とするというものでした。ペニー銅貨は、原料である銅がもともと安いものなので、金属量目にかかわらず金貨や銀貨にぶら下がって通用させる貨幣、つまり「補助貨」という位置づけにしておきます。なんとも面倒な話ですが、金貨や銀貨そして銅貨が入り混じって使われている世界で貨幣価値を決めるためには仕方がありません。その面倒なことをしてくれたのが、当時の英国造幣局長官をしていたアイザック・ニュートンです。この金銀比価はヨーロッパ世界での標準になり、ニュートン比価とも呼ばれるようになりました。

ところで、こうして金銀比価が決定されると、人々はそれに応じて動き始めます。どう動くかというと、貴金属としての金や銀の需給をみて、銀貨を金貨に交換したり逆のことをしたりするのです。金と銀との公定価格である比価が銀の価値を安く評価し過ぎていれば、割高な金貨を割安な銀貨に交換し、溶かして売ったり国外に持ち出したりすれば儲かってしまうし、逆ならば銀貨を金貨に交換すると儲かってしまうからです。経済学者のいう「裁定」という行動ですね。実際、その後の動きなどをみると、ニュートンは、どうやら銀貨を低く評価しすぎた傾向があったようで、もともとは金貨と銀貨が入り混じって通用していたはずの英国で、銀貨の流通が減って通貨流通の主体は金貨になっていくという現象が生じました。

そうした現象が生じた理由が、ニュートンの「間違い」によるものなのかどうかは分かりません。彼は正しく評価していたが、その後に金と銀の需給が変化したせいかもしれないからです。

ただ、後の経緯をみる限りでは、金貨だけが貨幣制度の基本とする貨幣つまり「正貨」の地位にとどまって、銀貨は「補助貨」になっていきました。ですからニュートン比価には銀の評価が実勢より低過ぎた面がどこかにはあったのだと思います。一九世紀の世界で金が銀に代わって基軸通貨になって行った理由は他にもいろいろありそうですが、それだけでなく金本位制の成立という裏側に大物理学者の観察ミスが働いていたのだとしたら、偶然というものの面白さに思わず笑ってしまいます。天才ニュートンが運動の三法則だけでなく金本位制まで生み出してくれたとしたら、それはそれで愉快な話でしょう。

笑ってばかりもいられないので、少しだけ真面目な言い方に戻しましょう。ニュートン比価のエピソードが示しているのは、金貨と銀貨のような複数の貨幣を制度的に固定された比価で通用させるのは難しいということです。強引に通用させるためには、貨幣を勝手に溶かしたり海外に持ち出したりすること自体を禁止しておかなければなりません。それがイヤだったら、政府の金庫を空っぽにしてでも貨幣の交換要求に応じる必要があるわけです。

ニュートン比価の話は今から三百年ほども前のエピソードですが、同じ問題を幕末の日本は手痛いかたちで体験しました。開国当時の日本の金銀比価が、海外の一般的比価と大きく違っていて、低く比価が設定されていた金貨つまり小判の大量流出が起こってしまったからです。これは痛手でした。すでに正貨は金だということが常識になっていた時代に、その金を大量に失ったからです。おかげで明治日本は金本位制を開始するのに大変な苦労をすることになります。

また、ニュートン比価の問題を、価値源泉が異なる貨幣の間の交換比率を法制度で決めてしまおうとすることの難しさを示すものだと読めば、現代の世界にも通じる教訓を読み取ることができます。たとえば外国為替相場における固定相場制の問題です。ニュートンが整理した問題は、英国内における金と銀という二つの貨幣の問題でしたが、当時とは比較にならないほど一体化している現代の世界では、それが世界経済のなかでの多数通貨の相対価値の問題になります。通貨間の価値つまり比価を固定してしまおうというやり方を固定相場制といいます。そうではなく人々に自由に通貨を交換させ、落ち着くところに落ち着かせようとするのが変動相場制です。歴史が教えてくれているのは、天才ニュートンにしても正しい比価を見積もるのは難しいし、たとえ正しく見積もっていても後々の変化に遅かれ早かれ押し流されてしまう、つまり固定相場制の長期維持は困難だということなのですが、こちらの方が教訓として確立されるには長い時間がかかりました。世界がそれを理解するのは二〇世紀も終わり近くになってからのことです。

さて、そうしてニュートン比価から百年もすると、英国の貨幣流通は金だけが正貨だとしておかしくない状況にまで煮詰まってきました。英国政府も、ここらが潮時と考えたのでしょう。一八一七年には、後に「ソブリン金貨」と呼ばれるようになる金貨を作って、金貨のデザインと重量および品位を固定してしまいます。重量と品位を決定したときの建前としてはニュートン比価を踏襲したことになっています。計算をしてみると若干のずれはあるのですが、そこは大ニュートンの作った比価ですから、多少のずれがあってもそれは踏襲したというべきでしょう。この金貨が、一九世紀の金本位制における世界標準になりました。ソブリン金貨は溶融自由とされましたので、この金貨に含まれる純金量約七・三二グラムがポンドの平価になりました。ちなみに

パネル20：ニュートン造幣局長官

大物理学者ニュートン（Isaac Newton、1643-1727、写真上）が造幣局長官のような俗っぽい仕事をしていたと聞くと最初は驚くが（1696年に造幣局に職を得て、1699年に長官になっている）、中央銀行制度のない当時では、造幣局長官の地位は貨幣制度の総元締めの要職であり、しかも科学や数学の知識が不可欠な専門職でもあった。米国の造幣局も、初代長官はデイビッド・リッテンハウスという当時の有名な天文学者が務めている。ニュートンが造幣局長官になったのは教え子であったチャールズ・モンタギューの強力な推薦があったからのようだが、彼自身も造幣局の仕事には大変な意欲をもって取り組んでいたらしい。もとからオカネの話が嫌いな人でもなかったようで、あの南海泡沫事件では見事にバブルに踊って大損をしている。ミサイルと人工衛星の設計ができても金融商品の見立てで失敗するという点では現在の「天才たち」と同じだが、ニュートンは被害者であって加害者ではない。写真下は、そのニュートン比価を踏襲して製造された（ことになっている）大英帝国全盛時の1ポンド金貨。デザインは当時のビクトリア女王（在位1837-1901）である。なお、ポンドというと、私たちはバターやチーズの重量単位であるポンド（≒453.59グラム）あるいは貴金属を量るときの重量単位であるトロイポンド（≒373.24グラム）を想像するので、1ポンド貨の大きさや重量との隔たりに戸惑ってしまうが、これはポンド貨がもとは銀貨だったのを途中で金貨に切り替えたからである。ちなみにトロイオンスとはトロイポンドの12分の1で約31.103グラムである。

「ソブリン」というのは「主権者」という意味で、表面に英国国王の肖像があるのでこう呼ばれます。この金貨は、国王が代わると正面の肖像が変わりますが、重さや大きさは変わることなく、含まれている純金量も不変で一九一七年まで製造され続けました。一九世紀の世界経済はこのソブリン金貨を軸に回転していたのです。

ところで、こうした平価の決め方をみると別の疑問が生じないでしょうか。それは平価の決定には中央銀行はかかわらないのだろうか、という疑問です。金本位制とは銀行券と金とを結び付けて通用させる制度です。しかし、銀行券一枚が何グラムの金に相当するかということには、中央銀行はかかわっていないのです。なぜでしょうか。

答は簡単です。銀行券を金と交換できるということは、その券面に表示されている文言に沿って銀行券を金貨と交換できるというだけのことで、その金貨にどの位の金が含まれているかということは金貨を鋳造している政府が決めることだからです。つまり、少なくとも制度上の問題としては、中央銀行が平価の決定にかかわることはないわけです。

しかし、制度の建前と現実は違います。中央銀行という仕組みがスタートすると、平価つまり貨幣の価値を維持するという仕事は、いつの間にか中央銀行の責任の一部とみなされるようになってきました。なぜそうなったのでしょうか。

金融政策の始まり

金本位制の国があったとします。この国の経済の先行きに強気の予想が広まったとしましょう。

予想はどんなものでもかまいません。たとえば、鉄道が急速に普及しそうだとか、隣国との紛争が解決して通商が盛んになりそうだとか、そうした予想が広まったと思ってください。人々の表情は明るくなり、商人は忙しく走り回ります。景気が良くなったのです。

景気が良くなれば、物資には新しい需要が生まれます。物資が不足気味になれば鉄も石炭も値上がりします。もしかすると、鉄や石炭の値上がりを見越して買い溜めに走る輩も現れるかもしれません。そうなって来ると無理して国内で鉄や石炭を買うより海外から輸入した方が採算も良いはずと考える人も出てくるでしょう。物資に対する需要が国内で満たされなければ、海外からの輸入に頼るほかありません。

ところで、その輸入代金はどうやって払うのでしょうか。そこで登場するのが金貨です。イングランド銀行券が通用するのは原則的に英国とその海外領土内だけですし、フランスやドイツだって事情は同じようなものです。ですから、国境を越えた取引の決済には金を使うほかありません。海外から物資を輸入したい人は、中央銀行に出向いて兌換請求を出して銀行券を金貨に換え、それで輸入代金を決済するのです。

もっとも、多くの商取引では中央銀行で兌換請求をするなどという面倒なことはしないのが普通です。自分の取引銀行に行って金貨を引き出すか、あるいは金貨に交換可能な証券をもらってきて、それを海外に送って決済してしまいます。金貨に交換可能な証券を「金為替」といいます。金為替とは「金への交換が可能な通貨で表示された為替手形」という意味ですが、実務的には英国のポンドで表示されていて、支払場所がロンドンである信用度の高い証券一般を指すことが多かったようです。ロンドン払いのポンド証券であれば、イングランド銀行の金準備があてになりますから、金貨も同然というわけです。日本が金本位制に参加できたのは一八九七年、日清戦争で清国から巨額の賠償金を得たからですが、この賠償金のほとんどが金為替としてロンドンで運用されています。ちなみに、その量は純金に換算して二七八トンほどです。要するに、金本位制というのは、金貨ではなく金兌換可能通貨で表示された証券つまり金為替がやり取りされる世界だったわけです。

もっとも、全部が全部、金為替だけで決着がつくわけではありません。貿易が行われれば、金貨を受け取れる為替と金貨で払わなければならない為替が集まってきます。両者が釣り合っていれば問題ありません。でも、景気が良くなって国内の消費や投資の意欲が高まれば輸入が増えるでしょう。そうすると差額分は本当に金で決済しなければなりません。金を海外に送らなければならなくなるのです。これを「金現送」というのですが、金現送の増加は中央銀行の金準備を減らす圧力になります。現送用の金需要の増加は、銀行券を金に換えて持ち出す動きの増加にほかならないからです。

でも、そうすると中央銀行は不安になります。景気が良くなるのはありがたいことなのですが、それとともに金準備が減ってくるからです。金準備を守る方法はないでしょうか。

あります。それは金利を引き上げることです。モノの利子率である自然利子率と違って、オカネの利子率である金利は、オカネの供給を独占する中央銀行が操作できるということは説明しました。あれを使うのです。中央銀行が金利を引き上げれば、その中央銀行券を使って預金や貸出業務をしている銀行も金利を引き上げざるを得ません。世の中の全体の金利も上がってきます。金利が上がってくれれば人々の動き方もまた変わって来るでしょう。景気が良くなれば鉄や石炭の値段が上がると見越して買い溜めに走っていた輩も立ち止まります。値上がりすれば大儲けだが裏目に出たら大損の買い溜めに動くよりも、ここは銀行に預金して高くなった金利をもらっておいた方が良いと考え始めるでしょう。要するに金利を引き上げれば熱して来た景気を冷やすことができるわけです。景気が冷えれば金準備も安定します。金本位制は中央銀行が金準備を意識して金利を操作することによって巡航速度が維持できるのです。

もっとも、金本位制のメカニズムには、別のタイプの安全装置が組み込まれていたという意見の人もいます。金本位制における兌換システムとは、発行してしまった銀行券に見合う金準備を持っているから維持できるシステムです。だから、金準備が減少すれば中央銀行は銀行券の供給を減らさざるを得ません。銀行券が減るということは流通する貨幣の量が減るということですから、世は「金詰まり」になります。景気も減速するはずだ。そう説明することも可能だからです。

どちらの見方が正しいのでしょうか。どっちでも良いではないか。そういう声が聞こえて来そうです。実際、金本位制の世界で考える限り、どっちでも良いようなところがあります。金本位制の世界では、貨幣の価格である金利と流通する貨幣の量とは対になって動きますから、この問題はどっちでもよいのです。どっちでも良くなくなるのは、金本位制をやめてしまったとき、言い換えれば貨幣の価値と金の価値とを結びつけるのをやめてしまったときなのですが、これについては後で考えることにしましょう。いずれにしても、金本位制下の中央銀行としてイングラン

パネル21：19世紀英国の鉄道ブーム

イングランド銀行が中央銀行としての地位を確立した1844年当時の英国は空前の鉄道ブームの中にあった。鉄道王として知られたジョージ・ハドソンは同年末に鉄道用レールを大量に購入したが、そのレールは3カ月もしないうちに3倍にも値上がりしたという。こうした投機熱をみて金利の引き上げを行うべきだという意見もあったが、イングランド銀行は銀行券の価値を金に結び付けておけば問題は生じないはずだとして金利引き上げ案を退けている。この鉄道ブームは1845年秋に変調し1849年には完全に崩壊するが、きっかけを作ったのは金準備の減少を理由にしたイングランド銀行の利上げだった。貨幣価値が金に結び付けられている限り、投機が永遠に続くことはできないという意見の正しさと、崩壊までの間なら燃え続けることができるという懸念の正しさの両方が実証されたわけである。この鉄道ブームは文学や絵画にも大きな影響を与えた。後年の話だがロンドンに留学した夏目漱石は、『草枕』に「ターナーが汽車を写すまでは（人々は）汽車の美を解せず」と書いている。鉄道は現在のコンピュータやインターネットと同じか、それ以上のインパクトを持つ文化と社会の変化だったのである。そうした大きな変化の中で、どこまでが実需でどこからが投機なのかを見極めるのは容易ではなかったろう。今も変わらない金融政策の悩みである。写真下はターナーの『雨、蒸気、速度』。描かれているのはロンドンから西イングランド方面へと路線を延ばしていたグレート・ウェスタン鉄道。ビクトリア女王（写真上）も1842年にこの鉄道に乗車した。これが英国女王の鉄道初乗車である。

ド銀行が業務を始めたとき、金融政策という仕組みも動き出したのです。それは中央銀行が自分の金準備を守るために始めたことだったのですが、やがて貨幣価値の維持という「副産物」の方が重視されるようになりました。

歴史の展開をみると、初期のイングランド銀行は金準備の維持を重く考えていた節があります。自分を守ることを重視していたわけですが、それで構わないのです。合理的に設計された制度の下では、当事者が自分の都合だけを考えて行動していても、アダム・スミスの「見えざる手」に導かれて万事うまく行くはずだからです。ただ、それは、システムに参加している人たちが正しく判断している限りの話です。イングランド銀行も、その問題には悩まされ通しでした。

ビクトリアの英国

アダム・スミスは優れた経済学者です。金本位制の下で中央銀行が金準備を守るべく行動すれば経済の巡航速度は維持される、金準備が安全装置あるいは自動安定装置のように働くという思想は、要するに彼の「見えざる手」の応用だといっても良いでしょう。しかし、それには大事な条件があります。それは、そうした「見えざる手」がきちんと働くためには、人々は市場で取引される商品の質を自身の価値観に照らして信念をもって評価し、そして値段をつけなければならないということです。言いかえれば、市場に参加する人はパンが欲しければ売られているパンの価値を自ら判断し、値を付けるとすれば一個一〇〇円ぐらいと思っていたのに、他の人が二〇〇円だと大声を出しているのを聞いて、それなら二一〇円と値を競ってやろうなどと思わないということです。これはパンの売り買いの世界では当たり前でしょう。パンを買うのに大枚を叩《はた》いてしまったら、チーズも野菜も買えなくなります。だから、普通の商品の世界では自分は自分で他人は他人なのです。

でも、投資や貯蓄という世界ではそうとばかりは行きません。金準備の維持という安全装置が機能するためには、景気が良くなったかなと感じた人たちが、鋼材が値上がりしそうだが、それは上がってきた金利と比べてどちらの上げ幅が大きいだろうか、そこをきちんと判断してくれるかどうかにかかっています。自分は金利のことを考えて思いとどまろうとは思ったのだが、隣の人が強気で相場を張るのをみて、それなら自分も強気で鋼材を買いに出ようなどと思ってもらっては、安全装置は機能しません。中央銀行が貨幣の量を抑制しようとしているらしいという報道から、それでは金が借りられるうちに借りておこうなどと考えたら状況はもっと悪くなります。中央銀行の利上げは値上がりしている鋼材相場とバランスを取るためだから、金利以上の値上がりは確実などと考えられてしまったら最悪です。何が問題かというと、パンは大きさを量り口で齧ってみれば価値を確かめられるのに対して、現在と将来の価値を交換しようという金融の世界では、価格つまり利子率の正しさは見ても触っても確認できないからです。

このため、理屈の上ではきちんと安全装置を装備しているはずの金本位制という車は、実際に運転してみるとぶつかったり擦ったりの連続でした。金本位制の一九世紀というのは、繰り返し寄せては返す強気と弱気の連続だったのです。大きな弱気の波のことを「恐慌」と呼ぶことも、このときに定着しました。

しかし、後の時代に比べれば、一九世紀後半の英国にとって、貨幣の世界はおおむね平穏だったといえます。外交と戦争の世界ではフランスやロシアなどの挑戦者もいましたが、貨幣の世界では覇権国英国に対抗する勢力などいなかったのです。この時代のほとんどは六〇年以上も在位したビクトリア女王の時代でした。貨幣価値はデフレ傾向といわれるほどに安定していました。安定どころか下落傾向すら示していたのです。しかし、それでも長期不況と呼ばれるような状況には陥りませんでした。英国のＧＤＰは、女王が在位していた一八三七年から一九〇一年までの六〇年強の間に約四倍に成長しました。年率に直せば平均して二％ほどの成長を続けたことになります。この時期の英国における物価の下落傾向をみて「ビクトリア停滞」という人もいますが、数字でみる限り、当時の英国の経済成長率は後発のドイツやフランスに比べても悪いものではありません。成長という観点で英国が完全に負けていた相手は新興の合衆国である米国だけです。米国のＧＤＰは同時期に一一倍を超える成長を遂げていますから、これにはかないません。もっとも米国の高成長には移民流入の効果が大きいですから、一人当たりＧＤＰで比較すれば英国の約二・三倍に対して米国の約二・六倍程度ですから大差はありません。この時期にロンドンのシティは国際金融センターになりました。

英国にとってビクトリアの時代は安定の時代でした。世界の他の場所では安定どころでなかった国も少なくなかったのですが、基軸通貨国たる英国は安定の時代だったのです。それは世界の通貨システムの安定を意味するものでもありました。

パネル22：ブリタニアが波頭を制した

ビクトリアの時代は、英国が「大英帝国」として世界を制した時代だった。しかし、経済力という観点からみる限り、当時の英国が世界に占めていた地位は決して大きなものではない。鄭和の大船団を遠くアフリカまで派遣した全盛期の明帝国は当時の世界GDPの25%を支配する超大国だったし、米国は2008年時点で世界GDPの24%を擁している（日本は米国に次いで8%を占めている）。それに対して、ビクトリア朝黄金期の1870年時点における英国の対世界GDPシェアはわずか9%程度に過ぎず、1877年に正式に大英帝国に組み入れられるインドを加えてやっと20%をクリアーできている程度である。その英国が世界の覇者たり得たのは、20世紀までの中国のように他国の内部事情に無関心というわけではなく、また現代の米国のように自らの理想を世界に普及させようとする使命感に燃えるのでもない、実利優先の現実主義外交とそれを支える商船隊および海軍力のおかげだったろう。ビクトリアの時代は、経済においても政治においても英国流が世界標準となった時代であり、まさにブリタニアが波頭を制した時代だった。ちなみに、ブリタニアとは英国のラテン語名だが、それが擬人化されるときはユニオンジャックの盾とトライデント（海神ポセイドンに由来する三叉の鉾）を持つ女神の姿となる。そのブリタニアに波頭を制せよと呼びかける"Rule, Britannia!"は、今でも国歌に準じて歌われている。写真は英国西南部プリマス港に立つブリタニアの像。この港から1588年夏にスペイン無敵艦隊を迎え撃つ女王エリザベスの海軍が出航し、また1620年秋には新大陸アメリカに向かう清教徒たちを乗せたメイフラワー号が旅立っている。

米国、遅れてきた青年

もっとも、そうした世界の潮流の中で独自の道を歩み続けた国もあります。やがて英国に代わって世界の覇者になる米国です。一七八三年に独立を勝ち取った米国の一九世紀は、経済の発展の世紀であると同時に、「国のかたち」を模索し続けた世紀でもありました。独立直後は不安定だった英国との関係は、ナポレオン戦争の終結と同期して一八一四年に終わる米英戦争の後で安定しましたが、安定しなかったのは国内の方で一八六一年には六二万人もの死者を出した南北戦争が起こります。背景には奴隷制度を含めて多くの要因が絡み合っていますが、連邦政府の権限をどこまで認めるかという「国のかたち」問題も見過ごすわけにはいきません。そんな状態で連邦全体をカバーする「中央銀行」を作り、そこに各州の権限を越えて貨幣の独占的な発行権を与えるなどということは、国論の熟し方からみても無理に近い話だったのです。

それでは、当時の米国の貨幣制度はどうなっていたのかというと、連邦政府はドルの平価を決め、その平価にしたがって金貨や銀貨を製造し、そうした金貨や銀貨を支払準備として普通の民間銀行がそれぞれにドル表示の銀行券を発行するという単純なものでした。要するにイングランド銀行以前の英国のようなものです。明治日本でも、日本銀行が設立されるまでは各地に設立された「国立銀行」という名の「民間銀行」が競って銀行券を発行していましたが（この場合の「国立」とは「国の免許を得て設立された」という意味で、「国の出資による」という意味ではありません）、米国はそんな状態だったのです。

金融政策とか中央銀行という仕組みに慣れた私たちからみると、それでうまくいったのだろうかと不思議になるところなのですが、とくに問題は生じませんでした。ちなみに、明治日本の国立銀行制度はうまく機能しなかったのですが、それは日本が正貨不足から不換紙幣の発行を国立銀行に許してしまっていたからで、米国は完全金兌換主義を通していましたから、それでも困らなかったのです。金本位制の下では各国の通貨は金平価を通じて結び合っていますから、基軸通貨国である英国と別の路線を進もうと思わなければ、金融政策などと言って舵を右や左に取ろうとするよりも、熟練の船団長である英国にくっついていた方が大きな失敗がないと言っても良かったでしょう。しかも、南北戦争後の米国は広大な西部開拓に取り組む一方で、重化学工業が急速に発展するという大成長の過程にありましたから、世界の金融センターであるロンドンとの連携は不可欠で、その辺も、常に英国との政治的あるいは経済的緊張関係を意識せざるを得ないヨーロッパの国々とは事情が違っていたのです。

もっとも、そんな米国も二〇世紀になると、ようやく中央銀行制度を作ります。その気運を作ったのは一九〇七年恐慌での米国の商業銀行の資金調達問題ですが、実際に設立されるまでは長い議論を要しました。議論の末に米国が中央銀行制度を作ったのは一九一三年ですから、何と第一次世界大戦の直前ということになります。米国の中央銀行制度は他の「先進国」グループに比べれば、ずいぶん遅れてきたことになりますが、それだけに理屈っぽく妙に複雑にできている面もあって、これはこれで面白いので、少し説明しておきましょう。

米国の中央銀行制度は、正式には「連邦準備制度」と言って、ニューヨークをはじめとする主要都市に設立された通貨発行業務を行う一二の「連邦準備銀行」と、首都ワシントンにあって連邦準備制度の業務全体と政策を統括する「連邦準備制度理事会」から構成されています。理事会の議長が制度全体を代表しますので、この議長が他国の中央銀行総裁に相当するとされています。そうした制度の仕組みをみただけで、米国の中央銀行制度は英国や日本などとはずいぶん違っていることに気が付くでしょう。

そもそも、米国のドル札は「銀行券」ではなく、「連邦準備券」という名称なのですが、考えてみれば「連邦準備」という言い方も独特です。ちなみに、この「準備」というのは「金準備」のことなのですが、知らない人が聞いたら弾薬か食糧の備蓄でも連想しそうです。こんな名称になったのは、民間銀行発行の銀行券や南北戦争時などに発行された政府紙幣と区別するためなのですが、制度的にも連邦準備券は連邦準備銀行の銀行券というわけではありません。連邦準備券は、法律上は「連邦準備制度理事会の決定に従って発行される合衆国政府の債務」であるとされていて、券面に署名しているのも連邦準備制度の議長や連邦準備銀行の総裁ではなく財務長官と彼の下にいる出納長だからです（日本銀行券は日本銀行の債務ですから券面には日銀総裁と発券局長の印鑑が押されています）。したがって、財務長官や財務省の出納長が代わるとドル札のデザインも微妙に変化します。このあたりも、英国や日本などとはまったく違っているわけです。

ところで、こう説明すると、そうか米国のドル札というのは政府紙幣なのだなと思ってしまう人がいるかもしれませんが、それも間違いです。政府紙幣というのは政府のさまざまな支出をまかなうために発行されるもので、発行された紙幣は原則として政府の収入金になります。ところが、連邦準備券の場合は発行しても合衆国政府の収入にはなりません。財務省は連邦準備制度理事会の指示によって連邦準備券を発行するわけですが、それはそのまま連邦準備銀行に引き渡されます。もっとも、法律を勉強したことのある読者ですと、この「引き渡し」というのが日本の法律的な概念の何に当たるのか分からないぞという気分になるかもしれません。分からないのも当然で、以前に私が日本銀行のニューヨーク事務所に勤務していたとき、同地の連邦準備銀行の法律顧問にこのことを根掘り葉掘り聞いたことがありましたが、明確な答は得られませんでした。詰めれば詰めるほど「引き渡すのだ」という以上に言いようのない面もあるのですが、何に近いかと言えば無利子での貸付のような性格のものだと考えても間違いではなさそうです。

連邦準備券とはそんな性格のものですから、それをいくら発行しても、政府の収入にはなりません。政府紙幣のように歳入として使ってしまうことはできないわけです。連邦準備銀行の財務報告書をみると、連邦準備券の残高が「負債」として計上されていますが、この負債の相手方は、法律論議から言えば、連邦準備券保有者ではなく実は合衆国政府だということになるのでしょう。その合衆国政府が義務を負っている相手が連邦準備券の保有者だというのが制度の建前です。連邦準備券という債務を紙幣保有者から引き受けているのは合衆国政府で、その合衆国政府から連邦準備券債務を引き受けて債務に見合う資産を保有しているのが連邦準備銀行という連鎖構造になるわけです。このあたりが、米国の通貨制度あるいは中央銀行制度の面倒なところでもありますし、また面白さでもあります。

でも、制度の細部の話は程々にしましょう。神は細部に宿るという言葉もありますが、中央銀行制度のことぐらいで細部にこだわっても世界の潮流は分かりません。

パネル23：合衆国銀行と連邦準備制度

米国でも早期の中央銀行創設を目指す動きがなかったわけではない。独立から8年後の1791年に「第一合衆国銀行」が設立されている。設立の提案者は合衆国憲法の起草者にして建国の父の1人とされるアレキサンダー・ハミルトンで、彼の理念は、政府の資金調達に関与することを目的とせず、もっぱら商工業者への融資により銀行券の発行を行うというものだったが、こうした中央集権的な貨幣制度志向には農業を基盤とする南部州からの反発が強く、20年という営業免許は更新されず消滅した。このプロジェクトは、その6年後に「第二合衆国銀行」として再スタートするが、こちらも政争に押し流されて1836年には普通銀行に転換しやがて消滅してしまった。どちらも設立地はフィラデルフィアで、当時の建物も歴史的建造物として保存されている（写真上は第一合衆国銀行の建物）。なお、合衆国銀行がフィラデルフィアに設立された理由は、同地が独立時米国第一の都会であり、1790年から1800年までは首都でもあったからである。ちなみに、現在でも米国の造幣局の本部はフィラデルフィアに置かれている。一方、現在の連邦準備制度の本部はワシントンにある（写真下）。連邦準備制度全体は理事会の議長が代表するが、12の各連邦準備銀行にも総裁がいて各地区における業務執行を統括し、また連邦準備制度全体の意思決定にも参加している。最も有力な連邦準備銀行は言うまでもなくニューヨーク連邦準備銀行である。

話を金本位制の時代に戻します。結局のところ、一九世紀の米国は中央銀行制度というものを作らずに時代を乗り切りました。それは、この時代の米国が、いわゆるモンロー主義のもとで政治的にはヨーロッパ大陸の動きと一線を画し、貿易も保護貿易主義を捨てないが、西部開拓や東部工業化のための資本は積極的に受け入れるという、ほぼ完全に実利優先の政策を堅持したことの成果とも言えるでしょう。面子さえ捨てれば金本位制というのは他国へのタダ乗りも自由で楽な制度なのです。

しかし、その金本位制も節目を迎えます。一九世紀が終わると、世界は戦争の時代に入ったからです。そこで求められるようになったのは、危機に対処するテクニックでした。

四　戦争の時代に

危機への処方箋

二〇世紀は戦争の世紀でした。小さな戦争は何度も起こっています。大きな戦争が起これば貨幣の世界も大変なことになります。でも小さな戦争だと、たいていの問題は金利を動かす程度で解決してしまいます。

理由を理解するために簡単な数字を頭においてください。戦争が始まると人々の頭には疑念が生じます。戦争の勝ち負けは別にして、懐が苦しくなった政府がそのうちに平価を切り下げるのではないかという疑念です。平価を切り下げなければ戦費の調達のために発行した国債の償還が難しくなるだろうと読むからです。そこで、人々が手持ちのオカネを金に交換しようと動き始めると金準備が流出してしまいますから、それを防ぐために中央銀行は金利を引き上げるのです。もし、人々の予想と完全にバランスさせるだけの金利引き上げが行えれば、金準備の流出は起こりません。たとえば、人々の予想が戦争は一年間続き、一年後には一〇%の平価切り下げがあるだろうというものだったら、金利を一〇%だけ引き上げます。そうなれば、今すぐに銀行に駆け込んで預金をおろして金貨に替え戦後に銀行券に戻して差益を稼いでも、預金を銀行に置きっぱなしにして上昇した金利分だけ多く利息をもらっても、損得の差は生じません。それなら人々も兌換請求には動かないでしょう。兌換請求に動かないようなら、慌てて平価を切り下げる必要も生じません。平価が変わらなければ物価も大きくは動かないはずです。

では、もし一年間ほども戦局が膠着したままで、人々の懸念も一年前と変わらなかったら、どうしたらよいでしょう。答は、「何もする必要はない」です。金利を変える必要はありません。人々が戦争の期間が一年から二年に長くなっただけで、それ以外には状況は良くも悪くもなっていないと思うのならば、金融政策はそのままで良いのです。何が変わったかというと、金利が高く維持される期間が一年から二年に延びたというだけです。

しかし、終わらない戦争はありません。戦争の先行きが見え始めたとき、平価変更へのカウントダウンが始まります。講和が発効して平価が切り下げられるだろうと人々が思い始めたら、中央銀行は金利を追加的に引き上げざるを得なくなります。平価の切り下げ予想日がどんどん迫って来るからです。講和発効と平価切り下げまで残り半年だったら、半年で一〇%の平価変動とバランスするように金利を引き上げます。金利は二一%まで引き上げなければなりません。残り一カ月だったら金利上乗せ幅も滅茶苦茶に大きくなります。計算してみれば分かりますが、年利で三一三%まで引き上げなければなりません。あと一日に迫ったら金利もとんでもない高さになってしまいます。したがって、そんなシナリオの場合は、講和会議が始まったあたりで、普通の意味での金融取引はやめてしまって講和の発効と平価の変更を待つことになります。

もちろん、いつもそうなるわけではありません。戦局が有利に展開して平価の切り下げなどしないで、もとの暮らしに戻れそうだという予想が支配的になったら、中央銀行にとっても良い結末です。金利を戦前の水準に戻しても、もう金準備は流出しません。そして、本当に講和発効の日には昔の暮らしを取り戻せることになります。でも、そんな戦前復帰シナリオが本当に望めるかどうか、そこは不確かです。不確かですから、平価切り下げの可能性が無視できないと思われるときには、金利だけで事態に対処しようとするのは賢い選択ではないのです。では、どうしたらよいでしょう。答は戦争開始と同時に金兌換を停止してしまうことです。

そんなことをして大丈夫なのか。金兌換を停止したら金の裏付けをなくした貨幣の価値など、どこかに吹っ飛んでしまうのではないか、パニック的な買い溜め行動が起こってしまうのではないか。そう思う人もいるかもしれません。でも、そんなことは起こりません。金利の引き上げで問題を抑え込めるからです。

戦争が終わる一年後には一〇%の平価切り下げがありそうだ、そう人々が予想している状況で

パネル24：図解・金兌換停止と物価のシナリオ

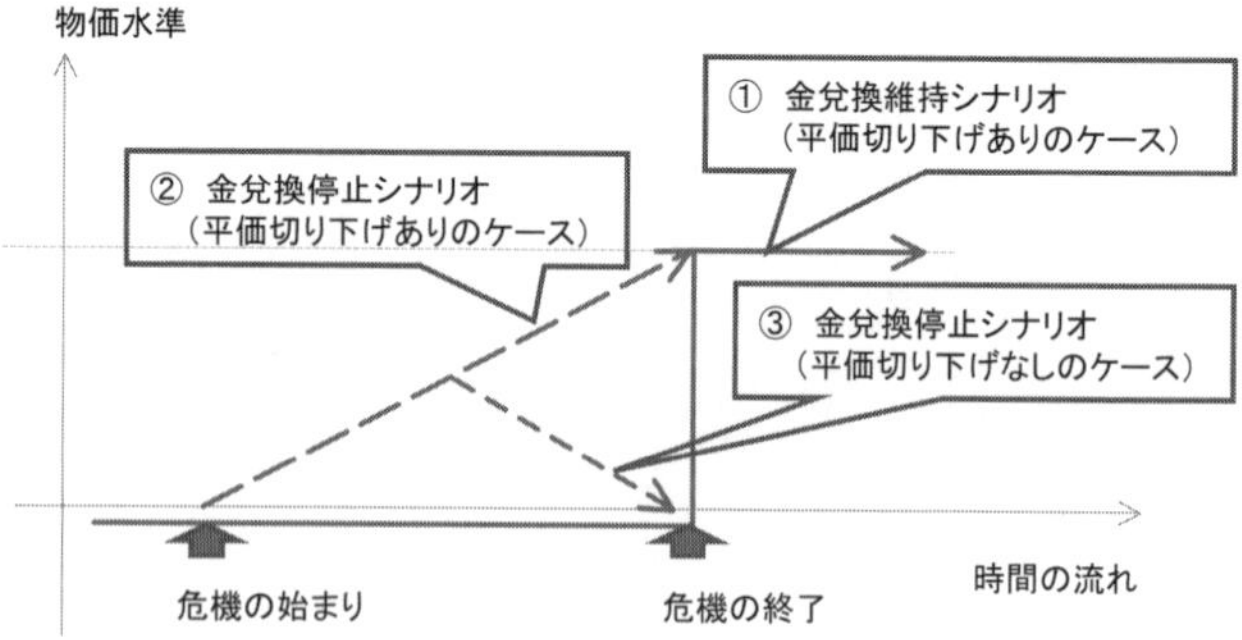

戦争などの大きな危機に出会ったとき、平価を据え置いて金兌換も維持したままだと、中央銀行は危機の終了まで金利をどんどん引き上げることで物価の上昇を食い止める必要が生じる（物価の上昇を食い止めないとモノの価格と金の価格が不均衡を起こしてしまう）。しかし、こうして我慢していても、危機が終了したときには貨幣価値の不連続な切り下げが起きることは避けられない（図の①の実線のように物価水準がジャンプアップする）。ハードランディングのシナリオである。しかし、危機の進行中における金兌換維持にこだわらなければ、図の②の点線で示したように、危機の継続に合わせて物価を上げていき、危機の終了すなわち平価の切り下げ時にも不連続な貨幣価値の変動が生じないよう演出することが可能になる。ソフトランディングのシナリオである。また、危機の最中に見通しが好転するようなら、物価も落ち着いてくるだろうから、金利を引き下げて物価の落ち着きに歩調を合わせることも不可能ではない。この場合は、図の③で示すように物価は②のシナリオから途中で分岐して危機前の物価水準まで降りてくることになる。

考えましょう。もし、中央銀行が何もしなかったら、人々はいっせいに物資の買い溜めに動くでしょう。預金をおろしてモノを買いに動いた方が得だからです。ですから、それを防ぐために金利を引き上げるわけです。引き上げ幅は年利で一〇％です。この場合、物価も一年後の平価切り下げを先取りして年率一〇％で上昇を始めるのですが、でも人々は動きません。物価の上昇率が金利とバランスしているので買い溜めに走る意味がないからです。

あるいは、時間がたつにつれ状況が改善し結果的に平価の切り下げがなくて済みそうになるということもあるでしょう。そんなときは途中から金利を引き下げていけば、最後には危機前の状況に復帰することができます。

こうして、大きな危機に際しては金兌換を停止し、危機が去ったら旧に復すというのは、金本位制における教科書的な運営テクニックになりました。ナポレオン戦争という危機に際して英国が採用したのもこのテクニックです。このとき、英国では物価も金利も上昇しましたが、戦争が終結するとどちらも低下して金兌換も再開できたわけです。一種の理想のシナリオです。でも、時代が変わると、それは「理想」とは限らなくなります。上がった物価が今度は下落するということの副作用の方が大きくなってきたからです。

ドイツの奇跡とフランスの奇跡

一九一四年に始まり一九一八年に終わった第一次世界大戦は、貨幣の世界にとっても大事件でした。大戦という超特大級の危機が到来すると各国はほぼ一斉に金兌換を停止したからです。そして、大戦が終わると各国は金本位制への復帰努力を始めます。しかし、それは苦難の連続でした。今から振り返ってみると、当時の各国があれほど大きな犠牲を払ってまで金本位制に復帰する必要があったのかどうかは疑問なのですが、当時の人はそんなことを考えもしなかったようです。背景には二世紀に近い時間をかけて形成されて来た金本位制という制度の重みがあったのでしょう。長く続いてきた制度だから正しいに違いない、そう思ってしまっていたのです。でも、それを涼しい顔でやり遂げることができたのは米国だけでした。政治的あるいは軍事的ばかりでなく経済的にも圧倒的な戦勝国になった米国には、文字通り世界の金が集まっていたからです。しかし、それは戦争に膨大な人命と富をつぎ込んだヨーロッパの各国が金の不足に悩むことを意味するものでもあったわけです。

ヨーロッパの主要交戦国のなかで曲がりなりにも大戦前の平価での兌換再開に漕ぎつけたのは英国だけで、それも金利の長期高騰という犠牲を払ってのことでした。そして、フランスやイタリアは大幅な平価切り下げを行って、ようやく金兌換の再開に持ち込みました。しかし、最も大きな危機を経験したのはドイツです。ドイツは大戦中に起こった革命によってプロシアからの伝統を持つドイツ帝国が倒れ、ワイマール共和国になっていました。そのドイツに対し、大戦後のパリ講和会議が天文学的と言われた賠償金債務を負わせたからです。天文学的な賠償金要求は天文学的なインフレを呼びました。

記録によればドイツの物価は、敗戦時には開戦前の二倍ほどでしたが、賠償金負担の大きさが明らかになるにつれて上げ足を速め、一九二二年には開戦前の二〇〇〇倍ほどにまで上昇します。

これだけでも激しいインフレですが、賠償金交渉のもつれからフランスとベルギーの両国がドイツのルール地方を占領し、これに対抗してドイツのワイマール政府がサボタージュによる消極的抵抗を訴えたことから事態は加速度的に悪化します。物価は統計が意味を失うほどの勢いで上昇し始めたのです。紙幣は紙屑になり、紙幣ではなく空き瓶や空き缶が貨幣代わりに流通するほどの事態が生じました。これは「超特大」という意味の「ハイパー」という語を冠して、「ハイパー・インフレーション」、略して「ハイパーインフレ」と呼ばれます。その本質は財政機構の崩壊から来る貨幣への信用の消滅という方がふさわしいでしょう。

ちなみに、ハイパーインフレは第二次世界大戦後のハンガリーにも生じました。スターリンのソ連により政府機構全体が壊されてしまったためです。このときのインフレ率は「兆」の上の「京」のさらに上の「垓《がい》」という単位で測るほどに上昇しました。こうなるとインフレ率なんて意味はありません。要するに貨幣価値がゼロに向かって突進してしまったわけです。

ドイツの場合は、後のハンガリーほどまでは行きませんでした。貨幣の信用を賠償金債務の重荷にあえぐ財政と切り離して困難を打開したからです。彼らは、賠償金債務がどうなろうとドイツから流出してしまうことがない資産としての「土地」に注目しました。そして、この土地の価値を基準にした一種の法的テクニックによって「レンテンマルク」という貨幣的な資産を創出したのです。テクニックの内容は現代でいう「証券化」に近いものですが、そうした技術的問題に入るのは止めておきましょう。要するにテクニックです。天才的なレトリックと言っても良いかもしれません。レトリックは成功しました。レンテンマルクのプロジェクトを開始してから、たった五日間でインフレは「奇跡」のように止まったのです。ドイツは、この状況を利用して、マルク価値を一兆分の一に切り下げるという荒療治をして国際貿易体制に復帰しました。一九二四年のことです。貨幣価値ゼロに向かって突進していたマルクのハイパーインフレを一瞬で止めたドイツの出来事は、「レンテンマルクの奇跡」と呼ばれます。苦しみぬいたドイツはようやく事態を鎮静させました。

ところで、そうした荒療治後のドイツを待っていたのは意外にも繁栄の日々でした。ハイパーインフレで一挙に過去をリセットしてしまったのが良かったのかもしれません。新マルクへの切り替え後のドイツは、いきなり「ワイマールの黄金の日々」と呼ばれるほどの急速な経済的繁栄の時期に入ります。考えてみれば当たり前かもしれません。インフレは人々の生活を破壊する災厄ですが、それは名目の世界の現象で、台風や戦争と違って船が沈んだり家が焼失したりするような実物の損失をもたらす災厄ではありません。ですから、一定の条件がそろえば、ハイパーインフレのような大絶滅が次の繁栄の基盤になることもあり得ない話ではないのです。でも、このことは後でもう一度議論しましょう。ここでは、ワイマールの黄金の日々の背景にあった外資流入、具体的にはドイツの産業基盤の強さに目を付けた米国などからの資金流入を見落とさないでください。それが途絶えたとき、ドイツは再びどん底に突き落とされることになるからです。黄金の日々は五年も続きませんでした。そして、それが終わった日に現れたのが、あのアドルフ・ヒットラーです。

悪夢の転落と思いがけない回復を経験したのはドイツだけではありません。戦勝国フランスも同じです。もっとも、こちらは自ら罠に落ち、そして自ら這い上がったようなところがあります。

終戦後のフランスでは、ドイツからの賠償金をあてにした放漫な財政が続き、物価も不安定な動きを繰り返していました。進まないドイツからの賠償金取り立てにいら立ち、ルール地方を占領してドイツの必死の抵抗を招くという愚挙に出た翌年の一九二四年以降は、はっきりとしたインフレ傾向が現れました。政情も不安定化し首相は交替を繰り返します。一九二六年の夏には物価は年率換算で三〇〇％に達するほどの勢いで上昇するまでになりました。ドイツからの賠償金をあてにしていたフランス人もここで目が覚めたのでしょうか。この年の七月に大戦中の大統領だったレイモン・ポワンカレが政界中枢に復帰し、自ら首相兼蔵相として挙国一致内閣を組織すると、通貨フランは突如として安定したのです。ポワンカレは大統領としてドイツとの戦争を指導し大戦を勝利に導いた人物として国民に人気があり、また堅実を旨とする財政家としても知られていたので、彼が指導者として復帰するということ自体がフランへの信認回復に役立ったと言われています。ポワンカレは増税と支出の抑制に取り組んだだけでなく、専売事業収益金を引き当てた長期国債の発行による短期国債の整理などの安定化策にも力を入れています。でも、時間的な前後関係をみる限り、フランを安定させたのは個別の政策の中身というよりも、ポワンカレという強烈な個性への信認によるもののようです。このフランスの物語は「ポワンカレの奇跡」と呼ばれることがあります。

フランスは一九二八年に金本位制に復帰します。ただし、大戦前の平価を五分の一に切り下げての復帰でした。もっとも、この平価については周囲の国からブーイングがわき起こりました。

パネル25：ヘルフェリッヒ対ポワンカレ

レンテンマルクという仕掛けを考え付いたのはカール・ヘルフェリッヒ（Karl Helfferich、1872–1924、写真上）という人物である。彼は大戦中のドイツ帝国で蔵相を務めたこともある一流の財政家である一方、極端な反左翼かつ反英米主義者で反ユダヤ主義思想の持ち主でもあった。そうした彼の業績と思想は、第2次大戦前の日本でも少なからぬ称賛と共鳴を集めていたが（彼は1924年に鉄道事故で死亡している）、1945年に大日本帝国が崩壊すると彼の思想に共鳴していたことを忘れたい人たちによって業績の方も人々の記憶から捨て去られた。一方のポワンカレ（Raymond Poincaré、1860–1934、写真下）は、1912年に首相に就任、翌1913年から1920年までは大統領として大戦時のフランスを指導、戦後も1922年から首相兼外相を務めたが、この首相在任時に対ドイツ厳罰主義を標榜してルール地方占領を強行している。彼の行ったルール地方占領こそがドイツ人にフランスへの復讐心を植え付けたことを思うと、ヘルフェリッヒとは違う文脈でだが、次の大戦の種を播いた人物の1人と言えるかもしれない。ちなみに、「ポワンカレの奇跡」のときは彼の生涯で3度目の首相経験だった。ドイツのヘルフェリッヒが、賠償金債務がのしかかる財政から貨幣の信用基盤を他に移してハイパーインフレを止めたのに対し、フランスのポワンカレは、彼の個人的迫力をもって財政への人々の予想を逆転させ貨幣への信用回復に成功したわけだが、インフレの原因を政府への信認の崩壊だと見抜いていたという点では2人の視点は良く似ている。余談だが、20世紀の数学界における最大の難問とされた「ポワンカレ予想」を提起したアンリ・ポワンカレは彼の従兄である。

いくら何でも切り下げ過ぎだ。これではフランス輸出産業への不当な優遇ではないかというのです。確かにその面もありました。ポワンカレは一年以上も前から外国為替相場に介入を行ってフランを安く維持しておき、そうして維持しておいた為替相場を基準に新平価を設定したからです。とはいえ、外国からの非難程度に老練なポワンカレは動じません。勝負は彼の勝ちでした。新平価での金本位制が開始されると、フランス経済は勢いを取り戻し、英国そして米国から資金が流れ込み始めます。

でも、フランスの成功はたちまちのうちに終わります。一九二九年には、空前の大恐慌が世界を襲ったからです。それまで米国に流れていた資金がフランスへと向きを変えた、そのことこそ大恐慌の原因だという説もあるくらいたちまち終わったのです。もっとも、運が良いことにポワンカレはその直前に政界を引退してしまっています。ポワンカレは、第二次世界大戦でパリを占領してコンピエーニュの森に乗り込んで来るヒットラーの姿を見る前に、回顧録を執筆して死ぬことができました。

ドイツとフランスは大戦前の平価を捨てて金本位制に復帰することで、事態を収拾しました。この両国の大戦における痛手の大きさからみれば、それは現実的で良い選択だったでしょう。しかし、その一方で、大戦前の平価への復帰という一点にこだわり続けて苦労を重ねた国もあります。戦勝国となった英国と日本です。

呪縛にかかった英国と日本

金本位制の便利なところは、あらゆる国の通貨が金という分かりやすい金属の重量に結びついて、相互ばかりでなく時系列上の比較も容易なところにあります。しかし、こうした分かりやすさは罠でもあります。現在の私たちはドルに比べて円が安いとか、円が上がっていると言いますが、それはドルが高い、あるいはドルが下がっている、と言い直すこともできます。どちらが真実かは何とも言えません。でも、金で貨幣価値を表すと比較が容易になります。平価を切り下げたとき、金の値段が上がっているからだとは言いにくいのです。それは、通貨の提供者である国や中央銀行に規律を迫るものですが、それだけに面子が重視され平価は政治の問題になりやすくなります。平価の水準そのものが、政府と中央銀行そして国民にも危険な呪縛となってしまうのです。その呪縛にかかって苦しんだのが英国と日本でした。

英国は戦場にこそなりませんでしたが、大戦で失ったものの大きさではフランスやドイツに並んで膨大というほかはありません。ただ、大英帝国時代の蓄積はさすがに大きく、大戦が始まっても金兌換再開を意識した政策運営が長く維持されていました。英国にとって誤算だったのは、当初は誰もが早期終結を予想していた戦争が、足かけ五年にも及ぶ総力戦となってしまったことです。この間、さすがの英国も国力が疲弊し物価も戦前の二倍以上に上昇していたのです。それにもかかわらず英国が大戦前平価での金本位制復帰にこだわったのは、単なる面子の問題だけでなく、累積していた米国からの資金調達を維持するためには、金による国際決済体制を早期に回復させる必要があるという事情もあったように思われます。かつての米国はロンドン市場での資金調達によって経済発展に成功したわけですが、大戦はこの関係を逆転させるものだったわけです。

英国は一九二五年に金本位制に復帰します。平価は大戦前と同じです。でも、この金本位制復帰はポンド金利を高く維持するという犠牲を払ってのものでした。この節の冒頭でも説明しましたが、平価の切り下げ懸念と金兌換を共存させる唯一の方策は、金利を高めに維持することです。そうすれば「危ないポンド」を金に交換して「盤石のドル」に換えようとする行動を抑え込むことができます。しかし、金利を高く維持すれば英国国内の投資活動は抑制されざるを得ません。本来は一時的な危機に対処する方便だったはずの金融の引き締めを、ポンドを守るために継続することになったのです。それは、大戦で痛手を受けた英国の産業に重い負担になったはずです。それでも、英国が耐えられたのは大英帝国時代の蓄積だけでなく、一九二〇年代を通じて続いた米国の好況のおかげでしょう。ですから、その米国の景気が急停止したときには、英国も金本位制をあきらめざるを得なくなります。

それから、もうこれは余談の域に入るかもしれませんが、このときの英国の金本位制復帰は、米国との資本取引関係を維持するために金の対外現送を許すという意味でのもので、国内的な金本位制すなわちイングランド銀行券の兌換は停止されたままでした。イングランド銀行券の兌換は大戦中に実質的に停止されていたのですが、これが法的にも追認されたのです。この国内と国外の使い分けという新たなテクニックは第二次世界大戦後の通貨体制の設計にも採用されますが、その話は次の章でということにしましょう。これで百年の伝統を持つソブリン金貨も通貨の表舞台から去ることになります。

さて、英国と同じく大戦前の平価への復帰にこだわり苦しんだ国がもう一つあります。それが私たちの日本です。日露戦争の後始末に苦しんでいた日本は、突然に降ってきた戦時特需により大戦ブームといわれる活況を呈します。しかし、大戦で起きたブームは一挙に去りました。一九二〇年には反動恐慌が襲います。大戦末期にロシア革命に干渉して行ったシベリア出兵も失敗に終わりました。さらに一九二三年に関東大震災が東京横浜地区に壊滅的な打撃を与えます。大戦で戦勝国ということになり一流国の仲間入りをしたはずの日本は、期待はずれどころでない失敗と災厄の連続の日々に落ち込んでしまったのです。

こうした中で日本を揺るがす騒ぎに発展したのが金解禁問題でした。金解禁とは、貿易などの決済のために金を海外に送ることを「解禁」するということで、要するに金本位制への復帰を意味します。日本は大戦中の一九一七年に金本位制を停止していたのですが、それをどうするか、具体的には米国や英国のように大戦前の平価で金兌換を再開するか、それともフランスのように大戦前の平価から切り下げた水準で金兌換を再開するか、それが論争になったのです。論争になった理由は、大戦中の特需対応などで物価が上がってしまった結果、円の実質的な価値が大きく目減りしていたからです。そうした状況で大戦前の平価で金本位制復帰をしようとすれば、金融を引き締めて物価を抑え込み、円の価値を上げるほかはありません。138ページの図を参照してください。金融を引き締めて③のラインに物価を持って行くのです。そんなことをすべきでしょうか。

現在の私たちからみれば、そんなことをしない方が良いと思えそうです。金融を引き締めれば

パネル 26：金解禁のお祭り騒ぎと反動

金解禁を主導したのは、1929 年 7 月、前年の張作霖爆殺事件の責任をとって辞任した田中義一に代わって内閣を組織した民政党の浜口雄幸（1870-1931、写真左）と、彼に請われて大蔵大臣に就任した井上準之助（1869-1932、写真右）である。井上は日本銀行総裁を務め、早くから財政金融通として知られていたが民政党員ではなかった。そうした井上をあえて蔵相に据えたのをみて、人々は浜口の覚悟を知り金解禁の実施を直感したという。金解禁の方向が明らかになると街は歓迎ムードに包まれた。政府は「緊縮小唄」というテーマソングまで作って、金解禁実施のための緊縮策の必要をアピールしたが、小唄が映画の主題歌になるほどヒットした割に効果はなかったようだ。一流国の夢が先行したのである。浜口は金解禁を実施した直後に衆議院を解散し総選挙で圧勝しているが、世界恐慌の影響が広がって来ると政権への反感も強まり、1930 年 11 月、浜口は東京駅頭で銃撃され翌年には首相を退いた（同 8 月死去）。井上は浜口の後を受けた若槻礼次郎の下でも蔵相にとどまり金解禁政策を堅守していたが、1931 年 12 月に閣内不一致に陥った若槻内閣総辞職により退任、翌 1932 年 2 月に血盟団事件により暗殺された。この事件では当時の三井財閥の総帥である團琢磨（三井合名理事長）も暗殺されたが、実行犯 2 名および指示者である日蓮宗の僧井上日召への判決は無期懲役だった。

景気は悪くなります。また、うまく大戦前の平価を回復できたとしても、貿易決済を割高の円レートで行えば採算は悪くなります。輸出は落ち込み結局は金準備が不足することになるかもしれません。ポワンカレのように名を捨てて実を取った方が良い、それが常識とか識見というものでしょう。ところが、当時の日本では大戦前の平価に戻すべきという声が圧倒的でした。背景には戦争に勝って一流国の仲間入りをした、それにふさわしい平価を回復したいという国民の過剰な意識があったとしか思えません。

しかし、そうして自ら設定した高いハードルを跳び越える準備をしているうちに時間は流れてしまいます。日本が金解禁つまり金本位制復帰に踏み切ったのは、一九三〇年の一月一一日でした。主要国の中でも最後で最悪のタイミングでした。この数カ月前から世界経済は明らかに変調を来していたからです。

そして大不況に

一九二〇年代の米国を評して「ロアリング・トゥエンティーズ」ということがあります。訳せば「雄叫びの二〇年代」ということになるのでしょうか。第一次世界大戦は一気に米国を世界最大の経済大国の地位に押し上げました。一九〇八年から始まったT型フォードの生産が、一九二二年には年産一〇〇万台を超え、一九二三年には二〇〇万台に達します。高速道路が建設され、映画とラジオ、電話と水道が普及します。世界のカネが流れ込みます。ニューヨークのウォール街はシティに代わって世界の金融センターになりました。米国は雄叫びをあげつつ発展していたのです。繁栄は永遠に終わりがないかのように見えました。でも、それは終わります。いつものことですが、米国も特別ではなかったのです。

一九二九年の一〇月二四日、木曜日でしたが、秋口から変調の兆しを見せ始めていたニューヨークの株式市場に異変が起こりました。この日の午前、理由の良く分からない売り注文が優勢になり、いくつかの銘柄で値がつかないという現象が起こったのです。もっとも、この日は株式市場を支えてきた金融機関の面々が組織的な買いを入れたこともあって、相場は午後には持ち直しました。この日は比較的小幅の下げで取引を終了させることができたのです。ですから、このときは、まだ誰も、これが大恐慌の始まりの日という意味での「暗黒の木曜日」と呼ばれる重大な日になるとは思ってもいなかったでしょう。

しかし、翌週の月曜日には二度目の波が襲います。そして、その翌日の火曜日で事態は決定的になりました。走ったり叫んだりすることが禁じられているはずの証券取引所のフロアが売り抜けようとする人の叫び声でパニック状態になったと伝えられています。この日、一〇月二九日は「暗黒の火曜日」になりました。「大虐殺の日」とも言われています。当時の米国を代表する優良企業や大企業の株が徹底的に売られたからです。

もっとも、この段階でも、パニックはやがて収まるだろうという見方が有力でした。でも、希望的観測でした。恐慌の波は世界に波及し、無理をしている国から順に金本位制の維持が困難になります。一九三一年の九月には英国が金本位制から離脱しました。もともと通貨を過大評価して大戦前の平価に復帰した国ですから、やがて金兌換を維持することが不可能になるだろうと読んだ投機筋のポンド売りを浴びたのです。北欧諸国と英連邦諸国が追随します。そして、次にターゲットになったのは、同じく背伸びをした金平価を設定していた日本でした。

日本は英国が金本位制を離脱した後も金兌換を維持していましたが、ポンドに続いて円が売りを浴びることになります。この円売りの中心にいたのが、当時の財界の主導的立場にあった三井財閥だったことも問題を大きくしました。財閥批判は金解禁批判になり、与党の民政党内にも動揺が広がります。そして一九三一年の一一月に政友会が金輸出再禁止を唱えて揺さぶりをかけると、翌一二月に閣内不一致を起こした民政党内閣が倒れ、犬養毅を首班とする政友会内閣が発足します。新たに蔵相となった高橋是清は就任の日に金輸出の再禁止を決めました。日本も金本位制を離脱したのです。

金本位制の時代は去りました。世界は不安の時代に暗転します。米国は一九三三年、最後に残ったフランスも一九三七年に金兌換を停止しました。フランスが最後になったのは平価がもともと割安に設定してあったためでしょう。こうして世界は自由貿易を原則とする金本位制の時代から、主要国がブロックと呼ばれる各々の経済圏を作る割拠の時代に入ります。ブロックの中心国は為替レートを切り下げ自国の景気拡大を図りますが意味はありませんでした。過去にポワンカレが成功したやり方ですが、それは他国が金平価を維持しようとしているときに抜け駆け的に為替介入を行っておいたからです。同じことを世界中がやれば、各国の政策効果は打ち消し合って、どの国も得をすることのない負担の押し付け合いゲームになってしまいます。

もっとも、ブロックを作ること自体は、他国をあてにせずに財政出動を行うためには有効な枠

パネル 27：高橋財政

蔵相に就任した高橋是清（1854-1936、写真）は、事態を打開するために国債を大増発して軍事費と時局匡救費（これを「キョウキュウヒ」と読む。土木事業費や農村救済費のことである）を拡大するという思い切った施策で不況脱出を図り成功した。これを「高橋財政」という。高橋財政について現在でも議論になるのは、それを国債の日銀引き受けという手法で実施した点で（日銀は引き受けた国債を徐々に市中に売却することになっていた）、これには第2次世界大戦後の大インフレにつながる貨幣供給の種が播かれたとする批判説と、日銀引き受けを行ったからこそ貨幣が円滑に増発され積極財政が成功したのだとする支持説とがある。私自身は、当時の日本国債への信認低下と国内資本市場の未発達をみれば日銀引き受けによってでも財政を拡大するという高橋の賭けを評価すべきだと思っているが、それは国債市場が未整備な状況での策として評価すべきという意味であるに過ぎない。現代のように国債市場が整備され市場での国債大量発行が可能な時代に、高橋財政の「外形」を真似て国債の日銀引き受けを行いさえすれば景気も良くなるはずだという主張は、欧米人の「外形」を真似て跳んだり回ったりすれば条約改正ができると思っていた鹿鳴館のダンスパーティと同じくらいナンセンスだろう。高橋は幕末の江戸に生まれ、少年のときに渡米して大変な苦労をした。帰国後は実力で頭角を現し、日露戦争時の外債募集に決定的な貢献をし、1921年にはすでに総理大臣すら務めている大政治家だが、愛嬌のある丸顔で「ダルマさん」の愛称で親しまれた。高橋は景気が回復に転じるや軍事予算の削減に力を注いだが、これが軍部との激しい対立を招き、1936年2月26日に自宅に乱入した陸軍皇道派将校らにより暗殺された。「二・二六事件」である。以降、歯止めを失った軍事費は際限なく拡大を続けることになる。

組みでした。自由貿易の世界では、財政による景気刺激を行っても効果の一部は他国に流出してしまいます。そうして漏出してしまう財政出動の効果と他国にツケ出すことのできない財政負担の重さとを秤にかければ、世界中の国々がそろって財政の出動をためらい、すくみ合いの中で不況をさらに深刻化させていたかもしれません。ブロック経済には、それを回避させる効果はあったのです。

実際、ブロック経済と財政出動のセットを選択した国々は、ほぼその順番に景気を回復させることに成功しています。日本も米国も英国も、そしてドイツもそうでした。日本の国内景気は、高橋蔵相就任から半年余りで拡大に転じ、旧平価の重荷が取り払われた為替相場の下で輸出も増加しました。米国では一九三三年にフランクリン・ルーズベルトが大統領に就任しニューディール政策を開始します。ドイツではヒットラーが政権を掌握しました。未曾有の恐慌に見舞われた世界は、いったん経済が底を打つと今度は驚くほどの速さで生産を回復させて行ったのです。

しかし、それは次の戦争を途方もなく悲惨なものにする力を早期に回復させたものでもありました。政策効果を強化するための地理的なブロック拡大志向は、当然のことながらブロック間の緊張を呼ぶからです。次の大戦への秒読みが始まったわけです。

五　金本位制の舞台裏

黒衣はロンドンにいた

金本位制は終わりました。しかし、金本位制の歴史をたどる旅を終える前に、考えておきたいことがあります。それは、そもそも金は何をしていたのだろうということです。そんなことは分かっている、価値の基準としてそこにあったということだろう、そう簡単に割り切らないでください。制度の中に金があったことは事実です。でも、「あったこと」と「していたこと」は違います。金は政府や中央銀行が管理する金庫の中に確かにあったけれど、実は何もしていなかった、そういうことだって考えられるからです。

金本位制の歴史をたどれば明らかなように、金塊は貿易決済の役に立っています。金貨があれば食事もできるし政治献金にも使えそうです。ただし、それは「平時」においてです。危機の時には何もしなくなります。金塊も金貨も政府や中央銀行の地下金庫の奥にしまい込まれて出てこなくなります。金本位制は平時に強く危機に弱い制度なのです。

そんなことを言うと、金を甘く見てもらっては困る、金は地下金庫の奥にあっても、いずれ出てくる、そのときは誰もが認める価値の基準になるという意味でちゃんと存在したのだという意見も出てくるでしょう。何やら古寺の秘仏や岩戸に隠れたアマテラスのような話ですが、その効果を否定はできません。経済学では何円とか何ドルというような貨幣の数字上の価値のことを名目価値と言い、それを実物の財として使いものになるパンや自動車などの価値に結びつける役割を果たす仕組みのことを「アンカー」と言います。アンカーというのは「錨」という意味ですが、このアンカーとして機能していたのが金だったのだ、これならどうでしょうか。

確かにそれは間違っていません。でも、それなら、さらに質問をしたくなります。金が良いアンカーとして機能するのなら、金の価値は安定していなければなりません。何に対してかというと実物の財に対してです。金の価値がパンや自動車の価値に対して安定していなければ、カリフォルニアの小川で光る砂粒が見つかったという話が伝わったり、南アフリカの金鉱山で岩盤崩壊が起こったりする度に、金価格どころか貨幣価値まで乱高下してしまいます。貨幣価値が乱高下したら物価は大変です。人々は預金や借入どころか日々の生活にも金情報を伝えるラジオから耳を離せなくなってしまうでしょう。存在量自体が少なく貯蔵も容易な金は、その本来の性質からみれば、金属鉱物資源の中でも価格が大きく振れやすい商品です。金は金貨という名の物体に加工して価値のありそうな外形を作るのには向いているのですが、価値のアンカーには向いていない素材なのです。

話の先取りになりますが、金が完全に通貨の世界と手を切ったのは、一九七一年のことです。それまでの金は大戦時の名残もあって貨幣の一種として扱われ、自由な売買が認められていなかったのですが、この年、後にニクソン・ショックと言われた一連の米国政府の決定により、金の売買も完全に自由になりました。しかし、そうして自由に売買が可能になった後の金価格は、呆れてしまいたくなるほどの無茶苦茶な変動ぶりです。変動には後講釈が付きものですが、後講釈は予測に代わりません。そんな金属の値段に貨幣価値を結び付けておいて、金本位制の世の中は大丈夫だったのでしょうか。

大丈夫だったのです。正確に言えば、大丈夫になるよう世話をしているスポンサーがいたから、

パネル 28：第二次世界大戦後の金価格

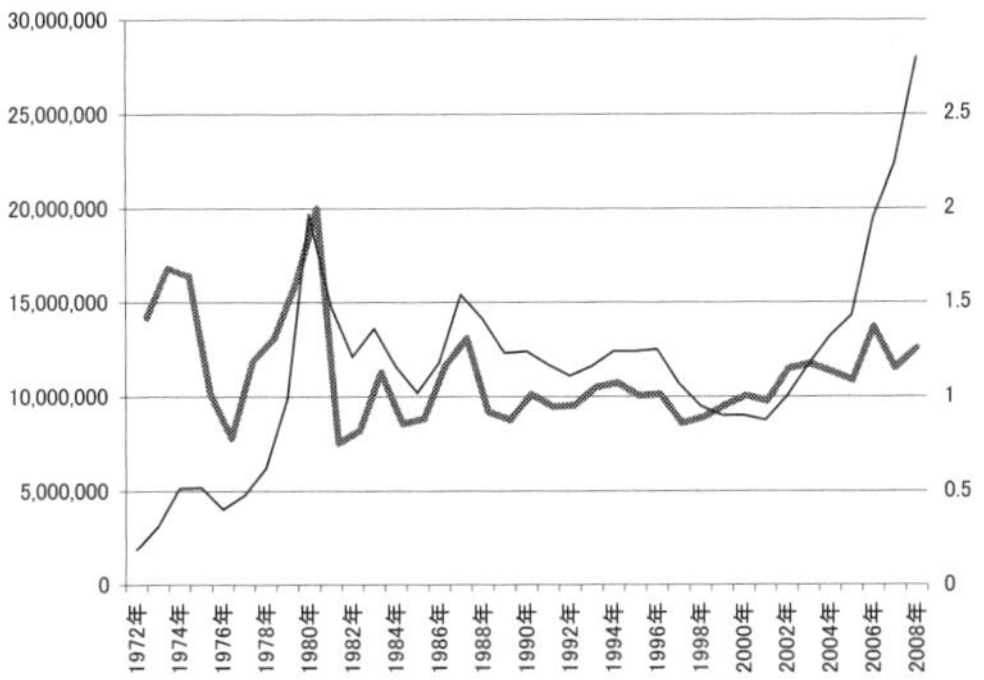

金価格は 1971 年に国際通貨体制から切り離されると激しく変動を始めた。前年比騰落率は最高でほぼ 2 倍にも及んでいる（グラフ右目盛り）。尺度にしているのはドルなので、この変動には米国の物価変動の影響も含まれてはいるが、こんなに大きな動きは物価の動きでは説明がつかない。ちなみに、こうした大きな価格変動には金という資源の特殊性も影響している。人類が現れてから拾ったり掘り出したりして貯め込んできた金の累積総量は、金本位制が始まった 19 世紀初頭には 2 万トンにも満たなかったようだが、その量は20世紀になるころには3万トンを超え、さらに採掘精錬の技術進歩のおかげで、第 2 次世界大戦終結時の 1945 年ごろには 6 万トン、そして 2000 年には 14 万トンにまで積み上がり、2010 年現在では 16 万トンくらいに達している。そうして金の総量は大きく増えているのに価格は下がるどころか上がっているのだが（グラフ左目盛り）、これは金という資源の存在量の限界がみえていることによるものだろう。現技術で採掘可能な金はあと数万トンというのが多数説である。こうした厄介な値動きをする金は、大英帝国という強力なスポンサーが付き添っていなければ、貨幣価値のアンカーには不向きな道具だったはずである。

大丈夫だったのです。それが英国でした。金本位制期の英国は世界の金資源のほとんどに関与できる立場にありました。ゴールドラッシュに沸いたアメリカのカリフォルニアも、オランダ人入植者の子孫であるボーア人と争って支配に成功した南アフリカも、ロンドンから見渡せる地平の内にあったのです。だから、英国は金がたくさん掘り出されそうだと分かると、金備蓄を増やし中央銀行の金準備保有を増やして需給を調整します。英国がそうしたのは自国のためですが、他の国は、その英国にタダ乗りできました。自国の都合で国際通貨の舵を握り、かつ他国のタダ乗りを許すのが基軸通貨国の特権と責任です。その特権を握り責任を厭わなかったのが当時の英国だったわけです。

金の需給が調整されれば金の価格は安定します。何に対してでしょう。表面的には通貨ポンドに対してです。でも、実質的にはパンや自動車の価値に対してです。経済学っぽい言い方をすれば、金と他の実物財全部との相対価格を、金の需給調整で安定させていたのです。それが可能だったのは、存在量自体が少量で高価かつ変質しないので貯蔵が容易という金の元素としての特質と、世界の波頭を制した大英帝国の力のおかげだったのです。

歌舞伎の舞台に登場して場面を動かす黒衣装と黒頭巾の人を「黒衣《くろこ》」と言います。世界の通貨システムを芝居にたとえれば、ロンドンにいた英国政府やイングランド銀行が芝居の黒衣でした。黒衣が道具である金を操っていたのです。ときどき失敗して道具を取り落としたり、道具に見とれて仕事を忘れたりする頼りない面もありましたが、まあ操っていたと言ってよいでしょう。後になると、ニューヨークにも若手の黒衣が現れ道具を担ぐようになります。一方、世界の大多数の国々は芝居の観客のようなものでした。慣れた観客であるフランスのポワンカレや日本の高橋は黒衣の存在を十分すぎるほど心得ていたと思いますが、大多数の観客には、黒衣である基軸国の行動は眼に入りません。芝居が終わってから劇評をみるしかない現代の私たちは、ますますそうなりがちです。しかし、それは錯覚なのです。

芝居は黒衣なしには演じられませんが、黒衣が代われば扱う道具も変わります。道具が変われば黒衣も要らなくなるかもしれません。それが次の時代、つまり私たちのいる時代です。

でも、そうして金本位制の舞台裏をのぞき始めると、怪しい人物がもう一人いることに気が付くでしょう。それが中央銀行です。彼は何をしていたのでしょうか。金本位制が終わった今は何をしていそうなのでしょうか。次の章に移る前にそこだけはチェックしておきましょう。

中央銀行は何をしていたのか

中央銀行の役割を一口で言えば、現在の貨幣価値と将来の貨幣価値を交換することです。現在の価値と将来の価値を交換するのが金融の本質ですが、そうした交換を貨幣の世界で行うのが中央銀行の役目です。そして中央銀行は貨幣の独占的な供給者ですから、現在の貨幣と将来の貨幣の間の交換比率を操ることができます。これが中央銀行による金利のコントロールすなわち金融政策だということは理解していただけたでしょう。

もっとも、こういう説明をすると、待ってくれ、金融政策というのは貨幣の量をコントロールする政策だということになっているのではないか、教科書にもそう書いてある、金利をコントロールするの（だけ）が金融政策だというのはおかしいのではないか。そういう疑問を持つ読者もいるかもしれません。そうです。その通りです。世の中に流通している貨幣の量のことを経済学者は「マネーサプライ」と言いますが、そのマネーサプライをコントロールすることで金融政策を運営することも、もちろん可能だし実例もあります。

でも、それは、マネーサプライのコントロールが金融政策で、金利のコントロールは金融政策でないとか、あるいはその反対だとかということではありません。金利のコントロールとマネーサプライのコントロールとは普通は同じことだからです。

考えてみれば当たり前の話ですが、私たちは金利が高いと思えばオカネを借りたくなくなるでしょう。高い金利でお金を借りるぐらいなら我慢して、生活を切り詰めた方が良さそうです。あるいは余計なオカネは貯金して利子を稼いだ方が賢い、そう考えるかもしれません。だから、金利を上げればマネーサプライは減りますし、マネーサプライを増やしたければ金利を下げることになります。金利とマネーサプライは盾の表と裏のようなものなのです。だから、表の金利に注目して政策を運営しても、裏のマネーサプライに注目して政策を運営しても、起こることは普通は同じことなのです。

あえて、「普通は」と断ったのは、いつも同じこととは限らないからですが、その辺りのことは次の章で説明しましょう。ここで考えたいことは、金利かマネーサプライかというような金融政策実施上の技術的ともいうべき問題ではなく、そもそもなぜ金融政策とか中央銀行などというものが存在するのか、その目的は何なのかということです。

パネル29：マネタリストとフリードマン

マネーサプライとは、狭義には現金通貨（お札とコイン）の流通量のことだが、普通預金などの簡単に現金に変わり得る預金を加えたものを指して用いることがある（どの範囲の預金を加えるかでＭ１、Ｍ２、Ｍ３などの分類がある）。マネーサプライを軸とした金融政策運営を主張する人たちを「マネタリスト」と呼ぶが、その代表格とされるのが、ミルトン・フリードマン（Milton Friedman、1912-2006、写真）である。フリードマンは、ケインズに匹敵する20世紀の経済学界における巨人だが、ケインジアンすなわちケインズの後継者たちが重視する財政を軸とした景気政策が全盛の1960年代にあって、その長期的無効性と弊害とを指摘し続けたことで知られている。そのフリードマンが提唱したのが、マネーサプライの伸びを一定に保つ金融政策をルール化することだが、彼の主張の根底にあるのは、政府や中央銀行などの政策当局にたむろするハーベイ・ロードの人々（91ページ参照）が、市場すなわちマーケットで暮らす普通の人々に比べて賢いという証拠がどこにあるのか、大不況期を含む米国の経験からみても彼らは成功よりも失敗の方が多いではないか、という思いだったようだ。彼の主張の本質は、財政にせよ金融にせよ、政策当局者が裁量的に経済政策を運営するのではなくて、明確なルールを作って運営し、人々の将来に対する予測可能性を高めよというところにあったようで、マネーサプライ管理というのは具体例として推奨していたにすぎない面があるように思える。なお、マネーサプライという用語は、サプライ（供給）という語を含むため、一定期間における供給量のことを言っているのか、それともマネー供給の累積残高のことを言っているのか分かりにくいので、日本銀行などは最近では「残高」というニュアンスが明瞭な「マネーストック」という語を使っている。

先に答を言わせてください。金融政策の目的は、時間の流れのなかで、貨幣に生じる問題を先送りしたり、あるいは先取りしたりすることです。

経済学者たちは世の中について新しい情報が伝わって来ることを「ニュース」といいます。隣国との緊張が戦争に発展しそうだとか、米国の景気回復に時間がかかりそうだというような情報がニュースです。新聞やラジオの報道だけがニュースではありません。うわさ話はもちろんニュースですし、有力なエコノミストの論評や記者会見での政治家の顔色だってニュースになることがあります。これに対して、経済現象として実際に起きることが「イベント」です。そうしたニュースに反応して、商品市場で資材価格が上昇したり外国為替相場が反応したりすれば、それがイベントです。

もっとも、ニュースがすぐにイベントになるかどうかは分かりません。国際緊張が高まっても、それに応じて中央銀行が金利を引き上げれば商品市場での資材価格は上昇しないかもしれません。金融引き締めによって物価の上昇というイベントが先送りされたからです。「先送り」という言い方をしたのは、138ページの図解からも分かるように、問題そのものは消えていないからです。金融政策でできることは、問題を先送りしたり先取りしたりすることであって、問題そのものを消してしまうことではありません。中央銀行とは、時間の流れの中での価値の乗り物である貨幣を作り、その貨幣に生じたニュースがイベントになるタイミングを操作する、そういう役目を担う存在なのです。

中央銀行は貨幣を作り出しているわけですが、それは金庫の中に入っている金塊だの国債だのを見合いにして、その引換券を売っているだけのことです。無から有を生んでいるわけではありません。もし、中央銀行が無から有を生んでいるのであれば、有を無にすることもできますから、ニュースがイベントになるのを永遠に封じてしまうこともできるでしょう。しかし、残念ながらというべきでしょうか、中央銀行は無から有を生んだり、有を無に帰させたりすることができる魔法使いではないのです。中央銀行がやっているのは、時間軸の中での現在と将来の貨幣価値交換比率を動かすことでしかありません。

このことは、金本位制の時代には分かりやすかったのだと思います。平価という仕掛けが存在すると、貨幣価値に生じたニュースがイベントになるメカニズムが貨幣の外の世界からもよく見えます。貿易赤字が拡大しているというニュースが伝われば、それは現実の経済に起こっている「有」ですから、別の「有」でもって打ち消さない限り、遅かれ早かれ金準備の流出となって平価の切り下げというイベントになるでしょう。中央銀行が金利を引き上げれば、イベントになるタイミングを引き延ばすことはできますが、それはバネに力を蓄えるようなもので、平価変更というイベントが生じたときの衝撃を大きくします。それが嫌なら、金利を引き上げるのはほどほどにしておいて、バネにかかる力を徐々に解放し一時に大きな衝撃が生じないよう調整した方が良いはずです。そうした調整役を担うのが中央銀行だったわけです。

この章では、金貨や銀貨の時代から金本位制が生まれ、そして崩壊するまでの歴史を旅してきました。しかし、現代の世界は金本位制の時代ではありません。第二次世界大戦という惨劇から抜け出した世界は、いったんは金本位制の拡大解釈版ともいえるような通貨体制を選択しますが、一九七一年の夏にはその体制も崩壊し、ついに金本位制をやめてしまうことになりました。私たちはその時代にいます。そして、貨幣のことが分からなくなってしまっています。貨幣のあり方についての意見が一致していないのです。

ある人たちは、金本位制をやめた以上は、貨幣を作り出すことに何の制約もなくなったのだから、貨幣のことは中央銀行ですべて決めることができるようになったと考えているようです。別の人たちは、そんなことはない、金本位制における金とは指標であり象徴にすぎなかったのだから、金本位制をやめたぐらいで中央銀行が何でもできるようになるはずはないと反論しています。私は後者なのですが、経済学者の世界では前者のように考える人が案外と言ってよいほど多いのです。

さあ、皆さんはどう考えるでしょうか。その答を得るためには、私たちは、自分たちの時代というものを知っておかなければなりません。

第三章　私たちの時代

米国北東部ニューハンプシャー州の保養地ブレトンウッズにマウント・ワシントンという名のホテルがある。まだ第２次世界大戦中の1944年、このホテルで開かれた会議で現代の通貨制度につながる仕組みが合意された。写真は会議開催当時のホテルの姿だが、現在でもその外観はほとんど変わっていない。

第二次世界大戦の帰趨が見えてきた一九四四年の夏、米国北東部ニューハンプシャー州のブレトンウッズという地に、当時の連合国の代表たちが集まりました。ブレトンウッズは、蒸気機関車による登山鉄道が通じた山の麓に開けた美しいリゾート地です。スキーや散策を楽しむ人のための豪華なホテルがありますが、ここで戦後の経済体制を決める会議が開かれました。開催地の名をとって「ブレトンウッズ会議」と呼ばれるようになったこの会議にはソ連や中華民国の代表も参加していましたが、中心となったのは米国と英国です。

会議では、ＩＭＦと呼ばれるようになる国際通貨基金の設立と、世界銀行と呼ばれるようになる国際復興開発銀行の設立、そして、金との交換性を復活させたドルを軸とした国際通貨体制の再構築が決まりました。世界大恐慌に続く混乱の中で機能を停止していた金本位制が曲がりなりにも復活したとも言えます。こうして再建された国際通貨体制は「ブレトンウッズ体制」と呼ばれました。もっとも、この体制は四半世紀余りしか続きませんでした。一九七一年の夏、日本の降伏で第二次世界大戦が終結した日から二六年後の八月一五日でしたが、この日に行われた米国のニクソン大統領の演説であっさり崩壊してしまったからです。その後の世界は固定的な平価を定めず、市場での値動きに通貨価値決定を委ねる「変動相場制」といわれる時代に入ります。それが、今の私たちの時代です。この章では、そうした大戦後の国際通貨体制の変遷をたどりながら、現代の問題を考えてみることにしたいと思います。

一　ブレトンウッズの世界

ブレトンウッズ体制の仕組み

仕組みの説明をしておきましょう。ブレトンウッズ体制では、まずドルが金に対して平価を設定します。正確に言うと、米国は大不況期の一九三四年に金準備法という法律を作ってドルの平価を決めていましたので、その法律で定めてあった「金一トロイオンス＝三五ドル」という平価をドルの価値として使うことにしました（メートル法に換算すれば一ドルの価値は金〇・八八八六七一グラムとなります）。そして次に、このドルに対して各国は交換比率つまり為替レートを設定します。一度設定した為替レートは通常は動かさないのを原則にしたので、ブレトンウッズ体制は「固定相場制」とも呼ばれています。

大戦前の金本位制では、各国の通貨がそれぞれ金との間に平価を設定し、それを比較することによって為替レートが決まっていたわけですが、ブレトンウッズ体制では、金との間に平価を設定するのはドルだけにして、他の通貨はそのドルとの間で為替レートを決めるというやり方にしたわけです。これだけの話だとブレトンウッズ体制というのは、金本位制の拡大延長版のようなものという気がするかもしれません。確かに、そうした面もあるのですが、実際はずいぶん違います。最も大きな違いは、この体制では誰もがドルを金貨に交換できるわけではないということです。そんなことを言うと、ドルは金との間に平価を設定しているではないか、あれは何なのかと突っ込まれそうですが、そこがブレトンウッズ体制の良くできているとも言えるし、胡散臭いとも言えるところです。

ブレトンウッズ体制ではドルは金との間に平価を設定します。しかし、この平価でドルを金に交換できるのは、この体制に参加している国の通貨当局に限られます。通貨当局とは、通貨制度を管理している各国の政府と中央銀行のことです。日本だと当時の大蔵省すなわち今の財務省と日本銀行とが通貨当局です。ドルを金に交換請求できるのが通貨当局に限られるということは、普通の人々が請求できるわけではないということです。

どうしてそんなことになるのかというと、米国の金準備法という法律は、実は平価を定めるというのが主たる目的ではなくて、その名が示す通り金貨というかたちで流通していた米国内の金を政府の下に一括管理するための法律だったからです。この法律により、米国内にあった金は、美術工芸品を除き政府に強制的に買い上げられ、金貨の国内流通も停止されてしまっていました。それ以来、米国の人たちにとっては、ドル紙幣である連邦準備券を「正貨」である金に交換しようとしても、手に入るのは金貨ではなくて銀やニッケルでできた貨幣だけになっていました。米国の国内ではドルを金貨に交換できなくなっていたのです。金準備法以前はドル紙幣をドル金貨に交換できたのですが、金準備法でドル金貨がなくなってしまったので、米国の人々はドルを金に交換できなくなったわけです。

では、米国以外の国の人々はどうなのかというと、それらの国々では金平価そのものが設定されていませんから、もちろん紙幣を金に交換することはできません。米国から金を持ち帰ることができるのは通貨当局だけで普通の人々ではないのです。それどころか、日本も含めて多くの国では、ドルを勝手に持ち帰ることもできませんでした。米国に金準備法という法律があることは紹介しましたが、日本には外国為替管理法（本当の名前はもう少し長いのですが簡単にこう呼ばれていました）という法律があって、金どころかすべての外貨を集中管理していたからです。この時代の日本人は米国に用事があるときは円をドルに交換して渡航し、余ったドルは円に再交換することを義務付けられていました。交換の相手は表面上こそ銀行ですが、その銀行を通じて通貨当局は外貨を集中管理していたのです。

こうしてみると、ブレトンウッズ体制における金というのは、神棚に上げたお餅や古寺の御本尊様のようなもので、遠くから眺めて安心の材料にするぐらいの役には立つのですが、財布に入れて使うことはできないものだということが分かるでしょう。その限りでは、ブレトンウッズ体制というのは、金を価値の基準として使うことにしてはいるが、実は人々を金から隔離するための制度だと言ってもよいわけです。もっとも、御本尊様たる金にまったく出番がないわけではありません。それは国際収支の不均衡を決済するときです。

国際収支とは貿易や外国投資によって生じた資金受払いの差引額のことで、輸出が輸入を上回ったり、外国からの利子受け取りが増えたりして、外国からオカネを受け取ることができる状態を国際収支が黒字だといいます。反対の状態が赤字です。

たとえば日本の会社が製品を米国に輸出して代金を払ってもらうとドルが入ってきます。もっ

パネル30：フォートノックスの金保管施設

ブレトンウッズ体制を支えたのは、米国の膨大な金準備である。そうした金準備を持つに至ったのは、1934年に金準備法を制定して、米国内にある金を強制的に買い上げる一方で、1トロイオンス＝35ドルという当時としては過大評価といわれた金価格で外国からの金流入を促したからである。ちなみに、国内金の買い上げ価格は現に流通している金貨の純金量目（1トロイオンス当たり約20.67ドル）を基準に決められたので、米国政府は、市民からは1オンス当たり21ドル弱という安値で金を強制収用し、外国からは35ドルという高値で買い集めたのだということもできる。こうして集められた金は、ケンタッキー州フォートノックスにある金保管施設（写真上）などに備蓄された。米国当局の金保有量は1950年ごろで約2万トンとされているから、それだけで非貨幣用を含む当時の世界中の保有金6万トンの3分の1もの量を何もせずに眠らせていたことになる。無駄な話であるし危険な話でもある。ちなみに、1964年に封切られた映画『007ゴールドフィンガー』（下）では、この施設内で核爆弾を爆発させて金を放射能汚染させ、自身の持つ金の市場価値を高騰させようとするゴールドフィンガーの企みを、英国の秘密工作員ジェームズ・ボンドが阻止する筋書きになっていたが、イアン・フレミングの原作では、ゴールドフィンガーは金を運び出して沖合のソ連艦に運び込む計画になっていたそうである。映画化に際して原作の重要部分を変更するのは珍しいことではないが、評判がよくないことも多い。しかし、この改変に限っては、金の集中保管という仕組みのリスクを鋭く突いているといえそうで、なかなか見事である。

とも、米国からドルのお札が空輸されてくるわけではありません。銀行に持っていけばドル預金になる証券、これをドル為替というのですが、このドル為替が送られてくることになります。輸出業者はこれを円に換えて日本国内で使おうとするでしょう。要するにドル為替を売って円を手に入れようとするわけです。そうした輸出などによって生じたドル売りの動きが、反対の動きつまり輸入などによって生じたドル買いの動きを上回ったときには、日本の通貨当局はドル為替を買って一ドル＝三六〇円のレートを維持することになります。これを介入とか為替平衡操作というのですが、そうした為替平衡操作によって通貨当局が手に入れたドルについては、必要であれば三五ドル当たり一トロイオンスの割合で金と交換いたしますよというのが、ブレトンウッズ体制における金の出番ということになります。このことを、金本位制下でのドルの金との「交換性」と呼びます。

もっとも、制度がスタートしたころのブレトンウッズ体制では、こうしたかたちで金が使われることはほとんどありませんでした。第二次大戦後の西側世界では、軍事と経済そして政治のどの分野でも米国の力が圧倒的でしたから、米国の約束を信じない人はいなかったのです。たいていの国にとっては、米国の言うことは絶対だった、そう言った方が良いかもしれません。軍事的にも経済的にも米国に頼りながら、戦前とは見違えるほどに強力になった東のソ連と対峙する立場になった西側陣営の国の通貨当局は、手もとにドル為替がたまったとしても、それを金塊に交換して運んで来ようなどとは考えませんでした。どうせ米国がいつでも交換してくれるのなら、金は最も安全な後方である米国の金庫に保管してあった方が安心だからです。ドルを金に交換するより、ドルのままで米国国債にでも運用しておいた方が金利も稼げます。何やら、米国が西側世界の中央銀行になったような話ですが、まあ、そう考えてもらって間違いはありません。こうして西側の国々は金に代えてドルを使うようになりました。ドルは一種の本位通貨になったわけです。ブレトンウッズ体制は「金ドル本位制」とも呼ばれるようになりました。

ブレトンウッズ体制は最初のうち良く機能しました。しかし、どんなシステムでも終わるときがきます。ブレトンウッズ体制にもそれが起こりました。それは、体制のスタートから二〇年ほど経ったころから、金本位制下でしばしば起こった取り付け騒ぎにも似たことが米国という国を相手に静かに進行し始めたからなのですが、その顚末を巡る話は後にしましょう。その前に、このブレトンウッズ体制を巡って行われていた議論と、この体制に日本がどう入って行ったかを紹介しておきたいと思います。そこには、現代の貨幣を考えるに当たって重要になる論点がさまざまなかたちで現れ出ているからです。

幻のバンコール

ブレトンウッズ体制の基本となる枠組みを書いたのは、米国財務長官の特別補佐官をしていたホワイトという人物です。会議は、米国の主導で進みました。第二次世界大戦中の米国は強力な陸海軍をヨーロッパと太平洋の両正面に展開する連合国の要であり、同時に膨大な武器や資材を供給する巨大な後方として大債権国にもなっていたからです。英国は、当時すでに大経済学者としての名声を確立していたケインズを立てて対抗しましたが、とてもかないませんでした。カネを借りている立場が弱いことは、市民生活でも国対国の世界でも変わりません。

とはいえ、さすがはケインズです。彼の提案は会議の場での議論にとどまらず、その後の国際通貨体制の発展にも大きな影響を及ぼしました。また、そればかりか、そもそも貨幣はなぜ貨幣になるのかという私たちの問題意識に、今でも重要な示唆を与えてくれるところがあります。そこで、もう少し丁寧に彼の提案を振り返っておきましょう。

ケインズが提案したのは、バンコールという各国の通貨当局の間だけで使用される決済手段を、国際清算同盟という新しい組織の下で作り出そうというものでした。バンコールは、金貨のように実物的な価値のあるモノに印をつけて作り出されるのではなく、また、銀行券のように金や国債などの財産性のあるものを払い込んで代わりに発行してもらうのでもなくて、国際清算同盟参加国の口座に一種の勘定処理だけで作り出してしまうという代物です。

こう説明すると、簿記の知識がある読者だったら、「そりゃ何だ」と怪訝に思うかもしれません。私たちの勘定処理の基本である複式簿記の世界では、借方への記帳があれば同額の貸方への記帳があり、貸方への記帳があれば借方への記帳が発生するはずだからです。でも、それだけのことだったら、各通貨当局はバンコールが振り込まれたら、それを借方つまり資産の部に計上し、あわせて貸方には国際清算同盟からの負債を同額だけ計上しておけば、帳簿上のつじつまは合わせることができます。実際、もしケインズの案が採用されていたら、国際清算同盟は各国の通貨当局にバンコールを貸与して、そうして貸与されたバンコールを各国の通貨当局が使用するという体裁になったはずでしょう。ですから、問題は帳簿上のことではなくて、そもそも決済手段す

パネル31：ケインズとホワイト

ブレトンウッズ会議は、英国代表のケインズと米国代表のハリー・ホワイト(Harry Dexter White、1892-1948)の両提案をめぐって展開した。ところで、そのホワイト自身は、ニューディール政策を支えるスタッフとして頭角を現したという背景からみてもケインズの影響を強く受けていたはずで、両者の人間関係は悪くなかったのではないかと思われる。写真は談笑するケインズとホワイトだが、向かって右のケインズの笑顔が印象的である。とはいえ、ホワイトは先輩ケインズの提案を現実論で退け、ドルをポンドに代わる世界唯一の基軸通貨にするという米国政府の方針を貫徹するのに成功したわけだが、その後の人生は不幸だった。ホワイトは単なる経済官僚としての仕事にとどまらず、1941年に日本が開戦に踏み切る最大の理由になったと言われる「ハル・ノート」の起草にも深くかかわるなど、外交や国防の面でも第2次世界大戦中の米国の政策立案に深く関与していたのだが、そうした関与の中で機密情報をソ連に渡していたとして告発されたからである。ちなみに、日米開戦前の彼の基本的なスタンスは、満州国国境におけるソ連との軍事緊張を緩和する方向に日本を説得ないし誘導して、対ナチス戦にソ連を集中させたいというところにあったようだから、その過程でソ連との接触があっても不思議はない。だが、それはホワイトが本当にソ連のスパイであったかどうかとは別問題だろう。ホワイトは議会の調査委員会（非米活動委員会）での証言の後、ニューハンプシャーにある彼の農場で心臓麻痺のため急死した。自殺説もあるが真相は明らかでない。なお、この文脈での彼の政策関与がどのようなものであったのかは、須藤眞志『ハル・ノートを書いた男』（文春新書）に詳しい。

なわち「通貨」を空中から作り出せるのかという点にあります。
ちなみに、ケインズの提案によれば、バンコールは、金や主要な国際商品にリンクして価値が決定され、国際収支の不均衡に対応して通貨当局が行うことになる決済に口座間振替で使用できることになっていました。要するに、バンコールとは、国際清算同盟という「世界の中央銀行」が貸し付ける帳簿上でのみ存在する「通貨」だということになります。そうした方法で通貨をいわば空中から作り出してしまうことはできるのでしょうか。

できるかと言えばできるのです。私たちがなぜ金を貨幣だと思うか、その理由を考えてみましょう。金が貨幣になったのは、少なくとも最初はそれが美しく光ったからです。第一章の物語の世界で宝貝が貨幣になった理由と同じです。しかし、やがて金は、それが金だから貨幣なのだとされるようになります。金という自然物に「貨幣になれ」という呪文をかけて貨幣にしてしまうようになったのです。でも、そうだったら、金ではなくて粘土板にだって紙にだって上手に呪文をかけさえすれば貨幣にできるはずです。そして、ここまで来れば、バンコールにもあと一息です。粘土板や紙に呪文をかけて貨幣を作り出せるのなら、空中に呪文をかけて貨幣を作り出すことも不可能ではなさそうだからです。問題はそうした空中から作った貨幣が人々に信用されるだろうかということです。

第一章の物語を思い出してください。粘土板の貨幣を使っていた島に船の人々がやって来て、島は粘土板の貨幣をあきらめました。でも、だから粘土板の貨幣の価値が消えてなくなるということは起きませんでした。なぜかというと、人々の手もとにある貨幣をきちんと実物的な価値のあるもの（物語では「パンの実」です）に交換できるようにしておけば、貨幣そのもののかたちが紙だろうと粘土板だろうと、最後に貨幣でなくなるその瞬間まで信用を維持し続けることができるはずだからです。実物的な価値へと最後には置き替われるはずだということが、貨幣の信用を支えていると言ってよいでしょう。問題は、そうした信用の基盤がバンコールにあるかどうかです。どうなのでしょうか。

私はあると思います。でも、それには多少の条件が必要です。なぜかと言うと、バンコールの価値は、制度に参加している通貨当局たちの財務健全性に依存しているからです。

バンコールという提案の核となっているのは、国際清算同盟に参加している通貨当局たちが持っているバンコールの合計が、通貨当局たちが国際清算同盟から借りているバンコールの総額に見合っているということです。ですから、どこかの通貨当局が途方もなく巨額のバンコールを借りてしまって、とても返せないというような状況にならない限り、バンコールは、その価値を信じてもらうことができます。逆に言えば、もしそうした「不心得者」が通貨当局の中に混じっていると、バンコールは危うくなります。対策が必要になるのです。

で、もちろんですが、ケインズは対策を考えています。彼の案では、国際収支の赤字を累積させた国と黒字を累積させた国の両方に「罰金」を課すという安全装置を設けてありました。ケインズの頭の中にあったのが、大戦前の平価切り下げ競争への反省なのか、あるいは他の連合国に対して巨額の貿易黒字を累積させ続けている米国への牽制なのか、そこは分かりません。しかし、国際収支の赤字というのは赤字国だけの責任ではなく黒字国の責任もあるのだという考え方は立派な見識でしょう。いずれにしても、国際清算同盟の中に、とても返せなくなるような赤字を累積させる国が生じないよう、それなりの予防策を考えたうえでケインズはこの提案をしているわけです。

しかし、気を付けてください。仕組みの中に安全装置を組み込んでおくということと、そうした安全装置がありさえすれば、仕組み全体を壊してしまうような問題が起こらないということは別のことです。安全装置は問題が起こる可能性を小さくしてくれますが、問題が起こったときの処理を保証してくれるものではありません。そのとき、バンコールはどうなるでしょうか。私は、それが怖いところだったろうと思っています。

この章の書き出しのところでも触れましたが、ブレトンウッズ体制は一九七一年の夏にリチャード・ニクソンという一人の男の決定であっさりと崩壊してしまいました。ブレトンウッズ体制の悪いところはドルを基軸通貨に据えることで、体制全体の運命が米国の大統領一人に握られてしまうところにあります。それは確かにブレトンウッズ体制の悪いところです。

でも、それは良いところでもあるのです。ブレトンウッズ体制とは、米国はドルと金との価値の維持に責任を持ち、他の国は自国通貨とドルとの価値の維持に責任を持つという意味で、権限と責任が明確なシステムです。米国はブレトンウッズ体制という列車の非常停止ボタンを押す権限を持ち、他の国は列車から降りる権利を持っているわけです。これに対して、ケインズの国際清算同盟は、世界中がバンコールの価値の維持に責任を持つという意味で、共同決定と共同責任のシステムです。どちらが優れているでしょうか。

私は、世の中には「不心得者」がいるものだという前提で考える限りは、前者の方が良いと思います。

共同決定のシステムは美しいのですが、一つ間違えると誰も責任を取らず誰も決定を下せないシステムになりがちです。そうなったシステムは埋め込まれた安全装置だけでは問題を処理しきれずに、いつまでも「動く死人」のようになって存続し続けてしまうことになります。誰かが幕を引くべきなのに誰も幕を引く権限がない「動く死人」化したシステム、それがもたらす問題がどれほど大きいかは、いわゆるバブル崩壊後の金融システム問題として、私たち日本人はいやというほど経験しています。それでも、日本は一つの国としてのまとまりだけは失わなかったので、金融制度そのものが崩壊してしまうまでには至りませんでした。しかし、同じことが、民族や人種あるいは宗教という壁を持つ現代の世界で生じたら、もっと悲惨なことになっていたかもしれません。私は、ケインズの提案が通らなかったことは、その後の世界のためにも、そして大経済学者ケインズの名誉のためにも、良かったのではないかと思っています。

話を戻しましょう。ブレトンウッズ会議の結果から言えば、ケインズの提案は実現しませんでした。そうして世界は、ドルを中心にした固定相場制の時代に入っていきます。

黄金の六〇年代

第二次世界大戦後の世界は東西の緊張で始まりました。一九四八年六月、ドイツ西部の米国・英国・フランス三カ国占領地域と、ドイツ東部のソ連占領地域とで別々に新しい「ドイツ・マルク」が導入されました。これを機にソ連が西ベルリン封鎖を実施、ヨーロッパでの東西対立が決定的となります。そして一九五〇年には、地球のほぼ反対側、朝鮮半島で戦争が始まります。もっとも、この戦争は第二次大戦後の経済不振に悩んでいた西側諸国の経済には、絶好のカンフル剤になった面もあったようです。米国はこの年に八％を超える成長を記録しました。朝鮮戦争は一九五三年に停戦となりますが、その後の短い調整期が終わった一九五〇年代の後半からは、西側諸国は成長の時代に入っていきます。

一九六〇年代の米国は繁栄の時代でした。一九六〇年の大統領選挙で共和党のニクソンを僅差で破った民主党のジョン・F・ケネディは、一九六〇年代のうちに人類を月に送るというアポロ計画を発表しました。この計画が一九六九年七月に本当に実現してしまったことはご存じのとおりです。経済的には、米国経済は通算一〇六カ月すなわち九年間に近い連続景気拡大を記録し、「黄金の六〇年代」と呼ばれるほどの繁栄を達成したのです。そして、西側諸国もおおむね経済の好調が続きました。そして、こうした繁栄はケインズとその後継者たちの経済計画の勝利であるとされました。

ケインズは第二次大戦後間もなく一九四六年に亡くなっていたわけですが、彼が戦前に展開していた議論には、物価が下がり続け金利もゼロに近いゾーンに張り付いてしまう大不況期のような状況では、失業が所得の減少を招き所得の減少がさらなる失業を起こすという悪循環が生じてしまう、だから、そうした悪循環をともかくも断ち切る必要があり、それには政府による需要創出すなわち財政出動が有効だというメッセージが込められています。

ケインジアンつまりケインズの後継者を自ら任じる人たちは、このようなケインズの議論を踏まえたうえで、財政の活動が経済の好不況に影響するのなら、大不況のような状況に陥ってから頑張るのではなくて、普段から財政を使って経済活動を押したり引いたりしたらどうだと言い出したのです。そうした裁量的な財政政策を掲げた政府の下で米国経済は発展を続けたものですから、世はケインジアンの時代になりました。ケインジアンの議論は「ケインズ経済学」とも呼ばれ、それが経済政策論の世界標準になりました。読者の中にもＩＳ曲線とかＬＭ曲線というような話を大学の講義などで聞いた経験を持っている方がいると思います。あれが、「ケインズ経済学」です。

ここで、少し意地の悪いコメントをしておくと、ケインズ経済学が黄金の六〇年代を作ったかどうかは、論証も反証もできません。日本や西ドイツのように、ほぼ同じ時期に黄金どころか奇跡とも呼ばれた高度成長を達成した国もあったからです。ちなみに、当時の日本は、ケインズ経済学が教える裁量的財政運営を自由に行えるような事情にはありませんでした。ブレトンウッズ体制の下では、自由に経済政策を運営できるのは「拝むだけの御本尊様」である金に通貨価値を結び付けている米国だけで、他の国は世界中を動き回る国際通貨ドルに自国通貨の価値を結び付けています。したがって、ケインジアンたちがいくら熱心に財政政策の有効性を説いてくれても、そうそうは自由に動けなかったのです。

日本のことはこの後で説明をしますが、要するに当時の日本はケインジアンたちの教えとは正反対の財政均衡主義の下で米国を上回る成長に成功しました。ただ、それは「奇跡の結果」であるとされました。ケインジアンの教えに沿って成功した米国の事例は「理論の帰結」であるとされました。理屈と膏薬は何にでも付くと言いますが、経済学的な説明も何にでも付くのかもしれません。経済学の理論とりわけ大学の教壇で正しいと教えられる理論には多かれ少なかれ、こうしたところがあります。でも、あんまりそんなことを言い始めると、私の立場も苦しくなるので、意地悪はほどほどにしておきましょう。

奇跡の結果か理論の帰結かは別としても、この時代の米国が繁栄したことは事実です。米国の製品は世界で歓迎され、大規模で機械化された農場から生み出される農産物も圧倒的な競争力を示しました。しかし、それは別の心配も呼びました。繁栄する国の通貨を基軸通貨とする体制の矛盾を指摘する声が上がったからです。

問題を指摘したのは、ロバート・トリフィンという経済学者です。彼が展開した議論は、ドルを基軸通貨とする国際通貨体制でドルが基軸であり続けるためには、そのドルの価値を信じてもらわなければならない。しかし、基軸通貨であるドルを国際決済に使うためには十分なドルが世界に供給されなければならず、そのためには米国の国際収支は赤字である必要がある。だが、米国の国際収支の赤字が続けば、人々はドルを信用しなくなるだろう。すなわち、ブレトンウッズ体制には構造的な矛盾がある、というものでした。まことに分かりやすい議論で、この議論は「トリフィン・ジレンマ」と呼ばれ一世を風靡します。

また、こうした理論的な問題とは別に、現実のブレトンウッズ体制自体にも、さまざまな軋みが生じていました。黄金の六〇年代は米国にとっては繁栄の時代だったわけですが、それはかつての世界帝国だった英国の退場の時代でもあったからです。大戦で累積していた巨額のポンド債務を支払うに足る財政基盤がないとみなされた英国は、しばしば激しいポンド売りの対象となりました。このため、体制発足時には一ポンド＝四・〇三ドルで出発したポンドは、一九四九年と一九六七年に大幅な平価変更に追い込まれ、ついには「一ポンド＝二・四ドル」まで切り下げられました。ちなみに、ブレトンウッズ体制では、各国は「一ドル＝三六〇円」というようにドル当たり自国通貨で為替レートを表示するのが原則なのですが、英国だけは例外的に自国通貨当たりドルで表示することになっていました。つまり「ポンドはドルより偉い」ことになっていたわけですが、繰り返されたポンド危機の根源には、こうした体面重視の平価設定があだになっていた面もあったように思います。

もっとも、基軸国米国への信認だって常に盤石だったわけではありません。物価上昇圧力が強くなったり、財政収支に悪化の兆しが見えたりすると、それは自由金市場価格での金買い圧力となって現れました（貨幣用でないという建前で金属としての金を売買する市場を自由金市場といいます、最大のものはロンドンにありました）。このため、一九六一年には西側主要国が共同して「金プール」という紳士協定を結び、金市場に介入して「金一トロイオンス＝三五ドル」を維持することとなりましたが、やってみると運営は四苦八苦でした。金プールはキューバ危機などでの金価格上昇圧力を抑えるのには貢献できましたが、一九六七年の第三次中東戦争から始まる一連の通貨危機で二七億ドル（約二三〇〇トン）もの保有金を失い、一九六八年には解体を余儀なくされます。それ以降、金は、公的当局間の金価格と市場価格とが分裂する二重価格時代に入

パネル32：ブレトンウッズ体制の舞台裏

ブレトンウッズ体制という固定相場体制を支えるためには、体制を支える主要国の協力が不可欠だった。1960年代には半ば年中行事化した感さえあったポンド危機に対処するためには、時間のかかるIMFや世界銀行などでの議論を待たず、西側主要国の通貨当局が一致して迅速に行動する必要があったからである。こうした当局間の交渉の場を主に提供していたのが、スイスのバーゼルにあるBISすなわち国際決済銀行(Bank for International Settlements）である。BISは第1次大戦後のドイツ賠償金の受払い機関として発足したのだが、第2次大戦中の行動がドイツ寄りであったとしてブレトンウッズ会議では廃止の方向さえも決まっていた。しかし、米国による対ヨーロッパ復興援助プロジェクト(マーシャル・プラン）が始まると、その支払い管理機関としてしぶとく生き延び、1960年代になると、誰それが主宰した会議かということに口うるさい通貨当局間の実質的協議の場として重宝されるようになっていった。BISは、設立を主導した各国中央銀行を出資者とする民間株式会社に近い組織形態をとっていたが、そうした公なのか民なのか良く分からない曖昧な性格が幸いしたともいえる。日本は第1次大戦後の設立時には理事国として参加していたが、第2次大戦後のサンフランシスコ平和条約で失権し、その後1970年に正式に再加盟して現在に至っている。民間銀行の自己資本比率に関する銀行監督当局間の国際合意を「BIS規制」などと呼ぶことがあるが、こうした当局間合意とBISとのかかわりは、建前上は、「BISに会議室を準備してもらったりホテルを予約してもらったりして開いた会議での合意」という程度であることが多い。BISがバーゼルに置かれたのは、永世中立国スイスのフランス・ドイツとの国境に所在し、フランス国鉄とドイツ国鉄も発着駅を持つヨーロッパにおける鉄道要衝の地だったことが理由だったらしい。写真は現在のバーゼル中央駅の風景。

っていきますが、それはやがて来るブレトンウッズ体制崩壊の前触れでもありました。米国は、だんだんに弱くなってきていたのです。

トリフィンの宿題に戻りましょう。彼の問題意識が一世を風靡したといっても、それは経済学者と経済通の政治家や行政官の間だけで、一般の人は超大国米国の通貨ドルの価値を信じていたのですが、それでも政策担当者の間の共通の問題意識になっただけのことはありました。トリフィンのクイズに答えるべく、そして弱くなってきた米国のドルを補うべく、新しい制度が導入されたからです。それがＳＤＲです。

不思議の国のＳＤＲ

ＳＤＲは、トリフィンの指摘した国際流動性不足問題、すなわち黒字国通貨を基軸通貨にしたときに起こる問題に対処するために一九六九年に導入された「貨幣のようなもの」です。わざわざ「貨幣のようなもの」などという嫌味な言い方をしたのは、ＳＤＲの性格が何なのかを説明するのは簡単ではないからです。そして、それが何なのかを簡単に説明できないような仕組みは、どこかに問題や弱点があることが多いものです。ＳＤＲもそうです。ここでは、そのことを考えたいと思います。

ＳＤＲというアイディアの源泉をたどると、直接的にはトリフィンが指摘したジレンマ問題への解答を与えようという努力に行き当たるのですが、もっと前までたどればケインズのバンコール構想に行き着きます。

しかし、ＳＤＲとバンコールの間には決定的とも言える違いがあります。ＳＤＲを管理しているのはＩＭＦつまり国際通貨基金という国際機関ですが、ＳＤＲはこのＩＭＦに参加している国の口座にいきなり振り込まれるものだからです。「いきなり」と言ったのは、「予告なく」という意味ではなくて「対価を払い込むことなく」という意味です。ここが重要な点です。

すでに説明したところですが、ケインズのバンコールには「いきなり振り込む」という発想はありません。バンコールは各国の通貨当局に対する「貸与」の一種として作り出されるもので、その限りでは無対価で配分されるものではないからです。配分されたバンコールは他の通貨当局との間の決済に使うことができますが、いずれは国際収支を黒字化させて過去に使ったバンコールを取り戻し、国際清算同盟に返済するのが筋です。また、そうせざるを得なくするために、国際収支における赤字累積だけでなく黒字の累積にさえも罰金を設けるというのがケインズのアイディアです。優れた発想だと思います。こうした仕組みが有効に機能してくれれば、作り出したバンコールが際限なく世界を漂ってしまうことはないはずだとケインズは考えていたのでしょう。私は、それでもケインズは楽観的過ぎる、そうした前提を加盟国が守らなかったときにはどうするのかと思っているわけですが、ＳＤＲという仕組みはさらに甘い前提で作られています。それは、いったん配分されたＳＤＲは使うことができて、しかも使った分を清算する必要がないからです。バンコールとＳＤＲとでは、それが作り出した者のところに戻って来ることを予定して作られているかいないか、そこに大きな違いがあるわけです。バンコールは帰って来ることを予定して作り出されるわけですが、ＳＤＲは違います。ＳＤＲは、いったん作り出されれば、制度が終わる日まで世界を漂い続けることになります。

ＩＭＦの説明によれば、ＳＤＲは、①通貨でなく、②ＩＭＦに対する請求権でもなく、③他のＩＭＦ加盟国に対してその国の通貨をＳＤＲと交換するよう求める権利だ、ということになっているようです。ＳＤＲは円やドルのような貨幣ではないし、ＩＭＦに対してＳＤＲを渡すから何かを下さいと求める権利でもないが、たとえば米国に対して自分が配分を受けたＳＤＲを渡すからドルを下さいと求めることはできる、そういう権利だというわけです。なんだかキツネにつままれたような気分がするかもしれませんが、これ自体は間違った論理ではありません。ＳＤＲを使ってドルや円を手に入れれば、それは貿易にも為替市場への介入にも使えるからです。要するに、ＳＤＲというのは、他の通貨当局に対してＳＤＲとして受け取ってもらえるから価値があるということになります。他の人が価値あるものとして受け取ってくれることを経済学者は「一般的受容性」といい、これを貨幣の特質であると説明しますが、ＳＤＲとはその一般的受容性という側面だけを取り出して作り出した貨幣なのです。普通の貨幣が「一般」というときは、その貨幣を提供している国の範囲内で一般に受容されるという意味なのですが、ＳＤＲは世界の通貨当局間で一般に受容されるという意味での「一般」だということだけが違いです。ちなみに、ＳＤＲの価値は「一ＳＤＲ＝金〇・八八八六七一グラム」と定められました。これは一ドルの価値と同じです（その後、価値決定方式は主要通貨加重平均方式に改められて今に至っています）。

ところで、こう説明をすると、何かを連想しないでしょうか。そう、ＳＤＲの価値とは「バブル」の一種なのです。経済学では、財や資産を見て触って使って得られる実体的な価値を超えて、他の人に渡せば対価を得られるはずだという期待から生じる割り増し分の価値のことをバブルといいます。日本は一九八〇年代に不動産価値にバブルが生じるという経験をしました。不動産を使って得られる価値をはるかに超えて不動産の価格が上昇するということは分かっていそうなったかというと、不動産の価格が実体的な価値に比べて高過ぎるということは分かっているが、とりあえず他の人が高い価格で引き取ってくれる、高い価格で引き取った人はまた別の人にもっと高い価格で引き取ってもらえばよいと思っていたからです。そうした期待の連鎖が作り出した割り増し分の価値のことをバブルと呼んでいるわけです。

ＳＤＲは完全な空中から「仮想の黄金」のように作り出され、それは「仮想」のものですから実体的な価値は皆無なのですが、でも、他国の通貨当局が受け取ってくれるだろうという期待が拠り所となって価値が維持されています。ですから、ＳＤＲの価値はバブルの一種なのです。ＳＤＲのすごいところは、不動産価値には多かれ少なかれバブルでない部分つまり実体的な価値の部分があるわけですが、ＳＤＲには実体的な部分がまったくない。全体が、他の通貨当局に受け取ってもらえるという意味でのバブル価値だけでできているというところにあります。まさに、芸術的バブルです。大したものを作り出したものだと思います。

誤解しないで欲しいのは、私はＳＤＲの価値を連鎖的期待のみに依存する価値だという意味でバブルの一種だと言っているわけですが、だからといってＳＤＲは不正なものだなどと主張したいのではありません。バブル的な価値を否定し始めたら、金の価値だって否定せずに済ませられるかどうか怪しいものです。金は、美しく光ってくれるし、錆びずに電気をよく通すので半導体回路のメッキ材料としても貴重です。ですから金には実体的な価値があります。でも、それが金塊の値段の全部かと問われたら答をためらうでしょう。金塊の値段には、間違いなくバブルの要素があるのです。虚栄あるいは虚飾があると言っても良いでしょう。ですから、問題は、価値がバブル的なものかどうかではなく、その価値を貨幣として使っても世の中に迷惑をかけないだけの安定性があるかどうか、あるいは、問題が生じたときに誰もが他人のせいにするという意味での集団無責任に陥ってしまわないかどうかです。

想像をすると、SDRという仕組みを考えた人たちは（その頃ですから「バブル」という言葉こそ使わなかったでしょうが）、こうした期待の連鎖で価値を作り出すことの危うさは分かっていたと思います。でも、同時に、美しく輝く金の価値だって期待の連鎖に支えられているという点では同じだとも考えたのではないでしょうか。そうすると、後は、思考のスタイルの問題です。要するに、「貨幣のようなもの」を作り出そうとするとき、通貨当局と通貨当局とが文書で取り交わした約束で支えられる期待の連鎖に頼りたいか、それとも世の中の人が互いに価値があると信じているということで支えられる期待の連鎖に頼りたいか、それが決断の分岐点だったのだろうと思います。私は後者なのですが、それは期待の連鎖が壊れたとき、つまりはバブルが崩壊したときに、バブルを信じていた人たちに自分の責任だと言ってあきらめてもらいやすいだろうと思うからです。どちらのバブルが壊れやすいかということで言っているのではありません。

SDRの価値は作り出されてから四〇年以上、まだまだ崩壊せずに維持されています。でも、それが永遠に続くという保証はありません。

二〇〇九年三月に中国人民銀行の周小川行長はSDRの機能を強化してドルに代わる基軸通貨に育てるという提案をして世界の話題をさらいました。SDRの役割を通貨当局間に限定せずに、もっと広げようというのです。彼の提案が世界に受け入れられたわけではありませんが、そうした提案が注目を集めたということ自体、ブレトンウッズ会議から六〇年以上も経ち、最近では制度疲労も目立ってきたドルに代わる国際通貨を待望する人たちの期待がSDRに集まりつつある証拠のようにも思えます。

でも、私は慎重に考えた方が良いと思っています。SDRは通貨当局の間でしか使えないという意味では、一種の「不思議の国の通貨」です。そして、それが分かっている人たちだけが、麻雀の点棒を数えるように使っている間はよいのです。でも点棒を雀荘の外に持ち出して大丈夫なのでしょうか。SDRを普通の通貨のように野に放てば、経済学者たちが「信用創造」とも呼んでいる貸し借りの連鎖の中でどんどん増殖していくかもしれません。そして、やがては「あとから考えてみれば、これはおかしいと考えるのがあたりまえなのに、そのときは、ごくなんでもないことのように思えた」(ルイス・キャロル『ふしぎの国のアリス』田中俊夫訳・岩波少年文庫)という具合に、SDRが作り出す「不思議の国」に知らず知らずに入り込んでしまったことを後悔する、そういう日が来ないとも限らないように思います。

SDRは導入以来、何度かにわたって配分され、さらには利子も付加されましたので、その世界全体での累積総額は二〇〇九年九月現在で三〇兆円に上っています。日本銀行が発行している銀行券の総額が約七六兆円ですから、それと比較すれば巨額過ぎて手の出しようもないというほ

パネル33：IMFとSDR

SDRとはSpecial Drawing Rights（特別引出権）の略である。SDRのアイディアは、トリフィン（Robert Triffin、1911-1993）の提案によるものと説明されることが多いが、彼の代表作『金とドルの危機』（1960年）などを読む限りでは、そこで提唱されているのは、国際決済機関の与信行為によって国際流動性を作り出すべきだというプランであり、要するにケインズの「バンコール」プランの発展形である。それが、なぜSDRのような「仮想の黄金」プランにすり替わったかについては、SDRの具体化を検討した1965年の『オッソラ委員会報告書』などにも明確な記載がないが、推測するに、「借りてきた外貨準備を持っていても投機筋の思惑を封じられない、借りてきたことにならない外貨準備が必要だ」という通貨当局者の気分が背景にあったように思われる。これを、当時の国際金融界で大きな影響力のあったオーストリア学派の経済学者フリッツ・マハループ（Fritz Machlup、1902-1983、写真）は、「借りたドレスではなく所有するドレスが衣装ダンスの中で増え続けないと満足しない自分の妻のようだ」と評している。これを「マハループ夫人の衣装ダンス理論」という。とはいえ、日本を含めて多くの通貨当局は、配分によって入手したSDRを「所有」しているとまでは割り切ってはいないようで、たとえば日本の「外国為替資金特別会計」（財務省管理下の特別会計）をみると、無償で手に入れたSDR累計額を「特別引出権純累積配分額」という「負債」として認識し資本には繰り入れていない。これは見識と言うべきだろう。最近のIMFは、国際収支危機に陥った国への資金援助そのものよりは、そうした国への政策運営助言で存在感を示すことが多いが、その結果については批判もある。ただ、これだけ多額のSDRの「胴元」にIMFがなっている以上、IMFを簡単に清算などできっこないことだけは確かである。

どの金額ではありません。でも、この仕組みをやめてしまおうとするとき、あるいはIMFという国際機関の性格を変えようとするとき、そのときになかったことにすれば済むというほどの金額ではなくなっています。これ以上にSDRを増やすことや、通用範囲を広げることに私は賛成できません。

SDRについての議論は、この位にしておきましょう。次は、第二次世界大戦後の日本がこうした通貨と国際経済の世界にどう戻って来たかをみておきたいと思います。

日本は奇跡だったか

一九四五年八月一五日は日本中が茫然自失した日でした。一九三七年に始まった日中戦争とそれに続く第二次世界大戦での敗戦で、日本は膨大な人命と富を失いました。その日本を襲ったのが飢餓とインフレです。日本の物価水準は、インフレがほぼ終息したとされる一九五〇年までに、日中戦争開始前に比して大きく上昇しました。戦後間もない一九四八年に『暮しの手帖』を創刊して、苦しかった庶民生活に希望の灯をともし続けた花森安治の詩に、「見よぼくら一銭五厘の旗」というのがあります。一銭五厘というのは戦前の郵便はがき料金のことなのですが、その郵便はがき料金が一九五一年に五円になっています。三〇〇倍強です。あるいは、東京都の銭湯の料金は六銭から一〇円、約一五〇倍になっています。物の値段が何百倍何千倍にも上昇するような激しいインフレの中では、なかなか客観的な物価上昇率は計算しにくいのですが、こうした身近な料金の動きを見ると、おおよその動きは分かると思います。

しかし、そうしてみると、この時期の日本のインフレは、たとえば第一次世界大戦後のドイツを襲ったインフレとは相当に違うものだという気がしてくるのではないでしょうか。

第一次大戦後のドイツの物価は、一九二二年ごろまでに戦前の約二〇〇〇倍になっています。それが、さらに上げ足を速めたのは一九二三年になってからで、この年の秋までの一年弱で数億倍になるほどの勢いで上昇することになります。要するに第二次大戦後の日本は一〇年強の間に一〇の二乗倍で測るほどの物価上昇だったのに対して、第一次大戦後のドイツは一〇年弱で一〇の三乗倍ほどになった後、最後の一年弱で一〇の八乗倍以上の勢いで上昇したことになります。ドイツにおけるこの最後の段階は、もはや「物価上昇」というよりは「貨幣崩壊」と言った方が良さそうです。これが「ハイパーインフレ」です。そうしたドイツのインフレと比べれば、日本の戦後インフレは、「激しいインフレ」には違いありませんが、「ハイパー」とか「貨幣崩壊」というようなものとは、その性質や原因が違うように思います。

日本の戦後インフレの原因については、いろいろな見方があるのですが、戦争で産業基盤が破壊され、とりわけ壊滅的ともいえる船舶被害から生産活動が極端に落ち込んだ状態にあったところ、戦争中は「お国のために」ということで預貯金や国債に凍結されていた金融資産がいっせいに生活財需要に向かったからだ、という解釈が最も当たっていると思います。第一次大戦後のドイツのように政府や通貨への信認が一挙に崩壊したというようなものではありません。実際、敗戦後数年間の日本の物価の動きをみると、預金封鎖とか財産税あるいは傾斜生産というような政府の施策に反応して、上昇率を高めたり鈍化させたりを繰り返しています。こうしたことは、貨幣崩壊とかハイパーインフレという文脈では説明できません。

とはいえ、当時の日本の状況も甘く見るべきものではありませんでした。早くオカネをモノに換えておこう、そうしなければ明日の状況はもっと悪くなると人々が思い始めると、物価の上昇はなかなか止まらなくなるからです。それがどこまでも続けば、このとき日本もハイパーインフレの淵に落ちていたかもしれません。

しかし、日本は危うく踏みとどまりました。踏みとどまれた理由は、よく分かりません。普通に語られているのは、米国が占領政策を転換し、日本を早急に経済的に立ち直らせて西側陣営に加入させようと考え、一九四九年にジョセフ・ドッジという人物を来日させ、彼の主導の下に一挙に財政と通貨の緊縮を行わせたからだという説です。このドッジが主導した施策を「ドッジ・ライン」というのですが、この説にはやや疑問があります。ドッジ来日よりも前、一九四八年に入ると日本の物価情勢には明らかに変化がみえ始め、ヤミ価格と統制価格の逆転すら一部の物資では生じ始めていたからです。日本が危ういところで立ち直れた理由の大半は当時の日本人の懸命の努力だったのではないでしょうか。でも、それは、この段階ではごく弱いものでした。ですから、そうした状況が変わらないままでドッジの言うとおりの政策が強行されていたら、それは彼の意図とは逆に、復活し始めた産業活動を逼塞させ、弱っていた財政基盤を破壊することで、もっと大きな混乱に日本を突き落としていたかもしれません。

余談ですが、ドッジの持ち込んだ政策は、今日の通貨危機国に対してＩＭＦが付ける条件や助言と良く似ています。風邪をひいて熱を出している患者に、風邪をひくのは普段から身体を鍛えていないからだ、今すぐランニングと冷水摩擦に取り組みなさいというのに似ている、そういう意味で似ているのです。ランニングや冷水摩擦は健康に良いのでしょうが、時と場合を選ばなければ風邪を肺炎に変えてしまうかもしれません。一九九七年のアジア通貨危機において、ＩＭＦは韓国では成功しました。でも、一九四九年の日本が一九九七年の韓国と同じだったとは私には思えません。当時の日本は、もっと弱々しく危うかったはずです。現代の世界を見渡しても、ＩＭＦが成功した韓国はむしろ例外で、助言の結果として状況がかえって悪くなったのではないかとすら思われる国も多いのです。ただ、日本は幸運でした。結果として復活できたからです。日本にとっての幸運をもたらしたのは、ドッジの慧眼というよりは、一九五〇年六月に朝鮮半島で起こった戦争でした。

朝鮮戦争の「特需」は、ドッジ・ラインがもたらした「安定恐慌」と呼ばれた不況に苦しんでいた日本の産業を救うことになります。でも、問題は停戦が成立した一九五三年に再発します。この年、停戦成立よりも前でしたが、ソ連のスターリン死去の報が伝わると、それだけで東京の株式市場は大暴落を演じます。これは「スターリン暴落」とも呼ばれましたが、こうした暴落が生じたこと自体、当時の日本の置かれていた苦しい状況を示しています。このとき、多くの日本人は、「特需」の喪失による経済の再転落を予想していたのでしょう。ところが、それは起こりませんでした。朝鮮戦争停戦後の調整過程が一巡した一九五五年ころから、日本経済は今度こそ力強い成長過程に入ります。この成長は一九七〇年ごろまで続き、その間の年平均成長率は一〇％近くを記録しました。後に奇跡とも呼ばれるようになる「高度成長」が始まったのです。一九五六年の経済白書には「もはや戦後ではない」という言葉が登場しています。よく状況をとらえた言葉だと思います。

高度成長がなぜ起こったのか、それが「奇跡」と呼ぶようなものなのかについては多くの意見があります。考えられる原因を整理しておきましょう。

原因の第一としては、戦争による日本の産業基盤の破壊は「焼け野原」と言われる写真が物語るほど決定的なものではなかったことがあげられるでしょう。私たちは敗戦後の「焼け野原」の写真を見て戦争がすべてを破壊したと思いがちですが、統計資料などからみる限りでは、敗戦時に日本の生産能力が破壊されていた分野は民生財生産設備に片寄っていて、金属や工作機械などの資本財生産設備についてはむしろ増加していることが分かります。民生財生産設備の破壊が深刻な戦後の飢餓的状況を生み出したわけですが、空襲などに対して優先的に疎開保護されていた資本財生産設備は被害をあまり受けていないのです。戦後日本の飢餓状態は、戦時空襲下における民生財生産設備に対する保護の不足と、海国日本を支えた商船隊の壊滅によるものだったようです。したがって、そうした状況が多少とも改善されれば日本が成長軌道に乗れる条件はあったのではないでしょうか。日本の高度成長は空中から魔法のように生まれたものではなく、戦時下の耐乏と倹約がもたらした蓄積から生みだされた面があるように思えます。

原因の第二は、一九五〇年に始まる世界的な好景気です。私たちは日本の高度成長という現象を特別なものとみがちですが、第二次大戦を通じて世界を圧倒する経済力を持つに至った米国ですらも、戦争が終結した一九四五年以降の数年間は不景気に苦しみます。その米国が成長軌道に

パネル34：戦争経済の遺産

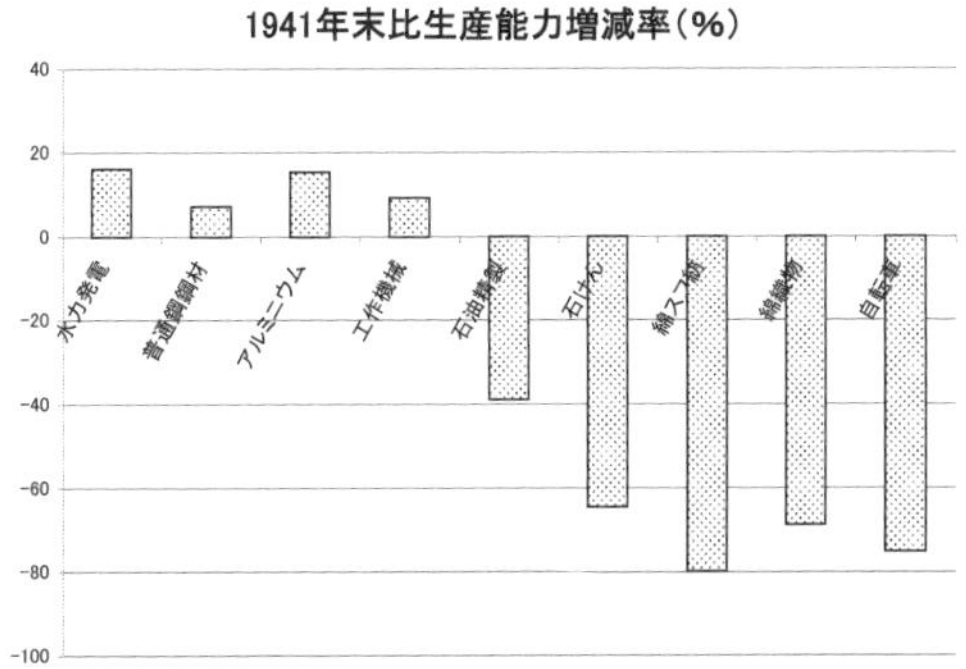

戦後日本を代表するエコノミストとして知られる香西泰は、著書『円の戦後史』（日本放送出版協会『NHK 人間大学』シリーズ）において、「……日本は戦争によって……国富の四分の一を失った。その内訳を見ると、船舶の八〇％が海の藻屑と消え、都市住宅の三三％が灰燼と帰した。……これに比べると一般の生産設備は、多くが戦後に持ち越された」と書いている。上は同書に掲載の表をグラフにしたものであるが（原データは1949年の経済安定本部の『太平洋戦争における我国被害綜合報告書』からとなっている）、民生用資材生産設備の壊滅的とも言える被害に対する資本財生産設備の増加には、改めて目を見張らせるものがある。また、香西は、こうした実物的な資本動向だけではなく、戦時中の動員で多くの人が近代機械工業の生産作業に従事する経験を持ったことをあげ、そうした過程で蓄積された熟練がいわゆる人的資本として戦後の復興に貢献した可能性をも指摘している。戦争は人々の中にも多くを残したのである。戦時の日本の日常に関する記録などを読むと、1945年3月10日未明に東京を火の海にした東京大空襲の翌朝ですら、省線や私鉄の路線の多くは止まらずに運行していたことが分かる。家を焼かれ肉親を失いながら職場を守り続ける人々の精神もまた、あの戦争の遺産だったと言えよう。

乗るのは、日本と同じ一九五〇年です。この年、米国はいきなり九％近い成長を示し、朝鮮戦争休戦後の一九五四年には小幅なマイナス成長に落ち込みます。そして、黄金の一九六〇年代に向けて成長のプロセスに入っていくわけですが、こうして比べてみると、日本の高度成長は世界とりわけ米国経済の好調に同期して起こっているのだということが分かるでしょう。この当時、「米国がクシャミをすると世界が風邪をひく、日本は肺炎になる」などと言われていましたが、要するに日本の高度成長は一九五〇年代の半ばから一九六〇年代を通じる世界的な高成長の中で生じた現象でもあるわけです。もちろん、そうした世界的高成長の波に、アジアの中では日本だけが乗れたことは事実ですが、しかし、それを「奇跡」とまで言うのは、ちょっと乱暴過ぎるような気がします。

　そして、原因の第三かもしれないと思われるのが「リセット」です。第一次大戦後のドイツがレンテンマルクという奇手でハイパーインフレを克服した後、いきなり「ワイマールの黄金の日々」を迎えたということは前に書きましたが、ことの良し悪しは別にして、激しいインフレにはそういうところがあります。第二次大戦後日本のインフレと第一次大戦後ドイツのハイパーインフレは原因が違うと私は思っているわけですが、それが社会にもたらす効果という点では、それほど大きな差はありません。資産残高何百億円というような人でもないかぎり、貨幣価値が一兆分の一になるのと数百分の一になるのとで、受ける打撃にあまり違いがないからです。こうしたインフレの後では、過去に蓄えてきた金融資産がほぼ無価値になってしまうので、人々は「リセット」させられ出直しを迫られてしまいます。とりわけ日中戦争以降の日本は、いわゆる

「非常時」ということで、多くの人が預金や国債に資産を封じ込めていましたから、「金融資産総リセット」の効果は大きかったと思います。過去の蓄えを失った日本人は、とりあえず使えるものを動員して生き抜くために最大限の努力をすることになります。そして、日本が幸運だったのは、やむを得ず踏み切った「リセット」が、世界全体で起こった大成長に同期していたことにもあったように思います。大成長の時代には、そうした成長のフェーズに向いた人が経済の舵を握り、投資を仕切った方がうまく行きます。「金融資産総リセット」は、突然に訪れた新しい時代に向いた人たちへの選手交代を社会のあらゆるレベルで促すものともなったのです。

ただ、ここで付け加えておきたいことがあります。それは、こうした「リセット」というのは、人為的に起こすべきではない、政策的な都合で乱発すべきではないということです。そんなことを言うのは、現在のような経済の閉塞状況が続き格差が固定化してくると、金融資産総リセットへの願望が、たとえば「調整インフレ論」というような政策提案のかたちを借りて浮上する、そうした危険性を感じてしまうからです。

一般的に言えば、「リセット」が普通に予想されるような状況では、人々は蓄積とか投資とかに対して消極的になります。今日の贅沢を我慢して明日に備えても、そうした備えが徳政令のようなやり方で「リセット」されてしまえば、今日の我慢が無駄になるからです。第二章で人類経済の成長が始まったのは所有権の確立に関係がありそうだということを書きました。所有権の確立ということは、人々が蓄えた富に対して安易にリセットをしないということです。「リセットをしない」という信頼があることは、豊かな明日に到達するために大事なことなのです。

でも、それは「普通のとき」の話です。「非常のとき」は別の原理が支配するでしょう。要するに、持てる資産が煙のように消えてしまっても、これは自分たちのせいだ、明日から出直して頑張ろうと皆が思えるような事情があるときには、「金融資産総リセット」が次の出発についての合意になることもあり得るわけです。たぶん、この時代の日本はそうだったのでしょう。当時の日本人は第二次世界大戦の結果を自身の責任として受け止め、「一億総懺悔」とも言われた精神状態にありました。そうした状況では「リセット」は有効な再出発の契機になります。

反対に、経済がうまくいかないのは、政治がいかんからだ、官僚がいかんからだ、若者が軟弱だからだ、挙句の果てには自分以外の全員がいかんからだというような責任転嫁の雰囲気が蔓延しているような国では、「リセット」は国の最後の基盤を破壊する自殺行為になりかねません。私はインフレそれ自体が悪だとは思っていませんし、インフレによる実質債務負担の軽減待望論に意味がないとも思っていません（そうした考え方を「調整インフレ論」と言うわけです）。でも、最初から「リセット」つまり調整インフレを目論むような通貨当局は、計画倒産を企むインチキ経営者と同じようなもので、どんな文脈でも信認の対象にはならないのです。中世なら徳政令もありだったかも知れませんが、現代ではそうはいかないのです。

高度成長の話はこの位にして、この時代の日本の話をもう一つさせてください。それは、日本がブレトンウッズ体制に参加するときに決めた「一ドル＝三六〇円」という為替レート自体が作り出した物語です。

パネル35：焼け跡と一銭五厘の旗

第2次大戦後の市街地の光景など（写真は空襲後の東京市街地。日本橋上空から隅田川・本所方面を写したもの）を見ると、戦略爆撃のもたらした破壊の凄さに圧倒されてしまうが、197ページのグラフからも分かる通り、日本の生産設備被害とりわけ資本財被害は意外なほど少なかった。日本の「奇跡の復興」は、市街地爆撃によって日本人が「心」に受けた衝撃の重さと、意外にも多く生き残っていた産業設備がかみ合ったときに始まったという面があったのだろう。192ページで触れた花森安治（1911-1978）の詩は、「星一つの二等兵のころ　教育掛りの軍曹が　突如として　どなった　貴様らの代りは　一銭五厘で来る　軍馬は　そうはいかんぞ　聞いたとたん　あっ気にとられた　しばらくして　むらむらと腹が立った　そのころ　葉書は一銭五厘だった　兵隊は　一銭五厘の葉書で　いくらでも　召集できる　という意味だった」という印象的なフレーズの後に数フレーズを置いて、敗戦直後の日本を描いて「日本にとって　あれは　幻覚の時代だったのか　あの数週間　あの数カ月　あの数年　おまわりさんは　にこにこして　ぼくらを　もしもし　ちょっと　といった」とし、さらに「焼け跡のガラクタの上に　ふわりふわりと　七色の雲が　たなびいていた　これからは　文化国家になりますと　総理大臣も　にこにこ笑っていた」と続く。この詩は1970年10月の『暮しの手帖』に掲載されたものだが、そこにある種のリセット願望が隠れているといったら、戦中の一時期には国策広告にかかわりながら、戦後は真摯に生きる市民としての姿勢を貫いた花森に失礼だろうか。1970年は高度成長が頂点に達し公害問題をはじめとする成長の負の部分に議論が集中し始めた時期に当たる。

三六〇円という規律がもたらしたもの

日本がブレトンウッズ体制に迎え入れられたのは、戦後インフレがようやく収拾の方向に向かった一九四九年のことでした。このときの為替レートが「一ドル＝三六〇円」です。この為替レートは、その設定の時点ではあまり無理のない水準だったようですが、翌年から始まった朝鮮戦争で物価が上昇したため、その後の高度成長期を通じて割高なレート、つまり円が過大評価されたレートとして日本経済にのしかかることになりました。

為替レートが過大に設定されていると、輸出産業は大変です。割高なレートで国内価格をドルに換算して輸出しようとしても、なかなか売れないからです。反対に、円をドルに交換して海外から物資を輸入すれば大儲けができます。こうした状態ですと、普通なら為替レートを無理のない水準に変更したくなるはずです。いや、たいていの国は普段から為替レートを割安に設定しようとするものです。その方が、国際収支が黒字になって政策運営が楽ですし、一般には輸出産業は政治的な力が強いことが多いので政権政党にとっても都合が良いからです。ブレトンウッズ体制は固定相場制なのですが、一定の手続きを踏めば為替レートを変更することは可能です。実際、英国はポンドを二度にわたって大幅に切り下げていますし、西ドイツは比較的小刻みなマルク切り上げを繰り返しています。しかし、日本はそんなことは考えませんでした。日本は、この三六〇円レートを絶対条件のように受け取って、固定相場の時代を走り抜けたのです。

日本がなぜ三六〇円レートを絶対の条件としたかは、今の私たちには良く分かりません。しかし、その始まりは占領下の時代です。敗戦の年の秋、日本人は昭和天皇とマッカーサーが並んで立つ写真を見て、占領軍の力を実感したはずです。三六〇円レートは、そうした新しい力が決めたレートだから議論の余地はないものとして受け入れられたように思います。

日本人は三六〇円レートで生き抜くために必死で働きました。そして、いつの間にかというべきでしょうか、このレートで最初は綿織物や玩具などを、そして後にはラジオや自動車などの高度加工品を世界中に輸出するまでに自分を変えてしまったのです。

もちろん、その過程には歪みも軋みも生じました。三六〇円レートを維持するためには、輸出の振興と輸入の抑制が必要になります。そうした振興策と抑制策は、あるときは直接的な補助金や統制となって現れ、またあるときは間接的な規制となって現れます。金融面でも「窓口指導」という名の日本銀行による資金統制が常態化します。窓口指導とは民間銀行の貸出量を日本銀行が直接いくらにしてくださいと指示してしまう仕組みです。ずいぶん乱暴な話ですが、戦中の国家総動員法による統制経済に慣れていた人々には、それほどひどい話だとは思われなかったのかもしれません。いずれにせよ、そうした仕組みを通じて、日本の隅々まで倹約と努力で三六〇円レートを支える気風が浸透していったのです。

そして、この三六〇円レート固守の原則は日本の政策運営にも大きな影響を与えました。当時の日本の財政運営の基本は均衡財政でした。「ほう、均衡財政か、それは立派だった、世界の流れを先取りしていたか」などと思ってはいけません。高度成長期の日本と重なる一九六〇年代の米国はケインジアンの時代です。ケインジアンの基本は均衡財政ではありません。景気が落ち込みそうになれば財政を拡大して景気を支え、景気が過熱しそうになれば財政を緊縮させて景気を冷やすというのが彼らの処方箋です。均衡財政主義は反対です。景気が良くなれば税収が増えるので財政は拡大できます。景気が悪くなれば緊縮に追い込まれます。ですから、均衡財政はケインジアンを標榜する人たちからは、しばしば頑迷固陋な家計簿主義であるとして批判されました。しかし、日本は均衡財政だったのです。

日本が均衡財政を堅持できた理由の一つは、ドッジの遺産です。彼のいわゆるドッジ・ラインの基本は均衡財政です。いや、上に「超」を付けて「超均衡財政」とすら呼ばれていました。ところが、面白いことに、彼以前の日本の動きをたどると、敗戦直後の政策運営思想にはケインジアンの匂いが濃厚です。一九四七年に始まった傾斜生産というのは、復興金融金庫という政府系金融機関が行う資金調達による石炭増産計画なのですが、これを国債発行による産業投資政策と同じだとみれば、ケインジアン的経済政策の典型だと言っても良いでしょう。当時の日本の経済政策の指揮をとっていた石橋湛山蔵相は理論的にも立派なケインジアンでした。ケインジアンの経済政策には最近では批判が多いのですが、非常のときには有効だと私は思っています。そうした非常時対策を動員したからこそ、日本はドッジがやって来るころには、何とか経済も立ち直り物価も落ち着きかけていたのだと思うのです。

その状態でドッジがやってくれたことは、均衡財政のルール化でした。前にも説明した通りで、彼のタイミングには危うい面が多かったと思うのですが、それは朝鮮戦争で救われました。どこの国でもそうなのですが、ケインジアン的政策の最も難しいところは、その開始ではなく終了です。ケインジアン的な政策は要するに財政によるばらまきですから、開始は歓迎されますが終了は困難です。ドッジ・ラインとは、その切り替えを、マッカーサーの威力で押し切ったものだったとも言えるでしょう。そう思うと、日本は「ついていた」のです。関東大震災のような自然災害にも打たれた第一次大戦後の日本は「ついていなかった」のですが、第二次大戦後の日本は「ついていた」わけです。敗戦のショックが「つき」を呼び込む謙虚さを与えてくれた面もありますが、やはり「つき」そのものがあったのではないでしょうか。

ところで、財政が均衡だと三六〇円レート維持の責任は金融政策つまり日本銀行にかかってきます。この時代、景気が上向いてくると国内での物資の売り上げつまり内需が増加し、輸出が減って輸入が増えてきます。国際収支が悪化するわけです。そうすると、外国為替市場ではドルを買って円を売る動きが大きくなってきますので、それに対応して日本銀行は金利を上げて金融を引き締めるのです。金利が上がると景気が冷やされて、国際収支は持ち直します。金利を上げたくらいで簡単に国際収支が変化するのかと思う人もいるかもしれませんが、当時はそうでした。日本銀行は金利だけでなく窓口指導というような野蛮な武器も持っていましたから、金融引き締めという話題が出ると、話題が出ただけで銀行は取引先企業に在庫の見直しや設備投資の繰り延べの説得を始めたのです。当時の日本銀行は、こうした文脈での金融引き締めを「国際収支の天井が低くなってきた」ことに対処するものだと説明することが多かったのですが、高度成長期の日本とは国際収支の天井をいつも意識しながら、その天井に頭をぶつける寸前まで背伸びして走り続けていたような気がします。

こうして考えてみると、この時期の日本の金融政策というのは、前の章で紹介した一九世紀英

パネル36：天皇とマッカーサーそしてドッジ・ライン

1945年9月29日、ポツダム宣言受諾から1カ月半後の新聞各紙に、昭和天皇と占領軍最高司令官ダグラス・マッカーサーが並んで立つ写真が掲載された。天皇の「人間宣言」より3カ月も前のことである。「現人神」たる天皇と並んでノーネクタイのマッカーサーが立つ写真の衝撃力は、象徴天皇の日本国憲法で育った私たちの世代では想像もつかないが、その後の占領施策が日本国内に浸透するのに果たした役割なら理解することができる。この日から、日本人にとってマッカーサーは「絶対」になったのだ。ちなみに、1ドル＝360円レートが決定された1949年は、1952年に発効したサンフランシスコ講和条約によって占領が解除される3年前、要するにマッカーサーの時代である。話は変わって、ドッジは、いわゆるエリートではなく、実務家からたたき上げて米国銀行協会会長までを務めた「努力の人」であり、当然のことながら頑固なまでの均衡財政主義者であった。もっとも、そのドッジを迎え撃った日本の経済官僚たちも、なかなかにしたたかで、当時の日本の対応はどこか「面従腹背」的なものがある。そうした日本の官僚機構の消極的抵抗行動で、ドッジ・ラインという劇薬の効果が先延ばしされている間に環境が変わり朝鮮戦争後の高度成長時代に突入するわけだが、そうなると、一転、ドッジの「原則」は均衡財政主義を守るために有効利用されるようになった。

国などでの金本位制下の金融政策運営と良く似ていることが分かります。金本位制下の金融政策とは、平価に生じた圧力を金利の操作で先送りしたり先取りしたりすることだったわけですが、高度成長期の日本銀行がやっていたことも本質は同じです。外国為替市場で円売りドル買いの圧力が生じているのを放置していると、人々は為替相場調整があるのかと思ってしまいます。でも、そのときに金利の引き上げがあれば、差し当たり投機的行動は控えるでしょう。そうこうしているうちに景気が調整されれば、為替相場には何も起こらずに済むという具合です。

日本はうまくやりました。高過ぎる目標かと思われた三六〇円というレートを、最初はようやくの思いでクリアーしていたのでしたが、やがて楽々とクリアーできるようになりました。しかし、それは日本にとっての罠にもなります。三六〇円というレートを絶対の条件として、それを守るために自身に多くの規律を課し努力していたことは、その反面で、三六〇円レートは絶対だという暗示に自らかかることをも意味していたからです。

それは、ブレトンウッズ体制が終わる日の日本を戸惑わせ混乱させることになります。

そしてニクソン・ショック

一九七一年八月一五日のことです。米国東部時間の午後九時、ニクソン大統領はラジオとテレビを通じて演説を行い、ドルと金との交換性を停止すると発表しました。八月一五日夜を選んだのは、この日が日曜日で市場での取引がまったくない日だということによるものだそうですが、日本にとってはイヤな日と時間を選んだものです。日本と米国は一三時間の時差がありますから

（夏時間です）、演説が始まったとき東京市場では取引が始まっていたからです。混乱は日本を襲い、そして世界を一周しました。これがニクソン・ショックです。

当時のニクソン演説の記録をみると、交換性の停止は輸入課徴金や雇用政策などとあわせて発表されていて、それもほんの一言という印象で述べられているので、これで世界が変わったのかという妙な感慨すらわいてくるのですが、それはともかく、これで通貨の世界は一変しました。ブレトンウッズ体制が終わり、世界は変動相場制の時代に入っていきます。今の私たちの通貨体制が始まったのです。その背景には、ケインジアン型の景気刺激策の効果が薄れる一方で、第二次世界大戦の打撃から回復した日本や西ドイツからの大幅な輸入超過に悩む米国の状況がありました。要するに、米国はドルの価値維持というゲームの胴元から降りると言い出したわけです。胴元不在となったゲームが続けられるものなのかどうか、そこが世界で問題になりました。その迷いと不安がショックを大きくしたのです。

ニクソン・ショックの影響を最も強く受けたのは日本でした。そして日本は二つの面で対応を誤ったと思います。二つの面です。それを説明しましょう。

まず、第一の誤りですが、それは要するに対応の遅れです。当時の日本については、ニクソン演説のときに市場がオープンしていたのは日本だけだったというタイミングの問題もあり、そもそもニクソン演説のどこが大きな問題なのかを考える時間も余裕もなく、まさに政府も日本銀行も周章狼狽に近い状態でした。そこで、日本は外国為替市場を閉鎖したり、市場介入から手を引いたりするタイミングを失い、世界を動き回るドル売り投機の多くを引き受けるはめになりました。これは確かに誤りです。

でも、それだけのことだったら大した恥ではないのです。こんなタイミングで話が飛び出してくれば、多少は予想できていた話でも周章狼狽するのは当然でしょう。当時の状況から何かありそうだと感じていた人も少なくはなかったようですが、まさか日曜夜のラジオ演説という手を使ってくるとは思わなかったでしょう。当時のヨーロッパ諸国の反応をみると、米国が何の予告もなくドルと金との交換性を放棄するのなら、自分たちだってドルとの平価を維持する義務はない、だから為替介入からも手を引く、ドルの価値を支えてなどやるものか、そういった「怒り」あるいは「反発」の気分が強かったようですが、米国との関係になると、そこまで突き放して考えられないのが日本でした。それは今も変わっていないかもしれません。当時の日本人の気分は、要するにドルと円とは「一蓮托生」というものだったのです。そんなときでも地平のはるか先まで見通して変動相場制への移行を決断できる人がいたら、まさに当局者にふさわしいかもしれませんが、普通はそういう人は当局にはいません。いても、その人が本当の先見性を持っているかどうかを誰も判断などできないでしょう。ですから、予定外の事態のときには誰だって慌てて当たり前なのです。

当局者ではありませんが、ブレトンウッズ体制に本質的な無理があることを早くから見通し、変動相場制以外に世界の通貨制度には答がないはずだと説いていた経済学者はフリードマンです（161ページ参照）。いつから彼がそれを言い出したかというと、何と一九五〇年です。でも、当時は誰も見向きもしませんでした。フリードマンの先見性には誰も気が付かなかったのです。ちなみに、ニクソン・ショック当時の日本で最も人々の信頼を集めていたエコノミストは、何と言っても下村治でしょう。下村は日本の高度成長の可能性を最も早くから予測した天才的エコノミストですが、その下村ですら変動相場制への移行には否定的でした。そうした雰囲気の中で天才でなく凡人である当局者たちに、後々までの評価に耐えるような判断をすることなど期待しない方が良いのです。天才的な判断力を持った当局者に指導される政府なんて、私は気持ちが悪いと思います。それよりは、当局者は大した判断はできないという前提で、賢い指導者や天才エコノミストの判断などがなくても、世の中が決定的には崩壊しないような仕組みを考える方がずっと良いと思うのですが、皆さんはどう考えるでしょうか。

とはいえ、当時の為替市場に関する対応はまずかったと思います。日本は「マッカーサーの三六〇円レート」を守り、そして奇跡とも言われた高度成長に成功したという経験から、ヨーロッパ各国が為替市場への介入を放棄していた八月末に至るまで、三六〇円レートを維持すべくドル買い円売り介入を続け、多額の円資金(これを「流動性」といいます)をばらまき、また投機筋の大儲けを許してしまったからです。三六〇円レートが「呪縛」として働いたわけです。これが、第一の誤りです。

この誤りは、誤りであることが分かりやすいので、「ショックに対応できない当局者の典型」として、今でもマスコミなどでの辛口の論評の的になっています。でも、私は、この程度のことはありがちなことだと思っています。投機に負けて大損する当局者の前例でいえば、一九六八年の金プール解体時における参加国の金喪失量は計二三〇〇トンですから、これも相当な大失敗です。当時の金公定価格で評価しても約一兆円です。現在の金価格ならその一〇倍近いと思ってください。当時の日本は保有金がほとんどないという事情から金プールに参加していなかったので、このときは無傷でした。ですからほとんどの日本人は、そんなことが世界のどこかで起こっていることすら知らなかったと思います。ヨーロッパの通貨当局は、このときに痛い授業料を払っていましたので、市場に勢いがついているときには無理しないという行動パターンをある程度まで身につけていたのでしょう。日本はそうでなかったのです。迅速な行動は格好良いのですが、それは結果が裏目に出なかったときの話です。もし歴史が逆になって、日本の頑張りが世界に「感動」を与えて固定相場制が再建されたら、日本は褒められたかもしれません。ただ、そうはなりませんでした。だから「誤り」です。しかし、誤りは、もう一つあります。そして、その方が、ずっと重大な誤りだったと思います。

第二の誤りは、円の切り上げから生じるデフレ的な圧力を過大に評価し、国内産業保護のためのインフレ政策に突進したことです。さすがの日本もニクソン・ショックから二週間で三六〇円レートの維持はあきらめましたが、それでも円の切り上げ幅を低くしようとする姿勢は放棄しませんでした。ニクソン・ショックでいったんは変動相場制に移行した主要国は、この年の年末に改めて会合を開き為替レートを修正して固定相場制を再開します。日本は、このとき「一ドル＝三〇八円」の為替レートを受け入れます。参加国間で最大の切り上げ率でした。この会議（一〇カ国蔵相会議）は、ワシントンのスミソニアン博物館で開催されたので、この体制を「スミソニアン体制」と言います。金との交換性を停止した米国はゲームの胴元ではなくなったのですが、参加する全通貨当局が責任分担することにして胴元なしのゲームを再開したとでも思ってください。もっとも、この体制は長続きしませんでした。一年余り後の一九七三年になると、妥協的ともいえる固定相場制の困難は誰の眼にも明らかになります。この年の二月に日本は為替市場への介入をあきらめ、翌三月にはヨーロッパ各国も追随して、スミソニアン体制は崩壊しました。これ以降、固定相場制は再建されることなく、世界は完全な変動相場制へと移行します。ニクソン・ショックへの対応では後れを取った日本でしたが、今度は世界に先行しました。しかし、日本の状況はそれどころではありませんでした。

日本では円の切り上げから来るデフレ効果を中和しようということで始まったインフレ的政策のツケが回り始めていました。一九七二年に『日本列島改造論』を掲げて登場した田中角栄内閣は大幅な財政拡張に取り組みます。財政資金がばらまかれました。スミソニアン会議レートを守るための為替介入の結果、マネーサプライも激増します。物価が上昇を始めます。そうした中での為替介入放棄は、世界と比べれば早かったわけですが、国内事情からみれば遅すぎたと言われても仕方がないでしょう。一九七三年の春には繊維、夏には鋼材やセメントが物不足になりました。そして、この年の秋にアラブ諸国による石油価格の大幅な引き上げと生産制限のニュースが日本を襲いました。日本はパニック状態になります。オイル・ショックです。人々は買い溜めに走り、町ではトイレット・ペーパーがなくなるという騒ぎになりました。この年の秋に急逝した愛知揆一蔵相の後を受けて蔵相となって事態の収拾に当たった福田赳夫の言を借りれば、「狂乱物価」といわれるほどのインフレ圧力が一気に噴き出したのです。これは、その後も長く、日本の政策当局者の教訓となります。

注意しておきたいことは、日本の物価が「狂乱状態」になったのはオイル・ショックの後ですが、その種はオイル・ショックの前から十分過ぎるほど播かれていたということです。それが第二の誤りが重大だったと思う理由です。第一の誤りは、要するに「後手に回った対応」という性質のもので、恥ずかしい話ではあるのですが、割り切ってしまえば大した誤りではありません。日本のような国は世界に先手を取ってうまくやろうとするより、格好は悪くても日和を見ながら世界の動きに追随しておく方が、妬みや憎しみを買うことが少なく安全かもしれません。それに対して、第二の誤りは純粋に政策判断の失敗です。

もっとも、このときの日本は何とか事態を切り抜けました。それができたのは、当時の当局者たちが真剣に失敗の原因を吟味し、以降、慎重な政策運営に徹したこともありますが、高度成長時代に蓄えた企業の体力や製品開発力、戦後の苦しい生活を忘れていなかった人々の真面目さによるところも大きかったと思います。日本は危機を乗り越えました。高度成長時代のような高い成長率こそ再現しませんでしたが、人々の所得は着実に増加し物価も安定するという「第二の黄金時代」を迎えました。二一世紀は日本の世紀になるという説が語られるようになり、株価は高値を更新し、東京の不動産価格も上昇を続けます。でも、それは、後に「バブル経済」と呼ばれるようになった道を日本が辿り始めたことも意味します。

ブレトンウッズ体制とその下での三六〇円レートが日本に何をもたらしたかの話は、おおよそこんなところです。次には、その体制が崩壊し変動相場制に移行した後の貨幣価値がどうなって

パネル37：ニクソン・ショックとオイル・ショック

リチャード・ニクソンは、1968年の大統領選で泥沼化したベトナムからの「名誉ある撤退」を掲げて当選、第37代大統領に就任した。彼の本質は徹底した現実主義者だったようで、「名誉」があったかどうかは別にしてベトナムからの撤退を成し遂げ、中華人民共和国とも外交関係を樹立して東西冷戦の構造を一気に変えるなど、戦後の米国大統領の中でも最大級の仕事をしていることは間違いない。その彼にとっては、ドルの交換性停止の話など、「しょせんはカネの問題」だったのだろう。演説文を読んでも、読み取れるのは「通貨危機のたびに投機筋が儲けてばかりいるから交換など止める」という程度で、まことにそっけない。ブレトンウッズ体制とは要するにそうした薄い氷の上での踊りだったわけだ。とはいえ、そのニクソン・ショックを受け止めた側は大変だった。日本では、ショックに対応する「第二の誤り」から物不足が始まり、オイル・ショックにも追い打ちされた。当時の蔵相だった愛知揆一は在任中に倒れ、近づく主要国蔵相会議を思いながら、混濁する意識の中でうわ言のようにフランス語とドイツ語をつぶやきつつ亡くなったという。そうした愛知の後を受け、自身最大の政敵であった首相の田中角栄に請われて蔵相に就任した福田赳夫は、田中に差しで交渉して彼の最大のスローガンであった日本列島改造論の旗を下ろすことを承諾させたという。オイル・ショックで燃え上がったインフレの火消しには、こうした福田の信念によるところが大きいと私は思っている。1973年の10月末、トイレット・ペーパーや洗剤がなくなるという噂が広まって人々が売り場に殺到し、棚からいっせいに商品が消えた（写真）。人々の不安はそこまで高まっていたのである。

いるのか、今の私たちが手にしているオカネの価値がどう決まっているのか、それを考えることにしましょう。

二　私たちの時代

漂わなかった貨幣たち

変動相場制に移行した世界で、通貨とか貨幣という仕組みにかかわっていた人たちを不安にさせたのは、何よりも金という拠り所をなくした貨幣の価値が漂ってしまうのではないかという恐れだったように思います。

為替レートを市場に任せるということ自体に不安がなかっただろうとは言いませんが、こちらは割り切りの問題だとも言えます。金本位制にせよブレトンウッズ体制にせよ、長い目で見れば為替レートは実勢に任せるほかないということは、少なくとも通貨当局の人たちには常識でした。ただ、それをどのくらいのタイムスパンで考えるか、どのくらいの揺らぎを許容するかによって、ある人は固定相場制が良いと言い、別の人は変動相場制しかないと言っていた程度の話だとも言えます。しかし、金のような実物資産とのリンクを完全に断ち切って貨幣が大丈夫かどうかについては割り切りの問題とは言えません。

金は、かつての金本位制の世界では兌換制度により貨幣たちを実物価値の世界につなぎとめる役割を果たしてきました。そしてブレトンウッズの固定相場制の世界では、ドルの交換性を通じて間接にですが、固定相場制に参加しているすべての通貨を実物価値の世界につなぎとめる役割を果たしてきました。その金を通貨制度の外に出して、それでも貨幣価値は不安定にならないのでしょうか。

世界の通貨を船団に例えれば、為替相場とは、それを構成する船の相対的な位置関係だということができます。固定相場制の世界では、互いの位置関係を国際協定で決めて動かさないのを原則にしたのですが、そうは言っても船には実力の差があります。ですから、互いの位置関係について国際協定などで縛ることはやめて、どの船がどの船の前に出るか後ろに下がるかは個々の船の性能に任せてしまおうというのが変動相場制です。

一方、ブレトンウッズ体制において金とドルとが果たしていた役割は、船と船との位置関係に関するものではありません。海の中での船団全体の位置を決定するのが金とドルとの役割です。船団全体が世界経済という海のどのあたりを居所とするかは、金との間に平価を設定している船団長の乗る船つまりドルという名の船が決めます。ドルが「金平価」という名の「錨」を海底に下ろしているので、そのドルとの間で平価を設定している他の船つまり円やマルクといった他の通貨たちも自分が海のどこにいるかを知ることができる。それがブレトンウッズ体制の基本的な考え方です。

そうすると、ブレトンウッズ体制をやめるということは、そうした「錨」を海底に下ろすことをやめてしまうことにならないでしょうか。錨を下ろす船がいなくなったら、ドルだけでなく世界の通貨たち全部が実物価値から離れ、実物の世界と無関係な名目価値の海を漂うことにならないのでしょうか。当時の人々の不安の核はそこにあったわけです。経済学者たちは、貨幣のように人々の約束事で価値があることになっているものについて、その価値がパンや自動車のような実物的な価値から離れて漂わないよう繋ぎ止めているものを、「アンカー」と言います。要するに、「錨」です。ドルと金との交換性をやめるということは、その「アンカー」を切り落としてしまうことを意味するようにも思えます。そんなことをして大丈夫なのでしょうか。

結論から言えば大丈夫でした。固定相場制をあきらめてから四〇年近くを経た現在に至っても、世界の貨幣たちは名目価値の海を漂う羽目にはなりませんでした。「変動相場制移行後のインフレ率の推移」と題した次ページの図を見てください。この図はニクソン・ショックのあった一九七一年以降の五年ごとに、日本と米国そしてヨーロッパの主要国である英国・ドイツ・フランス・イタリアの四国平均の消費者物価指数の対前年比騰落率の平均を並べたものですが、ここで注目してほしいのは、金というアンカーをあきらめたのに、世界の貨幣たちは漂わなかったということです。貨幣の価値とは、究極的には一単位の貨幣でどのくらいの物が買えるかということでしょう。ですから、通貨の価値の変化とは要するに物価指数の変化だということになるわけですが、その物価指数でみる限り、変動相場制に移行した後の世界の貨幣たちは、短期的にはさまざまな動きを繰り返しつつも、長い目で見れば似たような動きをしていることが分かります。とくに目立つことは、主要国の物価動向は一九八〇年代の後半に入るころには落ち着いてきて、日本と米国およびヨーロッパの間では数%の格差はあるが、少なくともどこかの国の物価が極端に

パネル38：変動相場制移行後のインフレ率の推移

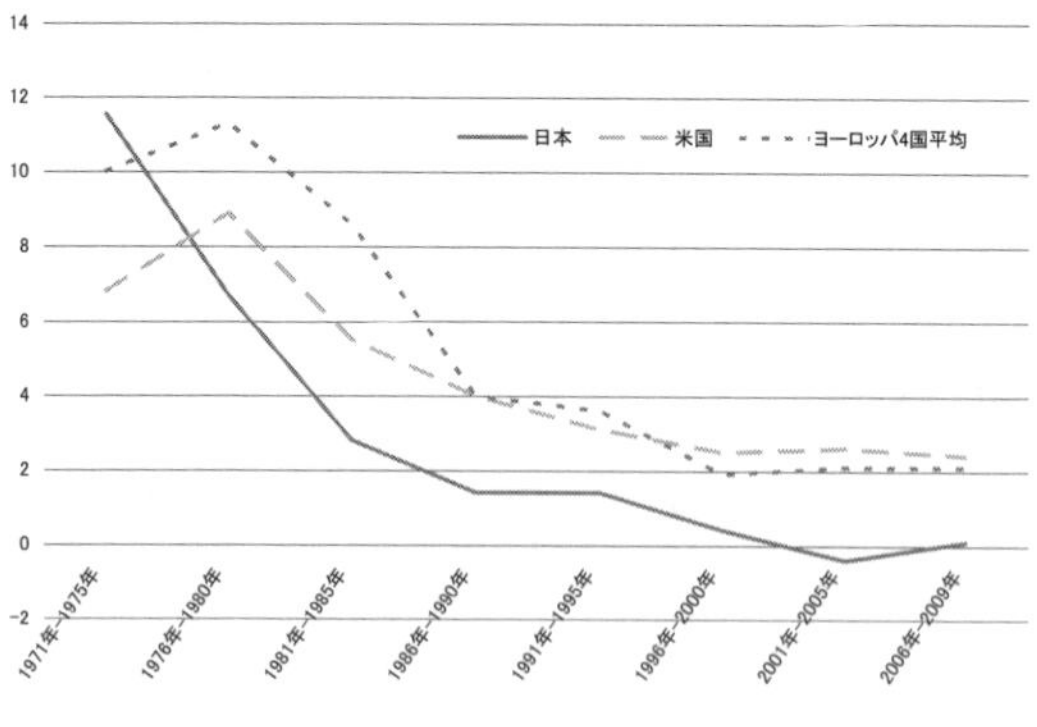

各国における消費者物価指数の対前年比騰落率の単純平均。1995年までは橋本寿朗『デフレの進行をどう読むか』（2002年、岩波書店）より。それ以降は総務省統計局『総合経済統計月報』により筆者が補足。

上がってしまうとか下がってしまうということがなくなっているということです。要するに貨幣は実物の世界と程々の位置関係を保ち、それで安定するようになってきたのです。世界はブレトンウッズ体制をやめてしまったわけですが、それでも世界通貨という船団が名目価値の海を漂うというようなことは起こらなかったのです。

　これは不思議なこととされてきました。あえて不思議と大きな声で指摘する人は少なかったのですが、でも不思議なことでした。金のような実物資産から切り離された貨幣に価値がある理由は、要するに他の人がそれを貨幣だと認めて受け取ってくれるからなのですが、それだけが貨幣に価値がある理由だとすると、要するに貨幣価値は「バブル」の一種だということになってしまいます。貨幣価値にバブルの要素がないとは言い切れませんが、金本位制やブレトンウッズ体制における貨幣の価値は少なくともバブルだけではありませんでした。でも、金とのつながりを完全に断ち切った貨幣の価値はバブルだけになってしまいそうです。ところが、そうなったのに世界の貨幣価値は漂わなかったのです。貨幣価値がバブルだとしても、それは不動産価格や株価に生じたバブルのように崩壊しないようなのです。そんなことはあるのでしょうか。

もしかすると、それは、ただ私たちが夢から覚めていないからだけなのかもしれません。バブルという夢を見ている間は、自分が見ているのが夢であることに気がつかないのが普通です。ですから、私もこの四〇年の経験がバブルでないと断言するつもりはありません。でも、それにしてはどこか変です。いつ崩壊してもおかしくないはずのバブルの上に貨幣価値が乗っていたのだとしたら、もう少し不安定な動きや、ばらばらな動きをしてもおかしくはなさそうだからです。金というアンカーを外しても貨幣価値が安定を続けていることの裏側には、金ではない本当のアンカーが現代の貨幣という仕組みの裏にあって、それが貨幣価値をつなぎ止めている、そう考えた方が自然だと私は思います。では、それは何でしょうか。

それは「信頼」です。もう少し言えば「政府への信頼」ということになります。それを次に説明しましょう。

貨幣価値とは政府の株価

貨幣というのは時間の流れの中での価値の乗り物です。今日は使わないで明日に取っておこうと思う「価値」があるとき、私たちは、その「価値」を中央銀行に持ち込んで貨幣にしてもらうことができます。でも、そうした価値を乗せた貨幣を信用してもらうためには、貨幣を持っている人が、それをもとの「価値」の状態に戻したいと言い出したときには、戻して返せないといけません。そうでなければ貨幣を誰も信用してくれなくなります。反対に貨幣はいつでも「価値」に戻せるという信頼を人々に与えることができれば、誰も貨幣を「価値」に戻そうなどと考えることなく、貨幣は貨幣のままで流通し続けることができます。それは可能なのでしょうか。

再び第一章の物語を思い出してください。あの物語では、最後に貨幣制度を清算するときに価値がどうなるかは、政府が過去に発行した国債と中央銀行が発行した貨幣がいくら残っているかということと、それに見合うだけの税収が実質ベースで確保されているかどうかにかかっているのだということを示しました。実質ベースの税収とは、収穫されるパンの実のうち、政府がどのくらいを税として人々に払ってもらえるかということです。

これは現実の世界でも変わりはありません。現実の世界での実質ベースの税収はパンの実で数えられるほど単純ではありませんが、その国の実質ベースでの総生産量（これを「実質ＧＤＰ」といいます）に税率を掛け算すればだいたいの予想はできます。そうして計算した税収予想から政府の経費を差し引いて残額を計算し（これを「財政余剰」と言います）、それと発行済みの国債や貨幣の総量とを見比べて、国債と貨幣の量が実質ベースの財政余剰よりも多過ぎるということになれば貨幣価値は減価するでしょう。貨幣価値が減価すれば、国債の実質価値も減価して、実質ベースの税収予想とのバランスがとれるようになるわけです。反対に国債や貨幣の総量を上回る財政余剰を政府が確保できそうだということになれば貨幣価値は強くなってきます。

もちろん、現実の政府は、国債以外にも年金だの政府関係機関の借金だのも抱えていますし、中央銀行だって資産として国債だけを持っているわけではありません。でも、そうした事柄は、ここでは省いてもよいでしょう。国債と貨幣の総量と税収のバランスが本質的な問題であることは、第一章64ページの「最後の日の貨幣」の図を改めてチェックしてもらえれば納得していただけると思います。要するに、現代の多くの中央銀行は、資産面では国債を大量に保有し、また、その資本勘定を通じて政府と財務的に結びついてしまっていますから、貨幣の価値は政府の信用と不可分に結びついているのです。これを言いかえれば、現代の貨幣のアンカーは政府の財政的な能力そのものだということでもあります。

もっとも、貨幣の価値を支えるのが政府の財政的な能力つまり財政力であるということは、金本位制の時代だって変わりはありませんでした。金本位制の時代というのは、金の価値という不動の海底にドルもマルクも円もポンドも錨を下ろしていた時代だったと説明されることが多いのですが、本当は違います。この時代の貨幣が錨を下ろしていた金の価値は、実は「動く海底」であり「巨大な鯨」の背中だったのです。そうした「動く海底」あるいは「巨大な鯨」を操っていたのが、一九世紀の金本位制時代における大英帝国であり、ブレトンウッズ体制における基軸通貨国の米国だった、そう考えた方が事実に近いと私は思っています。

そう整理してみると、一九六一年から一九六八年まで存在していた「金プール協定」というもののの構図も違って見えてくるでしょう（183ページ参照）。そもそも、金にドル価値を結び付けていたブレトンウッズ体制の下で、ドルで測った金の価格を安定させるための協定が存在するというのは循環論法とかトートロジーと言われるものにほかなりません。ブレトンウッズ体制でもドルの価値を決めていたのは米国の経済力とそれを基盤にした米国政府の財政力だったはずで、ただ、それを示す分かりやすい「看板」として表に出していたのが「金平価」だった、その程度に考えておくのが適当だと思います。

もっとも、貨幣価値が国の経済力で決まっているらしいということは、理論というよりも実務家の直感として以前から唱えられてきました。一般に「ファンダメンタルズ・アプローチ」といわれているものがそれです。ちなみに、ファンダメンタルズとは国の基礎的諸条件、要するに国力のことです。地下から石油が噴き出したり、あるいは国内の産業で新技術が開発されたりすればファンダメンタルズは改善します。そうした通貨には買いが集まります。要するに貨幣価値が上がるわけです。反対に、たとえば政情不安は売り要因になります。貨幣価値が下がるわけです。

こうしたファンダメンタルズ・アプローチは為替相場の長期的な分析あるいは予測の手法として広く支持されてきました。実感としてよく当たるからです。しかし、ここまでの話に付き合ってくれた皆さんには、それが単に当たるか当たらないかの問題ではなく、理論的にも当たり前だという気がしてきているのではないでしょうか。為替相場がファンダメンタルズで決まる理由は、貨幣価値を決めるのが財政力だからです。そして、財政の力というのは本質的には国の経済力と政府の統治能力にほかなりません。ですから、そうしたファンダメンタルズこそが、為替相場を決め貨幣価値のアンカーにもなっている、そう考えて良さそうなのです。

実は、この財政力が貨幣価値を決めているという理論は、「物価水準の財政理論」という名称で、最近は少しずつですが学界でも支持者が増えています。この理論の本質は、貨幣価値は国の経済力で決まるという私たちの直感そのものであり、それはファンダメンタルズが為替相場を決めるという実務家の直感ともよく合っているからです。

ところで、貨幣価値は国の経済力で決まるというと、何か別のものの価格の決まり方を想像しないでしょうか。そうです、それは株価です。株価がファンダメンタルズで決まるということは株式投資の世界では常識に近いでしょう。もっとも、この場合のファンダメンタルズとは国力ではなく、長期的な会社の「実力」そのものです。会社の実力とは作っている商品の魅力とかブランドの浸透力あるいは新製品の開発力です。作っている製品が雑誌やテレビで取り上げられ面白い商品だと評判になれば株価が上がります。社内の研究所にノーベル賞の受賞者でも出れば株価は大幅上昇でしょう。そうした個々の出来事は、そのこと自体としては会社の業績に直接的な影響はなくても、会社のファンダメンタルズの良好さを示すものとして「買い」の材料なのです。反対に、経営陣のごたごたは「売り」の材料です。経営陣に揉め事があるというニュースを聞けば、いずれ企業価値に影響が出るだろう、あるいは、自分の今までの会社についての理解に見落としがあったのかもしれない、そう考えて人々は株を売ろうとするからです。そして、これは、為替相場における人々の態度と同じものなのだということも、もうあまり説明しなくても分かってもらえると思います。

通貨の世界というのは広く深く複雑だと言われることがあります。そういう面がないとは言いませんが、それは企業価値分析が広く深く複雑だと言うのと同じようなものです。ドルや円あるいはポンドの価値というのは、要するに米国とか日本とか英国というような国が上場されている株式市場というようなものを想像して、そこでどんな値が立つかを想像すれば、案外簡単にその将来を予想することができます。このごろでは外国為替証拠金取引（FX取引）といって、インターネットなどを使って「プロのディーラー」でない「普通の人々」が海外の通貨を売買するのが流行っています。そこで取引に参加する人たちを見ていると、貿易や対外投資などの「実需」ではなく、国力や政治の動きなどのファンダメンタルズに着目して動いている人たちが多いようです。それを投機的だといって眉をひそめる人もいますが、私は健全だと思っています。実際、そうした「普通の人々」の実感が「プロのディーラー」を打ち負かしてしまう例も少なくありません。素朴で素直な実感が大事なことは、株式投資の世界でもFX取引の世界でも変わりはないようです。「物価水準の財政理論」などというと、何かややこしい議論のような印象もあるかもしれませんが、その本質は「貨幣価値は株価のように決まる」と言っている理論だと思ってもらって差し支えありません。

日本という国について言えば、海に囲まれた温暖な島に、世界総人口の二％弱に当たる一億二〇〇〇万の人が住んで、世界全体のＧＤＰの八％を生み出しているという国です。日本の政府とは、そうした恵まれた顧客基盤を強力に掌握している独占企業のようなものだと考えて良いでしょう。日本政府は、そうした日本人という顧客に対して福祉だの安全だのという「商品」を提供し、代わりに税金という「料金」を取っているわけです。政府にとってありがたいことは、日本人は、その裕福さの割には世界の中で言語的にも文化的にも孤立していて、国民としての一体感も強い人々ですから、独占企業である日本政府のパフォーマンスが少々悪くても料金支払いを拒否したり、別の政府から「商品」を買おうとしたりすることは少なそうだということです。日本では、政権を射程内に収めた政党は口を揃えて財政再建を言い、消費税引き上げは長期的にはやむを得ないと言います。そして、英語をしゃべるのが嫌いで寿司が大好きな日本人は、よほどのことがなければ、将来の海外脱出に備えてスイスの銀行に預金をしておこうなどとはしません。普通の日本人は普通に日本の国債を買ってくれて、しかも、その償還が不安だといえば税率の引き上げを我慢してくれます。そうか、国債の償還財源が足りないのか、それなら米国の国債に財産を移そうなどとはあまり考えないようです。こうした国民性も円という通貨の価値を支える大事なファンダメンタルズだと言ってよいでしょう。

要するに、日本政府とは世界的にみると異様なほどに恵まれた顧客基盤の上に胡坐をかいている独占企業のようなものなのです。そして、当たり前のことですが、そうした国の株価ならぬ貨幣価値は、短期的な要因ではなかなか下落しません。少なくとも下落しませんでした。日本の財政赤字が問題だと言われながら、その間の貨幣価値は下落どころか少々上がり気味で推移してきたわけです。それが、日本円の強さと言われているものの正体なのです。

私は、長期的に貨幣価値を決めているのは、結局は国民性とか文化や歴史背景を含む国のファ

パネル39：倒産する国、しない国

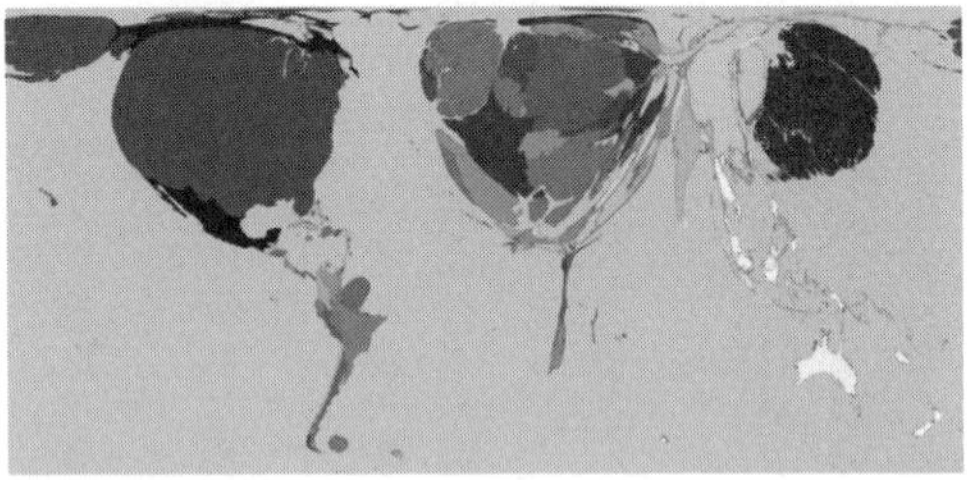

貨幣価値が会社の株価のようなものだとしたら、国も会社と同じように倒産することはあるのだろうか。答はイエスでありノーでもある。1980年代には、メキシコの対外債務問題をきっかけに中南米諸国で対外債務の支払い困難が生じた。このときの危機は米国政府の強引ともいえる介入によって収拾されたが、原因が根絶されたわけではなく2001年にはアルゼンチンが国債の債務不履行を宣言するに至った。国の倒産である。こうした債務国に共通しているのは多額の「外国通貨建て債務」の負担である。「外国通貨建て国債」は「自国通貨建て国債」と異なり、その国の財政力に応じて価値が伸縮しない。「自国通貨建て国債」を会社の株式にたとえるとすれば、「外国通貨建て国債」は、文字通り債務であり、会社の資金調達に例えれば社債や借入金に相当する。だから、その負担が大き過ぎると倒産することになる。これに対して、「自国通貨建て国債」は、その負担がいくら重くても、株価暴落ならぬインフレを生じさせるだけで、国の「倒産」の原因にはならない。もっとも、大インフレが起こって通貨への信認を失えば自国通貨建ての資金調達が困難になるから、やがては外貨建て資金調達に頼らざるを得なくなり、累積債務国として「倒産」のシナリオに誘い込まれていくかもしれない。図は各国のGDP規模に比例して面積を伸縮させた世界地図である（世界銀行“World Development Report 2009”による）。日本列島は大きく膨張し、アルゼンチンを含む南アメリカ全体よりも大きくなる。この日本が「倒産」したら何が起こるかは誰も想像がつかない。

ンダメンタルズであり、それを背景にした政府の財政力だと思っています。そう考えれば、金とのつながりを断ち切った貨幣たちが「漂わなかった」のは当たり前でしょう。貨幣価値を漂わせないよう繋ぎ止めていたのは財政への信用そのものだったのです。

金利とマネーサプライ

ところで、こう説明すると必ず出てくる質問が、ファンダメンタルズが貨幣価値に影響するというのは分かった、でも、貨幣の供給量つまりマネーサプライは貨幣価値に影響しないのかという問題です。

結論から言うと、影響することはあります。でも、政府や中央銀行が一定の規律の下で政策を行っている限りでは、マネーサプライは長期的には貨幣価値に影響しないはずです。なぜか。答のヒントは企業の資金調達について教えてくれている経済学の教科書に書いてあります。貨幣価値は株価のようなものだという話をしましたので、せっかくの機会ですから、貨幣価値を株価になぞらえたままで説明をしておきましょう。

企業の資金調達や運用について考える経済学の分野を「企業金融論」とか「コーポレート・ファイナンス」というのですが、この企業金融論の基本中の基本ともいえる考え方に「モジリアーニ＝ミラーの定理」というのがあります。内容を簡単に言うと、企業による証券の発行は、それが株式であれ社債や借入証文であれ、それが正当に価格付けされる資本市場で行われる限り、既発行の証券の価値つまり株価に影響することはないという理論です。理由は、たとえば正当な価格での増資が行われるのであれば、それによる株数増加に見合った「価値」が企業に流れ込んで来ているはずで、それなら既存の株式を持っている人が損をすることもないし得をすることもないはずだからです。言われてみれば簡単な理屈です。もちろん、この定理は一定の不確実性を織り込んで論理を展開するので、普通はここまで単純な話にはなりません。でも、こうした考え方が、時価を基準とした新株の募集（いわゆる「時価発行増資」です）を株主総会ではなく取締役会の決定に委ねるという会社法の規定の背後にあるということを、法律の授業で習った読者も多いことでしょう。いずれにしても、この定理は個別企業の資金調達や投資家の行動を分析する「ミクロの金融論」では、基本中の基本の一つとして教えられていて、これを間違えると学生さんは単位をもらえないことになります。

ところが、物価や金利などの決まり方を議論する「マクロの金融論」では、中央銀行の発行する証券の一種である銀行券をたくさん世の中に出すと、銀行券つまり貨幣の需給が緩和して貨幣価値が下がると教えられたりします。しかし、モジリアーニ＝ミラー式に考えれば、これはどうもおかしな話です。中央銀行が、一〇〇万円の価値があると思える資産を買い、それで一万円札を一〇〇枚ほど世の中に供給したとします。それだけのことなら、貨幣の価値が変化するはずはありません。増加した銀行券に見合うだけの資産は中央銀行の金庫に収まっているはずだからです。では、国債を買って貨幣を発行したらどうでしょう。こちらは、もっと単純です。政府と中央銀行というのは、財務的には親会社と子会社のような関係ですから、親会社株式に相当する国債と子会社株式に相当する銀行券をいくら取り換えても国全体の株価つまり貨幣価値が変化するはずがありません。つまりは、ミクロの金融論とマクロの金融論の世界では、新たな証券の発行が既存の証券の価値に与える影響について、まったく反対の論理を展開してしまっていることになります。これでは、金融論を学ぶ学生さんにはお気の毒と言うほかありません。

もっとも、ミクロとマクロで話が違ってくることに、理由がないというわけではありません。貨幣は株式と違って決済に使えるという性質、経済学者のいう「流動性」を持っていますから、その流動性に特別な「値段」がついていて、それが貨幣の価値に大きく乗っかっている状況では、貨幣の供給を増やすと貨幣価値が下がるということもあり得ない話ではないからです。では、そこでいう「流動性の値段」とは何でしょうか。それが「金利」です。流動性が十分に世の中に供給されていないような状況で貨幣供給を増やせば、流動性の値段つまり金利が下がって物価が上がるのです。このことは、金融政策とは現在と将来の価値交換ですという文脈で第二章でも説明しました（159ページ参照）。

ただし、そうしたことが起こるのは流動性が世の中に十分でなく、要するにツケでなくてキャッシュで払ってもらえるのなら、いくらでも値引きしますというようなカネ詰まり状況が生じているときの話です。そうではなくて、ツケかキャッシュかが問題なのではなく、将来の生活が心配だから買い控えますというようなことが起こっているときには、貨幣量を増やしても意味はありません。これは、ケインズが「流動性の罠」と名付けた状況です。貨幣量を増やしていくと、増やした貨幣が世に飽和する状態になって、もういくらもがいても金利が下がらず、したがって不況から脱出できなくなるというのが、その「罠」という言葉の意味です。二〇〇〇年代日本のデフレ状況でマネーサプライをいくら増やしても、状況がほとんど改善しなかったのは、この「流動性の罠」の状況に日本がはまっていたからなのでしょう。日本の経験はケインズが予言していてくれた通りの話なのです。

でも、こうして考えてみると、仮に経済が「流動性の罠」にはまっている状況でも、貨幣を増やすやり方次第では、貨幣価値が変化する可能性があることにも気が付くでしょう。中央銀行が政府と一緒になって「放漫なこと」あるいは「お馬鹿なこと」をすれば、当たり前の話ですが、貨幣価値も下落するはずだからです。会社だって、業績も上がらないのに社員に多額のボーナスを支給したことが明るみに出れば株価は下がるでしょう。組織的な経費流用でも発覚すれば株価暴落ということになるかもしれません。同じことを政府とか中央銀行の規模でやれば、それは株価ならぬ貨幣価値に影響します。貨幣価値がどうなるかは、究極的には、政府が国の繁栄につながるような事業をするか、それとも衰弱を招くような無駄遣いをするかにかかっているからです。

たとえば、政府がどんどん国債を発行して中央銀行が全部を引き受けたとします。金利も大盤振る舞いしてゼロにしてしまったとしましょう。それでも、もしそれだけのことだったら、貨幣価値つまり物価は動かないはずです。それだけのことというのは、政府は何もしない、つまり、国債発行で得た銀行券を金庫に入れて何もしないということです。それなら、物価や景気に影響するはずがありません。中央銀行が手に入れた国債と政府が手に入れた銀行券は金庫に入って互いににらみ合ったままだからです。それが景気や物価に影響するのは、政府が手に入れた銀行券を使って「お馬鹿なこと」をしたり「賢いこと」をしたりするからです。「お馬鹿なこと」をすれば、物価は上がり景気は悪くなるでしょう。「賢いこと」をすれば、物価は落ち着き景気も良くなります。政府と中央銀行の共演でマネーサプライがただ増えるだけの話なら、それは物価にも景気にも影響するはずはありません。物価や景気に影響するのは、そうして得た資金を使って政府が何をするかにかかっているのです。中央銀行による国債引き受けが一般に「悪」だとされるのは、「賢いこと」をするための資金なら中央銀行に引き受けてもらわなくても国債を市場で発行すれば調達できるはずだ。でも「お馬鹿なこと」の資金の方は身内の中央銀行に頼らざるを得なくなるはずだろう。だからそれは封じておいた方が良い。そういう経験的な知恵によるものなのだろうと私は思っています。

ここで、ちょっとしたクイズです。経済学者がときどき使うたとえ話に「ヘリコプター・マネー」とか「ヘリコプター・ドロップ」という命題があります。世の中が不況になったら、中央銀行はヘリコプターでも使って空から銀行券をばらまいたらどうか。そうしたら、人々は落ちている銀行券を拾い集めてパンやケーキを買いに行くだろう。そうなれば物価も上がり景気も良くなるのではなかろうか、そういう命題です。これならどうでしょうか。当たりでしょうか、それとも外れなのでしょうか。

答は、そうしたオカネのばらまきの後で政府がどうすると人々が予想するかにかかっています。銀行券をばらまいたのが中央銀行だとしても、結果がどうなるかは政府次第なのです。どうしてそうなのかは、中央銀行の決算を考えれば理解できます。「ヘリコプター・マネー」というのは、中央銀行にとっては資産勘定を動かさずに、負債である銀行券を増加させることです。したがって、それは中央銀行の資本勘定の減少を通じて、中央銀行から政府へのシニョレッジ移転つまり納付金に影響するはずだからです。ばらまき額が大きければ資本金を取り崩します。資本金でも足りなければ、政府は中央銀行に増資を行う必要に迫られるでしょう。要するに、ヘリコプターでばらまいたオカネのツケは最後には財政にかかって来るわけです。

ですから、もし人々が、こうして空から降ってきたオカネのツケは将来の増税になって自分にはね返って来るだろうと予想すれば物価は上がりません。景気にも影響しないでしょう。拾ったオカネに相当するだけの貯金をして増税に備えるはずだからです。ケインジアン的な景気対策を論ずるときによく引き合いに出される話に「穴を掘って埋めるだけでも景気対策になるか」という命題がありますが、「ヘリコプター・マネー」が有効かどうかという命題に対する答も、その本質は同じです。答がどうなるかは、その後始末をどうつけるかにかかっていると言えるからです。後始末としての増税など政府はするはずがない、政府は無責任だと人々が考えてしまえば物価に影響するでしょう。流用された経費を取り戻せない会社の株が下落するのと同じ理屈です。あるいは、オカネのばらまきが増税か物価上昇のどちらかを生じさせることすら人々が予想できずに、オカネを拾っただけで喜んでしまうとすれば、少なくとも当面の景気には影響するかもしれません。そうした現象が生じることを、経済学者たちは「貨幣錯覚がある」と言います。

では、実際はどうなのでしょう。ヘリコプターからマネーをばらまくことに景気刺激効果はあるのでしょうか。これは中央銀行がやったことではありませんが、日本政府は一九九九年に「地

パネル40：ヘリコプターとケチャップと不良債権

ヘリコプター・マネーと言えば、米国連邦準備制度のベンジャミン・バーナンキ議長は、就任早々に「ヘリコプター・ベン」というあだ名をマスコミから奉られてしまった。連邦準備制度の理事だった時代の講演で「減税と金融緩和を組み合わせた政策の効果はヘリコプター・マネーの効果と等しい」と述べたことに由来するらしい。ただし、彼の発言を裏返すと、「ヘリコプター・マネーのインフレ誘発効果（デフレ抑制効果）は、減税と組み合わせなければ得られないはずだ」ということになるから、これは私たちの結論と同じである。ちなみに、この「ヘリコプター・マネー」という命題を考え出したのは、あのフリードマンで、趣旨は「財源措置のない１回限りの現金支給」を行なったときの状況を思考実験的に分析しようというものなのだが、バーナンキにとっての誤算は、オリジナルの論文など読まずに（出所は“The Optimum Quantity of Money”という1969年の長くて難しい論文集）、単純に「ヘリコプター」という表現に反応した人たちが彼を「マネーばらまき論者」と伝えてしまったところにあるようだ。なお、バーナンキには、日本のデフレ対策として、「日銀はケチャップでも何でも良いから買えるものを買って貨幣供給を増やすべきだ」と言ったという伝説もある（真偽のほどは定かでない）。解説すると、日銀がケチャップを買っても使い道などなく、そのうちに賞味期限切れで廃棄処分にでもなるはずだから、それは確かに「マネーのばらまき」以上の効果はない。連邦準備制度議長としてのバーナンキ自身は、2008年秋に金融危機対策として焦げ付いた住宅ローン債権買い入れに踏み切っているが、これも状況によっては一種の「ヘリコプター・マネー」になる。ただし、いわゆる不良債権（写真はバブルの崩壊で売りに出た住宅の看板）は、見かけが悪くても賞味期限切れなどにならず、底値で買えば値上がりするかもしれないので、中央銀行資産としてはケチャップよりはましな買いものである。

域振興券」という金券を総額六〇〇〇億円ほど景気対策のために配ったことがありました。日本型「ヘリコプター・マネー」の政策と言うことができます。地域振興券という名の「政府紙幣」をばらまくことで、地域消費の拡大効果を狙ったものだったからです。でも、狙ったほどの効果はなかったようです。昔、春秋時代（紀元前七七〇年〜同四〇三年）の中国、宋の国に狙公という人がいて猿と仲良く暮らしていたそうです。ところが、急に暮らしが苦しくなったので、猿たちに食物としていたトチの実の数を「朝に三と夕に四」にさせて欲しいと言ったら猿たちが怒ったので、それでは「朝に四と夕に三」ではどうかと再提案したところ、猿たちは喜んで納得したという話があります。「朝三暮四」と言われている有名な故事ですが、将来の増税を予想させるヘリコプター・マネーとは、結局のところ狙公の提案と変わりません。日本型「ヘリコプター・マネー」の教訓は、賢者気取りの経済学者や政策担当者が思うほど人々は愚かでない、市場の動きを馬鹿にしてはいけないということだったのではないでしょうか。

律義な政府と中央銀行

さて、私たちの旅もこのあたりで終りにしましょう。私たちは、もとは光る金属の塊だった貨幣が、金本位制というレトリックを使って紙の銀行券に置き換わるさまを見てきました。そして、最後に、その金という象徴を外して、貨幣制度のスポンサーである政府と実務者である中央銀行が貨幣を演出する現在の通貨制度にまでたどり着いたのです。

現代の通貨制度の仕組みは、余計な飾りを全部とり去ってしまえば、実は簡単なものです。貨幣という仕掛けを支えているのは、そのファンダメンタルズを提供して長期的な貨幣価値を支えている政府という役者と、金融政策を通じてその時間軸上の配分を決めている中央銀行という役者の役割分担なのです。政府という役者が貨幣価値の長期的な「水準」を決め、中央銀行という役者が、その時間軸上での「坂」を決めるのだと考えてもらっても良いでしょう。

この二人の役者は時に揉め事を起こしたり、言い合いをしたりしますが、本当の意味での喧嘩にはなりません。そんなことをすれば共倒れだからです。どのくらいの揉め事や言い合いを許容するかということを「中央銀行の独立性」などと言いますが、それ自体は貨幣制度の本質ではないと私は考えています。

もっとも、政府と中央銀行の関係がどのようなものかは、現実の貨幣価値の決定には大きな意味を持っています。たとえば、中央銀行の意見に特殊な権威のようなものがあって、物価の上がり方がどうも大き過ぎる、それを前提にした政府の財政計画はおかしい、もっと物価が抑えられるように税収を確保すべきだと言ったとたんに、国民も政府もそうかと頭を切り替えて増税でも何でも我慢してくれるような国なら、現在の物価を基準に貨幣価値の坂つまり金利が決まって、将来の物価も中央銀行の思いの通りになるでしょう。要するに「坂が先で水準が後」の世界になるわけです。

でも、それと反対のシナリオも存在します。財政当局は過去のいきさつや選挙民の意向を考えて予算を組み上げ国債を発行するのだ、そこに金融政策の影響など受けてたまるかと政府が考えているとすれば、「水準が先で坂が後」になります。こうした世界では物価の水準は長い目で見れば政府行動により与えられてしまっていますから、中央銀行ができることはその現在と将来の配分を動かすことだけです。たとえば、将来に比べて現在の貨幣価値を重視するということは金利を高めにするということです。金融の引き締めです。そうすると現在の物価は下がりますが、その反作用が将来に向かって現れることになります。現在の物価を抑え込んだ代わりに、継続的な物価の上昇となってツケが現れるわけです。これは、金本位制下の金融引き締めの効果として前にも説明したことです（138ページの図参照）。

では、私たちの貨幣制度はどうなっているのでしょうか。金本位制は過去のものだ、金平価などという制約を外した以上は、貨幣価値は中央銀行が自由に決められるはずだという考え方もあり得ます。自由に決めるということはアンカーなど必要とせずに、貨幣価値はバブルだと割り切って、そのバブルの海を上手に泳ぐのが中央銀行の仕事だと割り切ろうという考え方です。これは、貨幣価値は貨幣的な現象だから中央銀行が決めれば良い、決められるはずだ、そういう言い方になることもあります。

でも、私はこの考え方に賛成できません。理由は、現代の政府は資本市場からも信用されるよう努力しているはずだし、それなら、そうした政府の努力をアンカーにした方が、何もアンカーにしない貨幣を作り出すより、ずっと質の良い貨幣を世の中に提供できるはずだからです。

こんなことを言うと、政府は資本市場に信頼されてなどいるのか、その保証はあるのかという反論が返って来るかもしれません。でも、私は、日本も含めて世界の多くの政府は信頼されるための努力はしているし、その必要性を理解はしていると思っています。

政府が資本市場に信頼されなくなれば、その国は遅かれ早かれ自国通貨建てでの資金調達ができなくなります。ヘリコプターでオカネをばらまいて後の始末を考えないような政府と中央銀行のコンビがあったら、そうした政府の発行する国債には売りが殺到するでしょう。国債に売りが殺到するような状況になればインフレになりますが、そうしたやり方でデフレ問題の解決をしようとするのは、おそらく最悪です。そうして通貨への信頼を壊してしまったら、もう次に必要が生じても政府は自国通貨建てでの資金調達ができなくなります。自国通貨建てでの資金調達ができなくなれば、外貨建てでの国債発行に頼らざるを得なくなります。そうなったら、もうインフレですらも財政赤字問題の解決になりません。要するに、その国は累積債務国への道を歩み始めることになるわけです。世界には累積債務国というものが存在し、彼らは何をしても解決できない元利払いの苦境に苦しんでいます。しかし、そうした国々も好んで苦境に落ちたわけではないのです。好んで苦境に落ちるのと、落ちないように努力しても形勢利あらず落ちてしまうのとでは、その後の「国のかたち」に与える影響はまったく異なるだろうと思います。

政府は信頼されなければなりません。少なくとも、信頼されるよう努力しなければならないはずです。そして、政府が信頼される政府であるためには、何よりも自身の意思と責任において予算を決め、律義に国債の償還を行わなければなりません。ここで「律義」というのは、自然利子率を基準にして借りを返さなければならないということです。そこには「物価」は関係ないのです。自然利子率は、物価とか貨幣というものがある以前から、技術や人口あるいは人々の価値観などで決まって来る資本市場での現在財と将来財の交換比率であり、すなわち自然の交換比率だからです。そうした政府の努力と資本市場の規律に長期の貨幣価値を託して、政府と中央銀行との関係は「水準が先で坂は後」を原則にするというのが、長い目で見て安心される貨幣を供給する条件だと私は思っています。

最後に、この信頼ということに関連して、いわゆる「インフレターゲット」について触れておきましょう。インフレターゲットというのは「インフレーション・ターゲット」の略で、要するに現在から将来の物価の「坂」を中央銀行が約束して、現在の物価を抑え込もうという政策手法のことです。なぜそれが可能かは、もう明らかでしょう。インフレターゲットとは、放っておけば一気に噴き出しそうなインフレ圧力を、時間をかけて徐々に解放しようとするものだからです。要するにインフレ圧力の長期ツケ払いのようなものです。政府や中央銀行が信頼されていれば、こんなこともできることになります。この政策手法は、一九八〇年代末から一九九〇年代の初めにかけてニュージーランドやカナダそして英国などでインフレ抑制のために試みられ、それなりに成果を上げました。

私が以前からおかしいと思っていたのは、日本がデフレに苦しんでいた二〇〇〇年代に、そのデフレ対策にこの手法を使おうという提案が現れたことです。インフレターゲット自体は間違った政策手法ではありませんが、デフレ圧力を散らしたいときに採用できる手法ではありません。デフレ圧力を長期ツケ払いしたいのならば、物価が下がっていく「坂」を中央銀行が約束しなければなりません。要するに「デフレターゲット」を考えなければいけないわけです。でも、それは非常に難しいのです。理由は、ケインズが「流動性の罠」と呼んだ例の制約条件の問題がある

パネル41：変動相場制移行後の円とドル

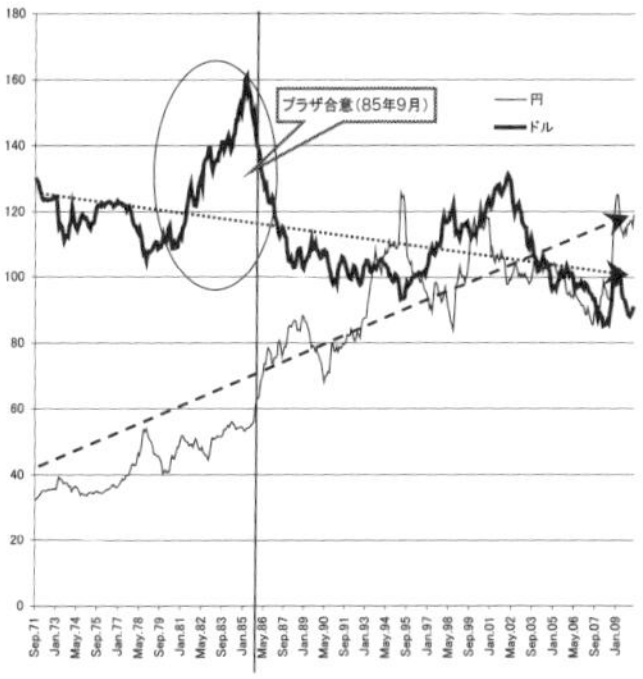

最後にニクソン・ショック以降の円とドルの動きを実効為替レートで示しておこう。為替レートを2国間だけで計算していると、自国通貨が原因で相場が動いたのか、それとも他国通貨が原因なのか判断できないことがある。それを修正したものが実効為替レートである。実効為替レートとは、主要な他国通貨との間の為替レートを加重平均したもので、ここではBISが公表している主要28カ国通貨ベースでの実効為替レートを使った。こうしてみると、円は傾向的に値を上げており、対照的にドルは値下がりを続けていることが分かる。例外は1980年代の初めから半ばにかけての時期で、この時期のドルは、当時のレーガン政権の経済政策を評価したのか、まるで「コブ」のように上昇している。これを修正したのが、1985年の「プラザ合意」である。なお、円の傾向的な上昇あるいはドルの傾向的な下落は、この両国の金利差とほぼ見合っていることにも注目してよい（この間の円とドルの金利差は平均的に3%程度で、これは為替レート変化率とほぼ等しい）。傾向的な円高ドル安と日本の低金利は対になって実現しているのである。景気や為替レートを意識して金利を低く維持する政策は、さしあたり「一時的な自国通貨安」を実現するが、それは「傾向的な自国通貨高」となって逆襲されてしまうわけだ。金融政策とは要するに現在と将来の交換なので、「一時」と「傾向」はどちらかを取れば他方が立たないという関係になるとも言える。変動相場制移行後の日本の金融政策は、米国よりも基調的に「目先重視」だった、そう評することもできるだろう。

からですが、これは次の章でお話しすることにしましょう。
これで貨幣の明日のことを考える準備が整いました。次が最後の章になります。

第四章　貨幣はどこに行く

新約聖書によれば、ローマへの納税の是非を問われたキリストは、持ち出されたデナリオン銀貨を見て「カエサルのものはカエサルに、神のものは神に返しなさい」と答えたという。貨幣の価値とは何かを考えさせる言葉である。デナリオン銀貨は当時最も普及していたローマの貨幣であり、表にカエサルすなわち皇帝の肖像があった。銀貨１枚の価値は当時の労働者の１日分の労賃に相当したという。

私たちは貨幣の歴史をたどって現代までたどり着きました。では、貨幣はこれからどうなるのでしょうか。最後にその問題を考えてみたいと思います。

一　統合のベクトルと離散のベクトル

統合のベクトル

通貨にはいつも二つのベクトルが働いています。多くの通貨を統合して一つにしようとする方向に働く「統合のベクトル」と、より多様な通貨を作り出して使おうとする方向に働く「離散のベクトル」です。この二つのベクトルは、ときに対立し、ときに調和しながら、貨幣の世界にさまざまな模様を作り出してきました。

まず「統合のベクトル」について考えてみましょう。なぜ、このベクトルが働くのでしょうか。理由は便利で安心だからです。私たちは旅行先で買い物をするのにも、貿易や海外投資をするのにも貨幣を使用します。海外で買い物をするとき自分の財布の中に入っている貨幣を無条件で受け取ってもらえれば問題ありません。でも、それに自信が持てないと私たちは旅行を計画するのに慎重になるでしょう。海外に投資するときはもっと深刻です。自国の通貨と投資先国の通貨が違えば、いわゆる為替リスクが発生します。それが大きくなれば、会社の決算も為替変動に振り回されることになりかねません。ですから、人々が頻繁に行き来して物資や資本あるいは労働力の往来が活発な地域内では一つの通貨を使った方が便利で安心なのです。

しかし、通貨はどこまでも統合すれば良いわけではありません。世界には多くの国があり、抱える事情もまちまちです。したがって、そうした異なる事情から生じる問題を通貨の違いで吸収したいという要求がある場合には、通貨を統合すべきではありません。

たとえば、隣の国に不動産開発ブームが起こって資材価格や賃金が急騰したとします。インフレの発生です。もし、私たちが、そうした隣国のインフレの影響で物価が上がるのは困ると考えるのであれば、通貨は統合しない方が良いでしょう。国が隣り合っていても別々の通貨が採用されていれば、インフレは、それを生じさせた国の為替レートを弱くするだけで、国境を越えて他国に波及しません。独自の通貨を使うことには、貨幣価値との付き合い方を独自に決めることを可能にするという利点があるわけです。

ところが、その隣り合った国同士が、もともと緊密な経済関係にあったらどうでしょう。物資はほとんどフリーパス状態で行き来するし、人々も隣国に働き口が見つかれば簡単に引っ越してしまう、そんな関係にある国同士だったら為替レートがどう動いても遅かれ早かれ隣国の好不況は自国経済に影響してきます。それだったら隣国に起こったことは貿易や人口の移動により自国に波及してくるものだと割り切って、どちらか片方の国で起こった問題でも最初から両国で共同して対応した方が良いと考えることもできます。どうせ影響が遮断できないのなら、互いに影響が及ぶことを前提にして、通貨を同じくする良さを最大限に活用しようと考えるわけです。そうした発想で通貨統合の範囲を決めようという考え方を「最適通貨圏」と言います。ここからヨーロッパ共通通貨ユーロが生まれました。

英国を除くヨーロッパ主要国は、一九九八年にドイツのフランクフルトに欧州中央銀行を設置して金融政策に関する権限を集中し、翌年の一月からユーロの発行を開始しました。この段階でのユーロは、まだ銀行の口座の上に存在するだけの通貨でしたが、二〇〇二年の一月からは現金の流通も始まって、ドイツのマルクもフランスのフランも過去のものとなりました。ユーロは通貨を統合しようとするベクトルが強く機能した例といえます。

ユーロは成功しました。スタート直後はやや混乱気味でしたが、現金発行を開始した二〇〇二年以降は次第に評価を高め、この時期の世界的な好景気の波にも乗って通貨としての価値も上がりました。通貨統合後のヨーロッパは世界で最も自由な交易と投資が保証された地域となりました。交易と投資は経済を活性化させます。ユーロ誕生後のヨーロッパ経済の活況は、通貨統合と域内経済とのよき相互作用の産物でもあったわけです。

しかし、この評価は二〇〇八年の秋に逆転します。理由は米国で事件が起こったからです。事件の内容は、サブプライムと呼ばれていた低所得者向け住宅ローン債権への投資ブームの崩壊で、それだけだったら歴史の上ではよくあるバブル事件の一つとも言えるのですが、そうした住宅ローン債権が投資用の証券のかたちに加工され、それが世界中の投資家にばらまかれていたことが問題を大きくしました。米国ではリーマン・ブラザーズという大手の金融機関が倒産し、ヨーロ

パネル42：ユーロを生み出したもの

「最適通貨圏」の概念を提唱したのは、ロバート・マンデル（Robert Alexander Mundell、1932–）だが、彼は国際経済学の基本モデルとされる「マンデル＝フレミング・モデル」の考案者としても知られている。このモデルにおいて彼は、貿易や対外資本取引を自由化している小国における財政政策の効果は為替レートの変化を通じて海外に流出してしまうから、そこで経済政策として意味があるのは金融政策だけになるとした。この議論は、いわゆる開放経済におけるケインジアン的財政政策の限界を示すものとして、多くの経済学の教科書で紹介されているが、その前提になっている「小国」とは何かを改めて考えてみると、それは「実体経済の規模が世界全体と比べて無視できるほど小さい国」という意味だから、そうした国の財政の動きはモデル自体の定義により世界経済の中に埋没してしまうはずで、そこで政策効果が否定されるのは当然という面もある。マンデルは最適通貨圏概念の提唱によって「ユーロの父」とも呼ばれているが、その彼の名を冠するモデルの結論（正確には結論の一部）の一人歩きが、本来は別問題であるはずの通貨統合問題において財政のことを軽く考える気分につながっていたとしたら、それは彼にとっても不本意だろう。ユーロ圏におけるドイツやフランスが、マンデル＝フレミング・モデルで言うような「小国」でないことは明らかだからである。写真はユーロ紙幣のデザイン。日本も含めて多くの国の紙幣は、偉人や政治家の顔を使うのが定番だが、ユーロはあえて実在の人物を用いない。特定の人物の顔を取り入れることがナショナリズムを刺激するのを嫌うためである。

ッパでも多数の金融機関や企業が深手を負いました。ところが、こうした危機の中でユーロは弱さをさらけ出してしまったのです。

米国も最初は混乱気味だったのですが、問題が本格的な金融危機に発展した後の対応には素早いものがありました。財政を動員して危機に陥った金融機関や企業の救済に乗り出したのです。それに対して、ヨーロッパの動きは鈍く、財政と金融は別だ、金融の問題を解決するのに納税者のオカネは動員できない、そういった建前論を先行させてしまったのです。これが失敗でした。問題を起こしたのは米国だったのに、通貨として大きく売り込まれたのはドルよりもユーロになったのです。一九九〇年代の日本でもそうだったのですが、危機が生じたときに最後の頼りになるのは政府です。ユーロにはその用意と覚悟が不足していたようです。危機が浮かび上がらせたのは、調整すべき利害が大きくて複雑な財政の統合を迂回し、利益が見えやすい通貨の統合を先行させて作り上げられたユーロの弱点だったとも言えるでしょう。

各国の政治事情から切り離して価値が維持できるよう設計されたユーロは、経済が好調な時には政府や政治の動きと一線を画し、発展する経済を良く支えることができます。でも、政治と財政を動員して防がなければならない危機が生じた時の対応は鈍くなりがちです。財政と切り離して作り上げられた共通通貨ユーロは、平時に強く危機に弱い通貨だったのです。

離散のベクトル

次は「離散のベクトル」です。ゲゼル以来の歴史を持つ「自由通貨運動」については第二章でも触れましたが（88ページ参照）、そうした運動の背景にあるのは「国」を前提にした通貨を強制されることへの反発、つまりは「離散のベクトル」です。また、家電量販店やレストランが発行するポイント、あるいは航空会社を利用して得られるマイレージなども、それを一種の私的貨幣とみれば、中央銀行が発行する「法貨」に対抗する「離散のベクトル」の現れとみることもできます。では、なぜ通貨には統合と離散という二つのベクトルが働くのでしょうか。

貨幣価値の源泉の一つは、多くの人が貨幣を価値あるものとして受け入れることです。貨幣の「一般的受容性」と呼ばれるものですが、これは経済学者がいう「ネットワーク効果」だと言い換えても良いでしょう。ネットワーク効果とは、多くの人が同じものを一緒に使うことで相乗作用が働き、使うものの価値が増加することです。パソコンのソフトは他の人が普通に使っているソフトを使うようにした方が便利です。携帯電話だって加入者が多いシステムに参加した方がコミュニケーションの範囲が広がります。これがネットワーク効果です。通貨に統合のベクトルが働くのは、統合でより大きなネットワーク効果が得られるからです。

しかし、貨幣は、誰もが同じものを使えば使うほど良いというわけではありません。人々が貨幣に求めるものは均一ではないからです。ある人々は貨幣を発行することから生じる利益つまりシニョレッジを、同じ地域の発展や福祉のために使いたいと思っているかもしれません。また、ポイントやマイレージを通貨のように使うことを通じて利用者との間の長期的な関係性強化を図りたいと考えている企業もあるでしょう。そうした地域や企業の要求を満足させるためには、多様な貨幣が供給されている方が望ましいのです。それは、貨幣に対する「自由」あるいは「競争」への要求となって現れます。それが離散のベクトルを生み出すわけです。

貨幣発行における自由と競争を提唱した経済学者と言えば、それは第二章でも触れたフリードリッヒ・ハイエクでしょう（93ページ参照）。彼は政府と結びついた中央銀行による貨幣発行システムを批判し、一九七六年刊行の『貨幣発行自由化論』において貨幣の発行を民間銀行の自由競争に委ねるべきであるという議論を展開しました。彼の論点は、いくらインフレを生じさせても地位が揺らぐことのない中央銀行に貨幣発行を独占させておくよりも、自身が提供している貨幣の価値が減価すれば業務からの退出を余儀なくされるはずの民間銀行の競争に委ねた方が、結果として貨幣価値を安定的に維持できるだろうというところにありました。

もっとも、このハイエクの主張を聞くと心配になる読者も多いことでしょう。民間銀行の競争に通貨制度を委ねたら、かえってインフレにならないかという心配です。実際、明治初期の日本では国立銀行という名の民間銀行の規律のない融資拡大によってインフレが発生したと歴史の本にありますし、似たようなことは日本に限らず多くの国で経験されています。ハイエクの提案にしたがったら、同じことが繰り返されるのではないでしょうか。

でも、それは違うのです。明治初期の日本で起こったことは、いくつもの民間銀行が同じ「円」という名の銀行券を競って発行したときに起こったことです。この時期の日本では、第一国立銀行が発行する一円札も第二国立銀行が発行する一円札も、区別なく流通することとされていました。そんな仕組みの下では、甘い基準でどんどん貸し出しを増やす銀行が他を圧倒して、グレシャムの法則、有名な「悪貨は良貨を駆逐する」という法則が実現することになってしまうでしょ

パネル43：良貨が悪貨を駆逐する

「悪貨は良貨を駆逐する」としたトーマス・グレシャム（Thomas Gresham、1519–1579）は、16世紀ヨーロッパ金融の中心地であったオランダで、英国王室の債務整理のために奔走する過程でこのアイディアを得たと伝えられている。一方、ハイエク（Friedrich August von Hayek、1899–1992、写真）は、いわゆるオーストリア学派に属する経済学者で、ウィーンに生まれて1931年にロンドンに渡り、政府は市場を管理すべきでないという立場から所論を展開して、政府による総需要の管理を主張するケインズおよび彼の信奉者たちと激しく対立することになった。オーストリア学派は、人間の欲望と欲望を満たすための財の稀少性の相互作用から価値というものを説明したカール・メンガーに始まる経済学思考の大潮流のひとつで、この流れに属する人たちの顔ぶれは実に多彩だが、共通するのは自由な選択への尊重と公正を重んじる思考法だといってよい。SDRの創出に関して、それは要するに外貨準備をいくらでも持ちたがる通貨当局の欲望の産物であるとした「衣装ダンス理論」のマハループもオーストリア学派の大立者の1人であるし、自然利子率の発見者ウィクセルもハイエクを筆頭とするオーストリア学派の公正さがなければ歴史から忘れ去られていたかもしれない。また、1979年から1990年まで英国の首相を務めて衰えかけていた英国経済の再建に貢献した「鉄の女」マーガレット・サッチャーは、ハイエクの熱烈な信奉者であったことで知られている。なお、次ページのダカットもフロリンも、ハイエクが『貨幣発行自由化論』（川口慎二訳・東洋経済新報社、原題は“Denationalisation of Money”）の中で説明の便宜のために使っている通貨名だが、ダカットは中世のベネティアで、またフロリンはフィレンツェで実際に発行されていた実在の金貨の名称でもある。ダカットもフロリンも量目（約3.62グラム）および品位（87.5%）はまったく同じで、13世紀以降のヨーロッパで最も信用のある金貨として等価で通用していた。良貨が悪貨を寄せ付けなかったのである。

う。そんなことになればインフレが発生するのも無理はありません。ところが、ハイエクが提案しているのは、そうしたやり方ではなく、貨幣を発行する銀行は、それぞれ独自の貨幣を発行し、どの銀行が発行する貨幣を使うかは人々の選択に任せる、言いかえれば市場の評価に委ねるという方法です。そこにグレシャムの世界との違いがあります。

ある銀行は自分の銀行券に「ダカット」と名前を付けます。別の銀行は「フロリン」と名付けたとしましょう。そうした世界では、最初は一ダカットが一フロリンと等価だったとしても、いつまでもそうとは限らないわけです。ダカットに比べてフロリンが信用できないと人々が思い始めれば、フロリンはダカットに等価交換できなくなります。最後までフロリンが信用を回復できなければ、いずれ無価値となり市場から消えてしまうことになるでしょう。つまり、貨幣の選択を市場に委ねれば、「悪貨が良貨を駆逐する」のではなく、「良貨が悪貨を駆逐する」はずなのです。確かに、これなら競争的な貨幣発行を通じ貨幣価値の安定が実現しそうです。

もっとも、このハイエクの主張は多くの人に受け入れられるものではありませんでした。理由は、要するに彼の主張が当時の現実と大きく距離のあるものだったからなのですが、改めて時代の流れを振り返ってみると、世界はそうとは意識せずに彼の提案を取り入れたと言っても良いようなところがあります。それは、この時期に世界は変動相場制への移行を始めたからです。

競争する政府たち

かつて国は人々を支配し君臨するものでした。国が領域と人民を統制する権限を「高権」といいます。しかし、この高権という概念は、現代の世界ではすっかり色あせたものとなりました。物資の輸出入は自由になり、国境を越えて企業活動を展開することへの制限もほとんどなくなりました。そして、「人」自身ですらも、多少の手続きを踏めば他国へと移住し、その市民や国民になることができるようになっています。そうした世界で、貨幣を国境の内に閉じ込め、国家が人々の貨幣選択を支配することなどできるのでしょうか。普通に考えれば難しそうです。物資や人の移動が自由になれば、国境を越える貨幣の移動もどんどん自由になりそうなのです。ところが、現実はそれほど単純ではありません。歴史の流れをみると、国境を越える貨幣の移動は、自由から規制へ、そして再び自由へと変わってきているからです。

金貨や銀貨の時代には、人々は自分が使う貨幣を自分で選択することができました。室町時代の日本では、人々の選択の結果として中国からの輸入銭が通用していましたし、統一前のイタリアやドイツでも、都市や領邦国家が発行するさまざまな貨幣が入り混じって通用していました。もちろん、例外もあります。日本の江戸時代のように強力な国内統治力を持つ政府が出現すれば、その領域内での貨幣選択も支配されてしまいます。でもそれは例外でした。例外が例外でなくなるのは、一九世紀から二〇世紀にかけて排他的な国内統治力を持つ政府が登場し、その領域内の通貨を統制するのが普通になったからです。中央銀行という仕組みも、その「中央」という言葉が示す通り、そうした国の通貨支配から始まったものです。金本位制の時代というのは、貨幣の国家化の時代でもあったと言えるでしょう。

もっとも、金本位制とは、金と銀行券との自由交換を前提にして信用を維持する制度ですから、そこで貨幣を持つことにするか金を持つことにするかは、人々の選択に委ねられるのが原則です。また、外貨すなわち外国の貨幣を持っていることも構わないとするのも追加の原則になります。貨幣としての金を持つことができる以上は、外貨を持つことを禁止する理由を探すのは難しいからです。その限りでは、当時の国と中央銀行は、国内における貨幣の「製造」を独占できてはいましたが、その「流通」においては常に他の通貨との競争にさらされていたわけです。

ところが、そうした国家間の通貨競争は、ブレトンウッズ体制すなわち固定相場制の開始とともに大きく制限されるようになります。固定相場制とは、要するに国と国との間で締結された貨幣に関する価格維持カルテルのようなものだと言えるわけですが、ブレトンウッズ体制とは、それに貨幣支配地域分割特約という味付けを加えたものという面があったからです。この体制の下では、国が領域内の貨幣を管理するのが「世界標準」になりました。日本では外国為替管理法という法律が作られて、国民を金どころか外貨からも隔離してしまいます。国民を外貨から隔離したのは、為替相場を維持するための市場介入を効率よく実施するためでしたが、それは国内における貨幣流通の独占を完成させるものでもあったわけです。ハイエクが非を鳴らしていたのは、こうした文脈での通貨の独占だったのだろうと私は思っています。

しかし、こうした通貨の独占は世界が変動相場制に移行するとともに空洞化していくことになります。ブレトンウッズ体制で国民を外貨から隔離したのは固定為替相場を維持するという大義名分があったためです。したがって、守るべき固定相場がなくなれば国民を外貨から隔離する理由もなくなってしまいます。日本の外国為替管理法は一九八〇年に改正され、国民の外貨保有について、それまでの原則禁止から原則自由へと変わりました。通貨たちが人々から選んでもらうために互いに競争し合う世界が再び始まったのです。それが私たちの時代です。

現在の世界では、野口英世の千円札は日本銀行しか発行することができませんし、ジョージ・ワシントンの一ドル紙幣は連邦準備制度のものです。しかし、それはレクサスという車を作ることができるのはトヨタ自動車だけで、キャデラックという車は米国のGMのブランドだというのと同じ程度の「独占」であるに過ぎません。日本国民がキャデラックを買うことができるのと同じように、米国市民もレクサスを選ぶことができます。そして、日本国民がドルを選ぶことができるのと同じように、米国市民も円を持つことができるのです。日本銀行は「円」の独占的な供給者ですが、日本の「国内にある貨幣」の独占的な供給者ではありません。いや、そもそも「国内にある貨幣」という概念すらも、金融取引のほとんどが情報処理ネットワーク上のデータ処理に移行し、電子マネーというものが普通に使えるようになった現代の世界では、実質的な意味をほぼ失っていると言って良いと思います。

そうした世界では、円の価値に比べて金利が低過ぎると思われれば、やがて円は人々から見放されるでしょう。それは、レクサスもキャデラックも内容に比べて値段が高過ぎると思われれば売れないというのと同じ理屈です。金利と車の値段とでは、高いと低いが逆になっていますが、それは金利が「低い」ということは、通貨としての長期的な価値に比べて、現在の貨幣の価格が「高く」設定されているということを意味するからです。売れるか売れないかが、性能と価格のバランス次第という点では、通貨も自動車も変わりはありません。現代の世界は通貨間の競争の

パネル 44：通貨はどこにあるか

銀行券や硬貨などの「現金」を使うことが減っている。多くの支払いは、銀行の口座振替や IC カード上のデータ処理によって行われているからだ。通貨の「電子化」が進んでいるのである。しかし、こうして電子化された通貨がどこにあるのかを決めるのは容易でない。たとえば、イランのイスラム原理主義革命下で起こった 1979 年の在テヘラン米国大使館占拠事件は、米国政府による在米イラン資産凍結措置に発展したが、その過程で、ロンドンおよびパリの銀行にあるイラン政府のドル建て預金という「電子化された通貨」がどこにあるかという問題がヨーロッパの法廷で争われることになった。イラン側はロンドンやパリの銀行預金は、ヨーロッパにある銀行の業務処理システムによって管理されているのだから米国政府の凍結措置が及ばないと主張したのに対して、米国側はドル建て預金である以上は最終的に米国の国内銀行の勘定処理につながっているのだから凍結の対象になると主張したのである。この事件は、軟禁されていた大使館員たちが解放されたのを受けて米国がイラン資産凍結を解除したことにより法的な結論をみることなく終わったが、このことひとつをとっても「国内にある貨幣」とは何を指すのかは結論が出ないクイズであることが分かる。また、世界にはドルが現地通貨と同様かそれ以上に通用している国もあるし、国の富の多くを握る大金持ちたちが過半の資金を外国の銀行に置いてしまっている国もある。こうした国では「マネーサプライ」という概念も無意味に近くなっている。写真は大使館占拠から解放されてイランから帰国した米国大使館員たち。この事件後、米国とイランの外交関係は断絶したままだが、イラン中央銀行は同国通貨リアルの対ドル相場を公表し続けている。外交関係は切れてもドルとの関係は切れないのである。

時代に入り込んでいるわけです。ただ、その競争が、ハイエクが提唱したような一国の中における民間銀行間の競争ではなくて、世界規模で繰り広げられる通貨選択を巡る国家間の競争として実現している、そう捉えるのが現実に近いと私は思っています。

前の章では、変動相場制に移行した後の世界では、世界の通貨たちの価値は安定し互いに良く似た動きになってきていること（218ページ参照）、そして傾向的に高くなっている通貨と安くなっている通貨との間には、そうした価値変動に見合う程度の金利差が長期的に存在することを指摘しましたが（239ページ参照）、そうした現象が生じるのも車や家電製品の市場と通貨の市場とが似てきていることの証左なのではないでしょうか。

では、ここで質問です。こうした通貨を巡る国家間の競争は好ましいものなのでしょうか。それとも、ユーロのように通貨を統合することを目指すべきなのでしょうか。

ユーロからの教訓

貨幣は価値の乗り物です。そして良い乗り物ほど、価値を速く簡単に届けることができます。通貨を統合するということは、そうした価値の乗り物がカバーする地域を遠くまで拡大することに他なりません。それは便利なことです。でも、間違えると危険なことでもあります。

貨幣の価値とは、経済学者が「ネットワーク効果」と呼んでいるものでもあることは説明しました。しかし、ネットワーク効果が働くということは、それに乗って「良いもの」が効率良く運ばれてくる一方で、「悪いもの」も効率良く運ばれてくることをも意味します。

私は生まれも育ちも東京なのですが、東京の交通は一昔前に比べてずいぶん便利になりました。地下鉄とＪＲや私鉄が広範囲に相互乗り入れを行うようになり、混雑した駅で乗り換えを行うことなく、ときには居眠りしながら目的地まで運んでもらえるようになったからです。しかし、相互乗り入れには副作用もあります。隣県で起こった架線事故の影響が都内どころか都心を通り越して東京の反対側にある地域の運行ダイヤまで狂わせたりすることがあるからです。便利になった交通網は、便利さと一緒にリスクも効率良く運んでしまうのです。

では、運ばれてくるリスクにどう対処したらよいでしょう。交通のネットワークにおける対策の基本は「流量」の調整で、それを決めるのは運転指令所という鉄道会社ごとに設けられた管制機関です。問題が起こったときは、運転指令所と運転指令所とが話し合って相互乗り入れの流量を制限するわけです。問題が大きければ、乗り入れの流量はゼロ、つまり乗り入れが中止されます。ところが、通貨のネットワークでは運転指令所間の話し合いは必要ありません。通貨の世界で運転指令所に相当するのは、通貨当局つまりは財務省と中央銀行ですが、異なる通貨と通貨との接点には為替相場というものがあって、それが当局間の話し合いの代わりをしてくれるからです。ある通貨に問題が起これば、普通は為替レートが弱くなります。為替レートが弱くなれば、その通貨を使う人々の行動が世界に与える影響は自然に小さくなります。変動相場制の世界では、当局に代わって市場が流量を調整してくれるのです。

通貨当局というのは、どうも話し合いをするのが好きなようなのですが、世の中が本当に彼らの話し合いを必要としているのかどうかは良く分かりません。通貨当局間の話し合いなど存在しそうもない米国とイランの間でも、為替レートはちゃんと存在して経済活動の流量を調整してくれているからです。変動相場制の世界における通貨当局の役割というのは、話す前から結論が出ているような意見交換をすることよりも、自身が責任をもって守らなければならない国内あるいは通貨圏内における問題に対処すること、要するにリスクの吸収装置としての機能を普段から整備しておくことなのでしょう。この章の初めで取り上げたユーロの問題も、結局はこの教訓に行き当たります。

危機におけるユーロの問題とは、一つの通貨を複数の財政で支えようとする仕組みの構造問題だといえます。財政による景気対策の有効性については懐疑的な見方が少なくないのですが、経済や金融に予期せぬ危機が生じたときに頼りになるのはやはり政府と中央銀行です。一九二九年に始まる世界恐慌にしても二〇〇八年秋の金融危機にしても、大きな危機に直面すると人々はパニックになります。そうなると、普通の会社や銀行では危機を抑えきれません。人々は政府あるいは中央銀行へと殺到することになります。理由は、期間決算で縛られている会社や銀行よりも、より長期的な視野から資源配分を行える彼らの方が、押し寄せる大波を受け止めるには向いているからです。もちろん、財政当局も打ち出の小槌を持っているわけではありません。ですから、危機対策に投入した費用は、いずれは国民の負担になって戻ってきます。しかし、それは危機対策そのものが無駄だということではありません。生じてしまったショックを放置して経済を崩壊させるより、ショックをいったんは吸収して時間をかけて放出した方が賢いからです。そして、そうした迅速な行動を保証するには、意思決定の構造は単純でなければいけません。そのためには、通貨圏と財政とが一対一で対応している方が有利なことも明らかでしょう。

二〇〇九年の秋、ユーロ参加国であるギリシャの財政危機が表面化しました。ヨーロッパ各国が迫られたのは、このギリシャへの財政支援です。問題を放置すれば、前年の金融危機の痛手から立ち直っていないユーロへの信認がさらに傷つくことは明らかだったからです。しかし、この決定に各国は手間取ります。ギリシャの経済規模はドイツの一〇分の一、フランスの八分の一程度で、日本でいえば神奈川県程度の大きさですから、この国の財政危機を救済できないはずはありません。しかし、問題は救済の恩恵と負担の非対称性にありました。

個々の参加国の立場で考えてみましょう。ギリシャ問題を放置してユーロが崩壊したら良くないことは分かっています。しかし、最悪なのは、自分だけが行動して他の国にただ乗りされてしまうことでしょう。問題を起こした国を支援してユーロが崩壊を免れるのは良いことなのですが、その成果はユーロの全参加国の利益となります。ところが、その負担は自国の納税者だけが背負わなければならないからです。それが分かっていると、通貨を守るための行動をどの国の政府もためらい、結果としてどの国も行動しないという最悪の選択をすることになりかねません。これはゲーム理論における「囚人のジレンマ」としてよく知られている問題ですから、早くから危機の本質に気が付いていた人たちも多いのではないでしょうか。

事態の進展を見ると、関係する政府たちも、分かり切っているはずのジレンマから抜け出せないほど愚かではなかったようです。ギリシャ支援問題は、問題の発生から半年以上もかかり、IMFの支援まで受け入れるという苦いおまけまで付きましたが、二〇一〇年の初夏には各国の協

パネル 45：囚人のジレンマ

罪を認めたら確実に執行猶予が付くが、認めないままで相棒が自白したら刑は重くなるぞ!
囚人A
囚人B
検事

		囚人Bの選択	
		罪を認める	罪を認めない
囚人Aの選択	罪を認める	B=△ A=△	B=× A=◎
	罪を認めない	B=◎ A=×	B=○ A=○

ゲーム理論はフォン・ノイマン（John von Neumann、1903–1957）らの発想をもとにしてナッシュ（John Forbes Nash, Jr.、1928–）によってまとめ上げられた。「囚人のジレンマ」はナッシュが整理した均衡状態のひとつで、左図のように別々に拘置されているAとB２人の囚人に、検事が自白と引き換えに刑の軽減を示唆している状況として説明されるのでこの名がある。こうした状況に置かれると、囚人たちは、①自分だけが罪を認めれば確実に執行猶予を得られそうだが（◎)、②２人とも罪を認めないと実刑と無罪の可能性が半々となり（○)、③２人とも罪を認めると実刑になりそうだと分かっているが（△)、④それでも相手にだけ自白されて重罪になるのは最悪（×)、だと考えることにより（下の表)、互いに相手がどのような選択を行おうとも自白しておくのが良い選択になると思い始め（Aについては各セルの左下部分を縦方向に比較、Bについては右上部分を横方向に比較)、その結果、２人とも罪を認めるという状況に陥ってしまう。ここで、「罪を認める」を「問題国を支援しない（他国にただ乗りされない)」と読み替え、「罪を認めない」を「問題国を支援する（他国のただ乗りを許容する)」と読み替えると、問題国をどの国も支援せずに共通通貨が崩壊するというシナリオができあがる。このジレンマを避ける最良の方法はAとBの協調なのだが、そのためには深い相互信頼が必要である。

調支援合意という答に達することができました。合意に達することができた背景には、たった三〇年ほどの間に二度の大戦の地上交戦国となったドイツとフランスにおける統合維持への熱意が健在だったことが大きいように思います。

もっとも、協調支援というのは、要するに対症療法ですから、これでギリシャの問題が解決したわけではありません。そして、問題を最終的に解決できなければ、ギリシャはユーロから退出するほかはないでしょう。しかも、ユーロという仕組みには、参加のためのルールはあっても、退出を仕切るルールはありません。ギリシャを含めてユーロの中の「弱い国」をどうするか、とりわけユーロからの退出を余儀なくされた国が出てきたときにどうするか、それは共通通貨ユーロにとって、もはや避けて通れない課題になりつつあるように思えます。もちろん、ユーロの将来が絶望というわけではありません。今回のギリシャ支援劇の背後にあったようなヨーロッパ主要国における統合維持への熱意が持続する限り、ユーロが問題を乗り越えていく望みはあると思います。ただ、それが平坦な道ではなさそうなことも確かです。

そして、こうしたユーロの教訓を踏まえれば、ドイツとフランスのような統合にかける熱意の基盤すら持たない国同士の性急な通貨統合が、ユーロ以上に危うい「愚者の船」を作ることになりかねないことにも気が付かなければなりません。順風が吹いている間は良いのです。しかし、海が荒れてきた時には、ジレンマから抜け出せないどころか、嵐そっちのけで乗り合わせた船の上での非難と憎しみの応酬を作り出すことにもなりかねません。アジア共通通貨というような構想を語る人は少なくないのですが、隣り合った国がともに発展していこうとするとき模索すべきなのは、国と国とが異なる立場を認めあい相手を尊重し合うための枠組みであって、性急な通貨の統合ではないと私は思っています。安易な結婚が悲惨な離婚の原因になることは、通貨の世界でも同じなのです。これは、ますます一体化が進みつつある世界の中での通貨のあり方を考えるとき、見過ごしてはならないユーロからの教訓なのではないでしょうか。

そして、もう一つ、見落としてはならないことがあります。それは、私たちの貨幣制度が前提にしている経済や市場の仕組みに大きな転機が訪れつつあるかもしれないということです。

二　貨幣はどこに行く

金融政策のルール

第一章の物語を思い出してみましょう（33ページ参照）。自然利子率とは現在の富と将来の富の交換比率のことでした。そのため、自然利子率は、現在に比べて将来がより豊かになるだろうと人々が予想すると高くなり、貧しくなるだろうと予想すると低くなる性質があります。オカネの利子率である金利と異なり、モノの利子率である自然利子率は金融政策の影響を受けません。自然利子率とは中央銀行に課せられた金融政策決定の前提条件のようなものです。

では、そうした自然利子率の存在を前提とした金融政策とはどのようなものなのでしょうか。それを考えるために描いてみたのが次ページの図です。人々が投資をするということは、現在の

パネル46：フィッシャー方程式とイスラム金融

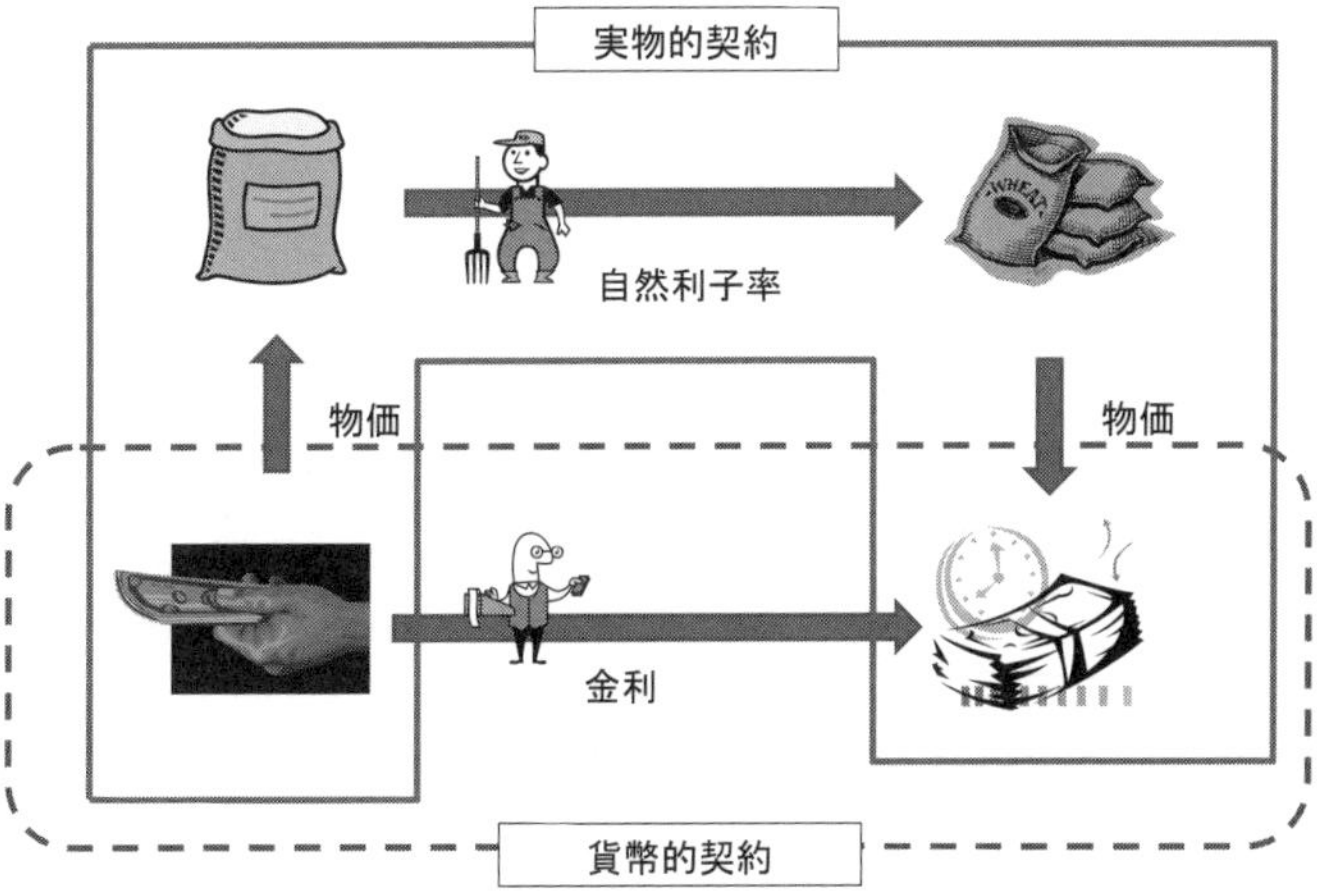

こう図解すれば、貨幣的契約と実物的契約がバランスしていなければならないことは一目瞭然だろう。このバランスから導かれる関係式（金利≒自然利子率＋物価上昇率）は、それを提唱したアービング・フィッシャー（Irving Fisher、1867-1947）の名をとって「フィッシャー方程式」と呼ばれている。この関係式は、普通は「金融政策とは金利を操作することによって物価上昇率予想に働きかけるものである」ことを示すと説明されるが（本書でもそう解して使っている）、やや捻った解釈をすれば、「金融取引の実行において金利は便利だが必須ではない」ことを示すと読むこともできる。教義により金利概念が使えないイスラム諸国の中央銀行は、外国為替市場を金融政策の舞台としていることが多い。金利ではなく為替レート予想への働きかけを通じて物価の変化率予想に働きかけ、それで金融政策を行なうのである。金利が存在しないということは、必ずしも金融政策の障害にならないわけだ。

貨幣を他の人に託して将来の貨幣として返してもらおうとすることなのですが、ここでは、大別して二つの契約方法があることを示しておきました。

第一の方法は、「実物的契約」とでも呼ぶべき方法で、貨幣を何らかの実物的な財に換えて事業を行わせ、得られた財を貨幣に戻して返してもらおうとする方法です。この方法での収益率は、実物的な財が時間の経過の中でどのくらい増やせるかということと、そして物価がどう変化するかということに依存します。私たちが株式投資とか不動産投資と呼んでいるのは、こうした方法で現在の貨幣を将来の貨幣に交換しようとする契約のことだと考えてよいでしょう。

第二の方法は、「貨幣的契約」とでも呼ぶべき方法で、貨幣を貨幣のままで貸して返してもらおうとする方法です。この方法での収益率は契約上の金利だけに依存します。私たちが預金とか貸し出しあるいは国債や社債への投資と言っているのは、この方法で現在の貨幣を将来の貨幣に交換しようとする契約のことです。

こう整理すれば金融政策の仕掛けというものも分かりやすくなるでしょう。金利と自然利子率が同じなら現在の物価と将来の物価は同じになります。金利を自然利子率と等しく保てば金融政策は物価に対して中立的になるわけです。反対に、自然利子率と異なった水準に金利を設定すれば物価は動きだします。こうした金利と自然利子率の関係を利用して物価をコントロールしようというのが金融政策の基本だということになります。

経済には技術進歩や人口移動あるいは戦争や災害などのさまざまなショックつまり外的要因が働きます。それは現在の物価にも将来の物価にも影響するでしょう。そこに金融政策の「出番」

があります。ショックに対応して中央銀行が金利を引き上げれば、現在の物価を押し下げる力と将来の物価を押し上げる力が働きます。金利を引き下げれば、力の働く向きは反対になります。現在に対しての力と将来に対しての力のどちらが強く働くかは分かりません。それは人々が長期的な物価水準つまり貨幣価値についての「アンカー」を提供している政府について、どの程度の信頼を寄せているかに依存します。このことは、第二章の金融政策の話でも書いておきましたから（154ページ参照）、気になる人は読み返してみてください。これが現代の金融政策の基本原理であり、それ自体は金本位制の時代から変わってはいないのです。

もっとも、実際の金融政策の運営はここまで簡単ではありません。それは、私たちが暮らしている世界は、第一章のパンの木の島の経済のようには単純でないからです。

私たちは、物価を温度とか湿度のように客観的な計器で観察できる数量のように思っていることが多いのですが、それは正しい理解ではありません。物価とは、その「物価指数」という名が示す通り、世の中に存在するさまざまな商品の価格を集合して算出された加重平均値であり、その実際は、物価指数を構成する商品の一つ一つを粒子のようなものだとし、価格を粒子の位置だとしたときの、粒子群全体の平均的な位置のようなものなのです。しかも、厄介なことに、この粒子たちは生まれたり消滅したりしながら位置を変えて動き回っています。新製品が開発されて市場から退出させられる商品もあれば、価格を引き下げられて市場にとどまる商品もあります。つまり、物価とは、動かない砂粒から構成されている砂山の重心のようなものなのではなく、噴水のように吹き上げて落ちるという動きを繰り返す水の粒子群の中心点のようなものと言えるでしょう。こうして動き回る粒子群の中心点は、たとえば粒子群の中に落下速度が遅い粒子が多く混じっていれば徐々に上がっていくことになりそうですし、落下速度の速い粒子が多ければ下がっていくことになります。しかも、粒子たちは互いに引き付け合ったり排除し合ったりという相互作用まで持っています。物価とは、そうした粒子たちの複雑な動きが作り出す様子の一瞬をとらえてシャッターを切ったとき、その写真に写った噴水の水の姿から計算された粒子群の平均的な位置のようなものなのです。

金融政策の役割は物価の安定であると言われることは多いのですが、そこで言う「物価の安定」とは、噴水にかける圧力を調整することで噴水全体の位置や形状の動きを安定させようとするようなもので、個々の商品の価格を固定しようとすることではありません。ですから、もし物価指数を構成する商品やサービスの特性に、何らかの「癖」のようなものが隠れていれば、金融政策という水圧は一定であっても、物価という噴水の平均的な位置と形状は盛り上がって来たり沈み込んだりしてしまう可能性がありますし、それは仕方がないと思った方が良さそうです。金融政策の目的が人々の経済活動に安定的な基盤を提供することにあるのだとすれば、そこで大事なことは噴水にかける圧力を一定に保つことであって、何が何でも噴水の高さを一定に保つことではないからです。噴水が自然に大きくなって来るということが分かっているのならば、水に濡れるのが嫌な観客はあらかじめ噴水から遠ざかっておけば良いでしょう。本当に困るのは、噴水が予想もできないような動きをして、周りでお弁当を食べている家族たちをずぶ濡れにしてしまうことなのです。

では、物価指数を構成する商品やサービスの価格には、どんな「癖」があるのでしょうか。そして、そうした癖を前提にした金融政策とはどうあるべきなのでしょうか。

この点について、現在の経済学者たちの大多数の意見は、私たちを取り巻く契約には賃金契約のように価格が上がりやすく下がりにくいという性質を持っているものが多いから、金融政策もそうした契約実態に合わせて緩やかなインフレを許容して運営すべきだというもののようです。その方が、経済に生じるさまざまなショックを企業も市場も上手に吸収できるので、買いたいものが買えない人や、働きたくても仕事が見つからない人が減るはずだと考えるわけです。そうした観点から金融政策の中に最初から織り込んでおくべきインフレ率を、経済学者たちは「目標インフレ率」と呼んでいます。

もっとも、こうした目標インフレ率をどうしたら設定できるか、そもそも客観的に評価することが可能なのか、政府や中央銀行の「鶴の一声」で決められるようなものなのか、それについては多くの意見や異論があり得るでしょう。

しかし、ここに一つのアイディアがあります。それは、現実にうまく行っている経済を取り上げて、そこでどのような状況が起こっていたかを観察することで、理想の金融政策のあり方というものを抽出するというものです。それなら、「現実の経済の仕組みが観察の対象とした経済の仕組みと大きく変わらない限り」という条件は付きますが、中央銀行が守るべき金融政策のルールというものを具体的に考え提案することができそうです。そうした観点からの代表的な提案は、米国のテイラーという経済学者が一九九二年に提案した「テイラールール」と呼ばれるものです。

パネル47：テイラールール

政策金利＝　均衡実質金利＋目標インフレ率 ＋ α ×（実際のインフレ率－目標インフレ率） ＋ β × GDP ギャップ率

テイラー（John Brian Taylor、1946–）が提案したのは、上の式を満たす金融政策ルールである。ここで「政策金利」というのは中央銀行が金融政策を通じて決める金利という意味で、一般には短期金融市場で成立している標準的な金利を意味する。この政策金利について、それが「均衡実質金利（≒自然利子率）」に「目標インフレ率」を上乗せした水準で安定するよう維持するのを原則とし、インフレ率が目標を上回ったときには金融を引き締め、反対に景気が冷え込んでGDPギャップ率が大きくなったときは金融を緩和せよ、というのが彼の提案の骨子である。なお、テイラーは、米国経済が比較的良好なパフォーマンスを示していた1987年から1992年のデータをもとに、「均衡実質金利＝2%、目標インフレ率＝2%、α ＝ 1.5、β ＝ 0.5」という標準的ルールというべきものを抽出していて、それをもとに、2008年の金融危機の原因が、1987年から2006年初めまで連邦準備制度を率いていたグリーンスパン議長の金融政策が標準的ルールから逸脱していたためであると批判している。この種の批判には当たっている面もあるが、同時に「都合の良い過去を引き合いに出しての後講釈」の臭いも付きまとう。たとえば、日本の1980年代における資産価格バブルの発生は、不動産価格や株価などの「資産価格」の上昇にもかかわらず、通常の商品の価格である「物価」の安定だけを理由に金融緩和を維持し続けたせいだとされることが多いが、それはテイラー型のルールからの金融引き締めサインは当時の日本には生じていなかったはずだということも意味する。当時の三重野日銀総裁は、標準的ルールからの逸脱を理由に批判されているグリーンスパン議長とは反対に、標準的ルールからの逸脱に踏み切らなかったことを理由に批判されていることになる。あらゆる局面に通用するルールを過去から抽出するのは容易なことではないわけだ。

ティラールールは、学界だけでなく中央銀行などの政策当局者の間にも大きな影響を与えている考え方ですから、その名を聞いたことのある読者も多いでしょう。

このテイラールールを始めとする金融政策のルールの意味や効果については、考えるべき点が少なくないのですが、ここでは深入りしないことにしておきましょう。関心のある人は前ページのパネルを見てください。この本で取り上げたいことは、そうしたルールそのものではなく、その前提になっている経済の大きな構造はどうなっているのか、そして、そのときの貨幣はどうあるべきなのかという問題です。なぜなら、そうした経済の構造に変化が生じつつあることを示す話が、このところどうも多くなっているようだからです。

技術と人口

私たちの身の回りを見渡してみましょう。豊富な品々やシステムがそこにあります。ところで、それらを作り動かしている原理は、いつごろの時代に発見され考案されたものでしょうか。それをチェックしてみると、現代の私たちの生活の基盤となっている重要な原理が人類のものとなったのは意外なほどに「古い」ということに驚く人が少なくないのではないでしょうか。

もちろん、古いと言っても、何千年も何百年も前というわけではありません。ただ、飛行機、電力、高速鉄道、コンピュータ、そして化学製品や原子力に至るまで、私たちを取り巻く基幹技術を作り上げている数々の原理の発見と考案の時期は、一九世紀の終わりから二〇世紀初頭の数十年に集中しているように思うのは私だけではないでしょう。それに比べると、私たちが大技術進歩の時代だと思っている二〇世紀半ば以降の数十年に得られた原理は、どうも限られたもののようです。ライト兄弟の飛行機は一九〇三年に二六〇メートルの距離を飛行しました。その飛行機が一九三九年に始まる世界戦争の帰趨を決めたわけです。ところが、私たちがジャンボジェットと呼んでいるボーイング社の747型機は、初飛行した一九六九年から四〇年以上たった今でも国際線の主力機の一角を占め続けています。そうした事実を見ると、現代は応用の時代ではあっても、画期的な原理発見の時代ではなくなっているようにも思えます。そうだとしたら、私たちが予想する貨幣の未来図の中には、いずれ来る成長屈折の可能性を織り込んでおいた方が良いのではないか。そんな気すらもしてくるわけです。

もちろん、成長を生み出すのは科学技術だけではありません。法的あるいは社会的インフラも成長の鍵を握っています。中国を筆頭とする新興国エコノミーの急成長には、財産権尊重のルール確立がものを言っているはずです。でも、そうした社会制度普及に牽引された世界経済の成長はあと数十年でしょう。長くても百年は続かないとみておくのが妥当だと思います。もちろん、科学技術に革新的なアイディアが現れ、新しい分野が開拓される可能性は残っています。そうなれば、私たちの世界経済も次の成長の材料を手に入れることができるかもしれません。しかし、『科学の終焉《おわり》』を書いたジョン・ホーガンが言うような意味で科学が終わっているのかどうかは別にしても、新しい原理の発見には一巡あるいは終わりが来る可能性はあるし、そのときには私たちの世界の成長も大きな曲がり角を迎えることになるでしょう。

また、人口の動きにも注意が必要です。日本が急速な少子高齢化に直面していることは誰でも知っていることでしょうが、もしこれが日本だけのことだとしたら、問題は決定的に深刻というほどではありません。少子高齢化の問題は確かに私たちの老後の不安をもたらしますが、それは年金や社会保障という名での貯蓄行動を運営し規制している人たちが、老後のための大切な資金なのだからという理由で、彼らが「安全」と信じている国内に集中投資するよう制度を設計してきたためでもあります。もう手遅れになっている投資も少なくないようですが、これから行う投資を世界規模で最適化する努力をすれば、問題を緩和することはできます。

しかし、高齢化の問題はともかくとして、少子化という現象は少数の例外国を除いて世界中で進行しています。中国における「一人っ子政策」のような人為的な政策の影響を除いても、世界の親たちは少ししか子供を産まなくなっているようだからです。もっとも、これは悪いことばかりではありませんし、合理的な傾向だと言うこともできます。悪いことばかりでないという理由は、少子化で世界が安全になる可能性があるからです。これは、人口学者たちが「ユースバルジ」と呼んでいる現象とも関係があるのですが、要するに僅かの数の子供しかもたない親は、子供を失う危険があるような選択を社会や政府が行おうとすることに反対するだろうからです。また、合理的だという理由は、もし私たちヒトという生物が、例のドーキンスの言うように自分の遺伝子を残したいという要求をプログラムされている「遺伝子の乗り物」なのだとしたら、高い可能性で子供が成人して子孫作りに参加できるだろうという予想が生じたときには、産む子供の数を減らすだろうと考えても不思議はないからです。

もちろん、人類の数が減っていって最後には消えていくのが良いと思う人はまずいないと思い

パネル48：技術と人口

ホーガンの『科学の終焉』には賛否両論があるし、その客観性に対する批判も多い。ただ、こうした本が売れたということは私たちの未来への厳しい予感を暗示するものと言えるし、人々がそう信じ始めれば、それ自体が自然利子率を下げてしまう可能性がある。ユースバルジとは、おおむね15歳から25歳くらいまでの若年層（ユース）が人口ピラミッドに作る膨らみ（バルジ）のことであるが、この層に蓄積した不満は暴力や戦争を引き起こしやすい。ユースバルジが生じている国や地域は世界全体の中では少数だが（大多数の国では少子化が進行している）、そうした国や地域では悲惨なテロや内戦が絶えないのである。現在の日本の悩みは、少子化がもたらす社会の不活性であり困難の度を増す世代間扶養の問題だが、ユースバルジが生じている国や地域で起きている悲惨な暴力と比べれば、まだしも救いがあると感じるのは私だけではないだろう。人口は等比級数的に増加するが食糧は等差級数的にしか増加しないことが貧困の原因だとするトーマス・マルサス（Thomas Robert Malthus、1766–1834）の『人口論』は、私たちが過去のものとなったと考えている経済学説のひとつだが、それが過去になったのは「経済学」が発達したからでなく、技術の力で「経済」が発展したからである。技術が止まればマルサスは再び現れてくる。写真は1948年にソ連が行った西ベルリン封鎖に対抗する西側空輸作戦におけるC47輸送機の列。同機の民間版DC 3型機の初運用はライト兄弟の初飛行から33年後の1936年だが、それから70年以上も経った現在でも、世界各地で現役使用されている。この写真も教えてもらわなければ今から60年以上も前の空港の姿だとは思えないものがある。世界の技術風景は20世紀の前半に大きく変わり、後半には地理的に拡大したのである。

ますし、私もそんな人類の未来を想像したくありません。しかし、そうした極端な未来像を別としても、少子高齢化や人口の減少が自然利子率に影響しないはずはないし、それが、今しばらくの間はともかくとして、やがては自然利子率を低下させる方向に作用する可能性は考えておくべきでしょう。人口減少が一人当たりの豊かさにどう影響するかは予見しにくい問題ではあるのですが（一人当たりで専有できる環境が増えるという点ではプラス、経済成長が人と人との相乗によって生じるとすればマイナスです）、労働人口の減少が資本の限界効率を低下させることや、高齢化によって生産活動に参加できない人の割合が増えることまで考えれば、今後の自然利子率は下方に引っ張られる可能性が高いと言えるからです。

そして、変化の兆候は市場の中にもあります。現代の経済学者の多くが支持する金融政策の理論には、それをルールとしてまで奉るかどうかは別として、経済の発展のためには「緩やかなインフレ」を許容した方が良い、その方が市場における価格形成の仕組みに無理がかからないはずだというコンセンサスがあることは説明しました。しかし、そうした市場の構造にもどうやら変化が起こりつつあるようなのです。

フィリップス曲線の異変

金融政策のあり方を論じる学者たちがよく持ち出すのは、「フィリップス曲線」と呼ばれている物価と景気との関係性です。これは、アルバン・フィリップスというニュージーランド生まれの経済学者が一九五八年に発表した論文に始まるもので、そこで彼が指摘したのは、一九世紀後半から二〇世紀半ばまでの百年間ほどの英国経済の動きを、横軸に失業率を取って縦軸に賃金上昇率を取ってグラフ化すると、両者の関係を示す点は右下がりの曲線になる、つまり負の相関があるということでした。これに多くの経済学者たちが反応しました。フィリップスが観察した賃金上昇率を物価上昇率と置き換えると、そこからは何が何でも物価を安定させようとすると景気が悪くなる、景気を支えて失業を少なくするためには多少のインフレは我慢した方が良い、という含意が読み取れるからです。フィリップス曲線の存在は、多くの国の経済学者たちによって追試され確認されました。英国ばかりでなく、米国でもヨーロッパの大陸諸国でも、そして日本でも同じような傾向が観察されたのです。

もっとも、この関係性を鵜呑みにするべきではないという意見も現れます。フリードマンがその代表格でしょう。彼は、フィリップス曲線のような関係が生じるのは、経済に生じるさまざまなショックを新しい価格体系に取り込む過程で無駄が生じるためだと考えました。ショックを取り込んで新しい契約相手や働き口を探すために人々が動き回る必要が生じ、その間は生産活動に従事できなくなることが、関係性が観察される原因だとしたわけです。そうだとすると、長い目で見た失業率は、ショックの起こりやすさやショックを取り込む経済の構造にのみ依存するはずで、金融政策でコントロールできるような代物ではないことになります。この主張は、「長期フィリップス曲線の直立」と「自然失業率」の議論として知られるようになりました。ちなみに、「自然失業率」というのは、金融政策などの短期的な経済政策では動かすことができない、経済構造そのものに依存する長期収斂的な失業率という意味です。

さて、ここまでは経済学の世界では「常識」です。フィリップスの発見もフリードマンの主張も、多くの教科書で現代の経済政策における主要な合意の一つとして扱われるようになっています。両者に相違点も少なくないのですが、中央銀行は万能ではないがやるべきことがある、ショックを取り込む経済の仕組みを考えて許容すべき失業率やインフレ率を意識し、そこから大きく離れないよう金融政策を運営するのが良さそうだという辺りでは意見が一致するからです。前に説明した金融政策のルールという提案の背後にも、こうした合意があると言えます。

しかし、どうもおかしいのです。経済学者の常識だったはずのフィリップス曲線に「異変」がみられるという現象が、経済の実態を観察することを重視する学者たちから、しばしば報告されるようになってきているからです。名付けるとすれば、「フィリップス曲線の水平化」とでも呼ぶべき現象が指摘されるようになってきています。景気が良くなっても悪くなっても、あるいは失業率が下がっても上がっても、現実の物価上昇率がほとんど反応しない。物価上昇率はゼロの近くあるいは小幅のマイナスゾーンに張り付いてあまり動かない。そういう現象が報告されるようになってきているのです。

もちろん、こうした観察だけから世の中が変わったというのは早計でしょう。物価上昇率がゼロやマイナスに張り付くと言っても、それは特定国とりわけ日本などで特徴的な話で、そうなった理由は日本銀行の政策運営が下手だったからかもしれないからです。

しかし、ここで第三章218ページに戻ってそこのグラフを見てください。このグラフは二〇〇二年一月に急逝された法政大学の橋本寿朗先生の著書『デフレの進行をどう読むか』からデータをお借りして、最後の数年間の数字を補って作ったものですが、そこで読みとれるのは一九九〇年代に入るころから、日本を含めて世界の主要先進国を悩ませ続けていたインフレは過去のものとなっているらしいという「事実」です。長いデータからみれば、日本とは、要するに欧米諸国より年率にして二%ほどインフレ率が低い国であり、その結果、世界が低インフレ化するなかで日本だけがデフレというかたちで「土俵を割った」かのような状態になっていると読むこともできてしまうのです。本当に、そうなのでしょうか。

この点について第三章では、この原因は変動相場制の時代になって政府の行動が変わったからだという文脈で説明しました。私は、基本はそれだと思っています。でも、それだけなのでしょうか。それだけのことで、物価あるいは貨幣価値というものが、ここまで落ち着くものなのでしょうか。何か「別の力」が働いていて、その影響もあって物価が上がりにくくなっている、そうとは考えられないのでしょうか。もしそうだとすれば、貨幣の将来を考えるとき、そうした「別の力」のことも考えに入れておいた方が良いのではないでしょうか。

この「別の力」の正体は何か、それはまだよく分かりません。『デフレの進行をどう読むか』の橋本先生は、かつての市場を支配していた大企業による「玉突き的」ともいえる原価積み上げ型価格形成力の衰えや、世界貿易の自由化と現地生産の進行により生じる世界的な価格収斂を挙げ、また人口の問題も甘く見ない方が良さそうだと指摘しています。卓見と思います。恒常的なインフレなどというものの定着は、長い人類史からみれば比較的新しい現象であり、その時期は世界が豊かになった時期と重なり、人口に対するマルサス的な制約（272ページ参照）が取り払わ

パネル49：フィリップス曲線の異変

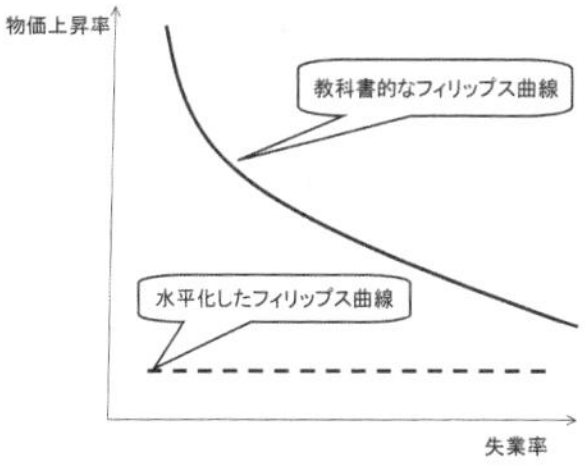

図の実線で示したのは、フィリップス（Alban William Phillips、1914–1975）が観察した失業率と物価（賃金）上昇率の関係のイメージである。ただし、ここではフリードマンの「長期フィリップス曲線の直立」の議論は扱っていない。フリードマンの長期フィリップス曲線とは、「長期間にわたって観察した関係」という意味ではなくて「人々が長期的に成立すると予想している関係」という意味であり、そうした意味でのフィリップス曲線（すなわち人々の「心の中」にあるフィリップス曲線）であれば、それが直立していても、実際に観察されるフィリップス曲線は、予期せぬショックを吸収する速さが物価上昇率に依存するということを反映して、右下がり形状を示してもおかしくはないからである。だが、それにしても、最近のデータが示す「フィリップス曲線の水平化」という現象、すなわち図の点線のようになる現象は説明がつかない。この問題について、一橋大学の渡辺努は、日本経済新聞の『経済教室』（2009年12月9日）において、フィリップス曲線水平化の背景としてライバル店やライバル企業同士の価格戦略による牽制効果をあげている。噴水のアナロジーでいえば、水の粒の性質が変わったということになるのだろう。フィリップス曲線の水平化については、マクロの統計データや現場からの声として多くの事例が報告されているが、渡辺らの調査は価格比較サイトにおける膨大な実売価格オファーの動きをもとにミクロ的に価格追跡を行った結果を背景にしているので説得力がある。フィリップスは、もともとはエンジニアで経済学者に転身したのは30歳になってからである。失業率と物価上昇率のような相互に関係のありそうな変数に気が付いたとき、ともかくもデータを観察してみようという発想は彼のエンジニアとしての経歴に関係があるのだろう。観察は科学と技術の基本だからである。

れ、人口が爆発的に増加するのが普通になった時期とも重なるからです。もちろん、因果関係については何とも言えません。インフレが起こるような条件が生じたから人口もGDPも成長できるようになったのか、それとも人口とGDPが成長したことがインフレを伴ったのか、あるいは、ただの偶然の一致なのか、その辺は実地に試されていないので何とも言えないのです。はっきりしていることは、「恒常的なインフレ」というようなものは、アメリカ大陸からの大量の銀流入に関係してインフレが生じたらしい一六世紀ヨーロッパを除けば、いわゆる工業化社会の進行とともに生じた現象であり（フィリップスが観察したのも一八六一年から一九五七年までの英国経済でした）、社会構造が変われば再び消えてしまうかもしれないということです。

実際、企業の「現場からの声」として、たとえば原材料価格の引き上げや賃上げが行われても、企業はその影響を製品価格に転嫁できず利益が圧縮され、若干の時間差を置いて他の原材料価格や非正規労働者の賃金水準などに反動的な引き下げ圧力が働く、それればかりではなく、末端における競争の激化がシェア獲得競争というかたちで仕入価格に直接的に下方圧力を加えている、そのような報告を聞くことが年々多くなってきています。

経済学者の中には、そうした「現場からの声」を聞くと、これは金融政策で対応すべきインフレあるいはデフレの問題ではない、個別企業や産業における競争戦略上の問題である、そう片付けてしまう向きも少なくありません。しかし、それは正しい態度なのでしょうか。もしかすると、私たちは本当に今までにはない市場構造あるいは価格形成メカニズムへの転換の中にいるのかもしれません。フィリップスが観察しているのは、大企業グループが生産から流通に至るまでの商品の価格に強く関与し、それに相当の影響力を行使することができた時代の様子です。でも、価格比較サイトを閲覧しながら家電製品を買うのが普通になり、海外からの直輸入サイトを使って通販で健康食品を購入してしまう主婦が珍しくなくなった時代でも、過去の観察結果が変わらず通用するとは思えません。いわゆる原価積み上げ型の価格形成メカニズムが健在で、したがってフィリップス曲線も健在なら、金融政策も最初から「緩やかなインフレ」を許容しておくべきでしょう。でも、それは事実を前提にしての話です。事実が変われば考え方も変えなければいけません。いや、事実が変わるかどうか、それが分からなくても、変わる可能性があるのならば考え方を変えて、新しい事態に備えなければいけないのではないかと私は思うのです。

では、どう変えたらよいでしょうか。何に備えるべきなのでしょうか。備えるべきは、フィリップス曲線の「水平化」が長引く可能性と、そして、突然のフィリップス曲線の「消失」の可能性、この二つです。説明させてください。

水平化と消失、二つの脅威

まず、フィリップス曲線の「水平化」についてです。まだ常識とまでは言えませんが、多くの国で似たようなことが起こっていることは説明した通りです。それは、フリードマンのいう「自然失業率」に代わって、「自然インフレ率」とでも呼ぶべきものが出現しつつあるかのようです。フリードマンは経済構造に依存する長期収斂的な失業率を「自然失業率」と呼びましたが、それを裏返して、もし経済構造から制約される長期収斂的な物価上昇率が存在するのだとしたら、それは「自然インフレ率」と呼んでも良いでしょう。それがあるのかどうか、それはまだ分かりません。そして、それがあったとしたとき、その水準がゼロの近くでやや上、具体的にはプラスの二%か三%で落ち着いてくれれば中央銀行は幸せです。でも、マイナスのレンジに入り込んでしまったら大変です。「自然インフレ率」どころか「自然デフレ率」とでも言うべき相手と闘わなければならなくなるからです。

この状況では金融政策は効果を失いますから、中央銀行は「ショックの先送り屋」という任務を果たせなくなります。デフレを少しでも抑えようと思うのなら、金利は低く誘導した方が良いわけですが、残念ながら金利はゼロより下には持っていけないからです。これが、ケインズが「流動性の罠」と名付けた金融政策の制約条件です。前の章の最後にインフレターゲットという考え方を紹介したとき、この考え方をデフレ対策に使うのは難しいと書きましたが、理由はこの「流動性の罠」にあります。いわゆる平成不況の時期に日本が入り込んでしまっていたのは、そうした「罠」の状況だったのでしょう。

もっとも、この「自然デフレ率」の問題は頭の痛い問題ではありますが、それをどこまで深刻な話にしてしまうかは、私たちの心がけ次第のようなところもあります。

フィリップス曲線の含意についてフリードマンが論じたことの核心は、市場の人々は経済学者たちが考えるほど愚かなはずはない。インフレだのデフレだのと言っても、そんなものは予想さえできていれば最初から契約の中に織り込んでしまっているはずだ。もし三年後に物価が一〇倍になると分かっていれば、あらかじめ契約書の三年先の数字を一桁増やしておくだけのことだろう。完全に予想できているインフレやデフレは実物的な決定に影響を与えはしないのだというところにあります。

そのフリードマンの考え方を延長すれば、問題が「自然デフレ率」が作り出す物価の持続的な下落の結果なのだったら、それを無理に修正しようとするから傷が深くなる。デフレを解決せよと怒鳴ったり怒ったりする暇があれば、デフレが避けられないのなら避けられないなりに、人々が賢く行動することの方が大事だと言えることになります。私たちが乗っているのがしょせんは「愚者の船」だったとしても、その船の上で愚者たちがののしり合うのは最悪なのです。

そしてこの点についても、私は橋本先生の識見に敬服せざるを得ません。『デフレの進行をどう読むか』で先生は労使による協調的な貨幣ベース賃金の下方改定を提唱しています。これが唯一の解決なのかどうか、有効な解決なのかどうかについては異論もあるでしょう。私も多少はあります。しかし、そうしたことを考える必要を早くから提唱されていたということについては、敬服する以外にありません。私は、生前どころか逝去後も長く、先生の仕事の意味に気付くことすらできなかったのですが、改めて不明を恥じてご冥福をお祈りしたいと思っています。

フィリップス曲線の「消失」に話題を移しましょう。フィリップス曲線が消失するというのは、インフレ率が失業率との関係性を失い、要するに中空に発散してしまうということです。それは、貨幣価値のアンカーである政府への信頼が切れたときに起こります。

日本の円がなぜ強いかということは説明しました。それは、前にも書いたように、異様なほどに恵まれた顧客基盤の上に胡坐をかいている独占企業の株価の強さのようなものです。そうした日本政府の強力な統治基盤が維持される限り（言いかえれば日本政府の徴税力への期待が続く限り）、円は強く国民はデフレ圧力に悩まされ続けるでしょう。

しかし、それが永遠に続くとは限りません。日本政府の徴税力への期待とは、政府が国民を無限に搾り取れるという期待です。でも、それは無理と言うものでしょう。日本政府の統治能力は高いと思いますし課税に対しても日本国民は従順な方ですが、それも課税に耐える体力が国民に残っている限りの話です。国民に体力がある限りは、円は強くデフレ圧力も続きそうです。でも、それは何時か切れてしまうかもしれません。他国の例をみても、財政という貨幣価値アンカーへの失望は突然にやってきます。それは急激なインフレ圧力の噴出を伴うでしょう。局面とか相の転換というものは突然に起こるものなのです。

そうなったら何が起こるでしょう。まず、フィリップス曲線はなくなってしまいます。中央銀行は失業率つまり実体経済をコントロールする力を失い、ただ、噴出してきたインフレ圧力を先送りするためだけに全力を集中しなければならなくなるでしょう。

もっとも、それは、日本がハイパーインフレに陥るということを直ちには意味しません。第一次世界大戦の後のドイツで起こったこと、あるいは第二次世界大戦の後のハンガリーで起こったことは、政府への信頼の完全な崩壊です。そのときハイパーインフレが起こりました。しかし、大不況期におけるポワンカレ登場前のフランスで起こりかけたことや、第二次世界大戦後の日本で起こったことは違います。日本の事態は非常に深刻でしたが、政府への信頼は完全には死んでいなかったからです。物価は急激な上昇を続けてはいましたが、政府の打ち出す施策に反応する

パネル50：愚者の船

ヒエロニムス・ボスは15世紀のオランダで最も人気のあった画家の1人だが、独特の寓意性を持つ宗教画を描いて近代の絵画にも大きな影響を与えたと言われている。その彼の代表作のひとつとされる『愚者の船』（ルーブル美術館蔵）を眺めると、日本の現状と二重写しになるように思えるところがあって妙に気にかかる。描かれているのは、乗り合わせた船上で乱痴気騒ぎを繰り広げる修道士や修道女たちの一行の姿だが、その彼らは自分が乗る船のマストに上がっている三日月の旗に気が付いていない。ちなみに、三日月の旗は当時のヨーロッパにおける最大の脅威だったオスマントルコ帝国を象徴しているとされている。ボスの描く愚者たちに限らず、やがて来る真の脅威が何なのかを予見することは現代の私たちにとっても難しい。現在の日本経済にとって最大の課題はデフレからの脱却だと論じる人は多いが、デフレから脱却した後で起こるのが「緩やかなインフレ」になる保証はない。むしろ、財政アンカーの崩壊による急激なインフレへと局面が急変してしまう可能性の方が高いのではないだろうか。

という意味では脈が残っていたのです。脈が残ってさえいれば、政府や中央銀行が信頼を取り戻す努力をし、人々もそれに応じれば事態を打開できる可能性が残されています。では、そのときにどんな手があるのでしょうか。

私は、そのときの有力案こそ、「インフレターゲット」だと思っています。デフレ圧力の先送りには使えないインフレターゲットも、インフレ対策として使うのなら向いているからです。海外で実績があるのもこの使い方です。インフレターゲットのような政策を使ってインフレ圧力を先送りし、その稼いだ時間のなかで財政を再建できれば事態は絶望的ではありません。事態を絶望的にするのは、そうした政策が生じさせる円金利の高騰を嫌い、見かけの金利安に惑わされた財政当局が「外貨建て」での資金調達に走ることです。そのとき、日本という船は、本当に破綻して累積債務国という海底に沈んでいくことになるでしょう。

暗い話を書きました。でも、こんな話だけで本を終えたくありません。そこで、もう一歩だけ考えを進めてみたいと思います。それは、日本が陥っている袋小路のような状況から逃れる方法はないのかという話です。

貨幣を変えられるか

私たちの通貨制度は成長とインフレを前提にしている、そう言ってしまったら意外の感を持つでしょうか。もしそう感じたら歴史を振り返ってみてください。

金本位制という仕組みが形成されたのは一九世紀のことです。その一九世紀に世界経済は成長へと大きくギアを入れ替えています。それ以前の世界は、少なくとも一人当たりの豊かさという観点では、揺れ動きはしても基本的に静止した経済だったのです。地球に住む人類の数は増加し、人類が手にする収穫の量も多くなりましたが、それは耕す田畑の面積が広がったせいです。いや、むしろ、人口増加の方が田畑の面積増加に制約されていたと言った方が良いでしょう。人類はマルサス的制約の中にいたわけです。ところが、現代の通貨制度はマルサス的制約から世界が解放された後の成長経済の中で育ってきた制度です。言いかえれば、それが静止経済あるいは縮小経済で機能するかどうかは試されていないということです。ですから、私たちの通貨制度は成長経済でこそ機能するが、静止経済や縮小経済ではうまく動いてくれないかもしれません。

そして、さらには多少のインフレさえも前提にしているのかもしれません。インフレが工業化社会の発展とともに「定着」したということはすでに指摘した通りですが、それを裏返せば、私たちが当たり前だと思っている通貨制度が物価の持続的下落という状況の中で機能するものかどうか、それも試されていないということになります。

この二つのことは、いわゆる金融政策ルールの中にも暗黙の前提として埋め込まれています。たとえばテイラールールが主張しているのは、中央銀行は政策金利を自然利子率と目標インフレ率の合計値に保つのが良いということですが、これは金融政策が安定してその役割を果たすためには、自然利子率と目標インフレ率の合計値はプラスになっていなければならないということでもあります。なぜなら、政策金利は「金利」ですから、その値はプラスでなければならないからです。金利はマイナスになれません。金利がマイナスになろうとすると人々は金利ゼロの金融資産である銀行券を抱え込んで動かなくなってしまいます。ケインズが「流動性の罠」と名付けた状況です。中央銀行が金利を下げようとして、どんどん貨幣すなわち流動性を供給しても、金利がゼロに近くなると流動性つまり銀行券への需要が無限大になって、金利が下がらなくなってしまうのです。そのことをケインズは「罠」と呼んだわけです。

そうすると、現代の通貨制度の前提が揺らぎつつあるかもしれないと心配する理由も分かってもらえると思います。自然利子率は低下していくことになる可能性が高いでしょう。日本だけでなく世界規模での話です。技術や人口の動きからみると、日本で起こっていることは遅かれ早かれ世界中で起こりそうだからです。それでも、目標インフレ率を高めに設定できるような市場の構造があれば問題はありません。しかし、経済における価格形成の仕組みが、仕入れ値や賃金などのコストを順々に積み上げて末端の価格が決まるというのではなくて、末端つまり店頭で繰り広げられる価格競争の激しさを眺めながら仕入れ値や賃金が決まるようになってきているとしたらどうでしょう。そうなってきているのであれば、金融政策は本当に手詰まりになってしまうかもしれません。経済に無理な負担をかけない物価目標が、「緩やかなインフレ」ではなく「緩やかなデフレ」になってしまう可能性があるからです。

もちろん、成長の問題と市場構造の問題、この二つの問題のうち後者を深刻なものにするかどうかは人々の「心の持ちよう」に左右されますから、誰かが上手に人々に訴えかければ話が変わる可能性はあります。何度か引用させて頂いている橋本先生の提案もそこにあるのでしょう。しかし、話を変えることができるかどうかということと、話を変えられなかったときにどうするかということは別の話です。そのときの答の一つが第二章のはじめの方で紹介したゲゼルのアイディアにあります。

ゲゼルが考えたのは、紙幣にスタンプ貼り付け欄を作っておき、紙幣の保有者に保有期間に応じた枚数のスタンプを購入させ、そのスタンプを貼り付けておかなければ貨幣としての価値が維持できないと定めておくという制度です。たとえば、一週間が経過するたびに表示額の一〇〇〇分の一に相当する金額のスタンプが必要であると定めておけば、紙幣の価値を維持するのに必要なスタンプの総額は一年間（約五二週）で券面の五・二％になります。それは、年利五・二％のマイナス金利を貨幣に課したのと同じことになるでしょう。

これは優れたアイディアです。紙幣つまり銀行券に金利を付けることができれば、政策金利をマイナスにすることもできるようになりますから、金融政策は今よりもずっとやりやすくなります。自然利子率がマイナスになり、さらには物価に対して市場から下げ方向の圧力がかかり続けているときでも、実体経済に余計な負荷にならない政策金利を設定することができるようになるからです。自然利子率がマイナス二％で、人々が予想している物価の変化率もマイナス二％なら、あわせてマイナス四％の金利が市場で成立するよう誘導すれば良いのです。中央銀行にとってまずいのは、デフレ環境の下で政策金利をマイナスのレンジで動かさなければならないときにそうできず、経済に追加的なデフレ圧力を自らが作り出してしまうことですが、ゲゼルのアイディアは、それを回避する方法を示してくれているわけです。

もっとも、貨幣に金利を付けるということだったら別のやり方もあります。それは銀行券の一枚一枚に発行日を印刷しておき、その発行日からの経過日数に応じた金利を加減した価値のものとして通用させるという方法です。発行日が印刷されていない銀行券については、新制度への移行日を基準日として、それからの日数で価値を計算します。たとえば、二%のマイナス金利を付けるとしましょう。そのときは、発行日あるいは基準日が一年前の一〇〇〇円札なら金利分を割り引いて九八〇円で、二年前なら九六〇円ほどの評価でしか中央銀行が引き取らないとしてしまうのです。こうすれば一枚一枚の銀行券には発行日や基準日に応じた「時価」が計算できることになりますから、それは貨幣にマイナスの金利を付けたことになります。

このやり方の良いところは、貨幣に付ける金利をプラスにもマイナスにも自由かつ連続的に変化させることができる点です。経済がデフレに陥っている状況で考えると貨幣に付けたくなる金利はマイナスなのですが、それはインフレが生じたときには貨幣にプラスの金利を付けたくなるということの裏返しでもあります。貨幣にプラスの金利を付ければ、激しいインフレ下でも人々が貨幣を持つことを敬遠しなくなるので、インフレがいわゆる換物行動から自己拡大してしまう事態を抑えられるでしょう。つまり、貨幣に金利を付けるということには、人々がデフレを予想するなら予想するなりに、そしてインフレを予想するなら予想するなりに、経済を抑え込むでもなく無理に加速するでもない金融政策を可能にする、たとえて言えば「全天候型」の金融政策を可能にするという意味があるわけです。

では、なぜ貨幣に金利を付ける、銀行券に発行日を付けて時価で通用させる、そうしたことが今まで試みられなかったのでしょうか。

パネル 51：貨幣に金利を付ける方法

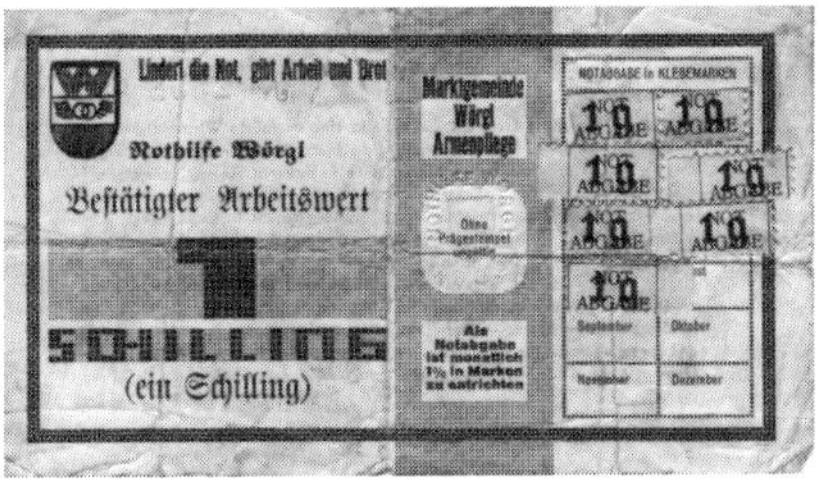

ゲゼル型貨幣の最初の実施例は、ドイツのハンス・ティムとヘルムート・レーディガーという２人のゲゼル信奉者が1929年に始めた「べーラ」という名の組合内通貨らしい。また、1932年には、オーストリアのベルグルという地方都市で、町の職員への給料の支払いという形で「労働証明書」という名の地域通貨が発行された例もある（写真）。これは月ごとに額面の１％に相当する金額を払い込んでスタンプ押捺を受けさせることで貨幣にマイナスの金利を付ける仕組みになっている。なお、こうしたゲゼル型貨幣のマイナス金利については、減価する貨幣を早く使ってしまおうと保有者に思わせることで、組合内や地域内での経済活動を活性化させる効果を持ったと解説されることがあるが、それはどうだろうか。もし、これらゲゼル型貨幣の発行機関がシニョレッジを外部流出させず合理的に積み立てると信じられていたとすれば、それは貨幣価値について減価ではなく増価の予想を生じさせていたはずだからである。そうした予想が形成されれば、貨幣に表面上はマイナスの金利が付いていても、それだけの理由では慌てて使う必要もなくなる。したがって、これらゲゼル型貨幣が本当に一定の経済活性化効果を持ったのだとしたら、その背後にはマイナス金利などというテクニックでない別のものが隠れていた可能性が高い。ちなみに「別のもの」とは、同胞意識の高まりだったかもしれないし、こうした通貨の将来に対する不安だったのかもしれない。もちろん、ただの無駄かもしれないし、いわゆる貨幣錯覚だった可能性もある。

それは、面倒だからです。中央銀行にとって面倒だからではありません。貨幣を使う人にとって面倒だからです。銀行券にスタンプを押しながら使う、あるいは「時価」を意識しながら使うというのは、財布の中に入っている銀行券の一枚一枚に為替レートを想定するような話ですから、理屈ではあり得てもその煩雑さは想像を絶するでしょう。だから、やらないのです。だから採用されなかったのです。

でも、それは変えられないのでしょうか。そんなことはありません。なぜなら、それを十分に可能にするところまで、現代の情報処理技術は進歩しているはずだからです。

私たちの身の回りには「電子マネー」というものがあります。ＩＣカードのような電子媒体に記録されている「貨幣的な購買力」のことを私たちはそう呼びます。そうした電子媒体の計算能力やデータ管理能力を借りれば、そこに記録されている貨幣的な購買力に金利を介在させることが難しくないことは明らかでしょう。どうすればそれが実現できるかという技術論は、ややテクニカルな話になりますので、ここでは取り扱いません。関心があったら、拙著ではありますが、たとえば『貨幣の経済学』（集英社）などを参考にしてください。でも、大事なことは金利を付けるやり方の問題ではありません。現代の情報技術を使えば貨幣に金利を付けること自体は難しくないし、やろうと思えば方法はいろいろあります。ですから、いま私たちが考えておきたいことは、そうして貨幣に金利を付ける技術を手に入れたときの貨幣制度をどうするか、その「担い手」を誰に求めるかという問題です。

キーワードはシニョレッジ

貨幣はこれからどうなるか、貨幣に何が起こるか、答は見えていると私は思っています。起こることは、貨幣の電子化と多様化です。貨幣が電子化するというのは、その方が便利で安全だからです。貨幣が多様化するというのは、人々の自由な選択を法律や規則で抑えられるはずがないからです。

では、そうした貨幣を支える通貨制度の未来を読むときのキーワードは何でしょうか。金融政策ルールだ、いや中央銀行の独立性だ、そうしたさまざまな声が聞こえて来そうです。でも、私はどれにも賛成できません。そうした点もあるかもしれませんが、長い目で見たキーワードは「シニョレッジ」です。

シニョレッジとは、第一章でも書いたとおりで、貨幣発行益のことを言います。現在の通貨制度ではシニョレッジのほとんどは、中央銀行の資産運用益というかたちで実現しています。たとえば日本銀行は、無利子の銀行券を発行し、そのほぼ全額を国債などの金融資産で運用しています。その利子収入がシニョレッジの源泉です。そのシニョレッジは、中央銀行に銀行券の独占発行権を与えたのが国だからという理由で、今の制度では国のものとなっています。銀行券に金利を付けるというのは、そうした現状を改めて、中央銀行に生じる資産運用益を、国ではなく銀行券保有者に還元するよう変えるということを意味します。

歴史を振り返ってみると、貨幣製造者が手にできるシニョレッジの大きさなど、本来はわずかなものでした。金貨や銀貨の時代のシニョレッジは、その品位を安定させ大きさを定めて刻印をする、そうした貨幣製造の手間賃だけがシニョレッジだったのです。金貨や銀貨の「輝き」は、金貨や銀貨を手にする人のものでした。それが変わったのは、銀行券というイノベーションのせいです。銀行券は、経済成長が定着して自然利子率がプラスの領域で安定するようになったとき、そうした利子を稼げる手形や国債に投資をして、それを利子ゼロの銀行券というかたちで人々に提供する、そうすることでシニョレッジを稼ぐ仕掛けとして歴史の中に登場したわけです。銀行券というイノベーションが貨幣製造を儲かるビジネスに変えたのです。

したがって、銀行券に金利を付けて資産運用益（あるいは運用損）を銀行券保有者に帰させるというのは、貨幣を本来の姿に戻す、貨幣を自然の姿に戻すということを意味します。物事というものは、その自然の姿に戻した方がうまく動くものが少なくありません。貨幣だって例外ではないでしょう。金融政策が流動性の罠にはまって動かなくなってしまうことがあるというのも、インフレという環境に過剰適応してしまった貨幣の弱さなのです。

経済成長を前提にして生まれた銀行券は、自然利子率がゼロやマイナスに落ち込む世界では、機能不全を起こします。それは短期的には「流動性の罠」というようなかたちで現れて来ました。しかし、これからも長くマイナス成長が続けば「シニョレッジの消失」というかたちで貨幣制度の持続可能性を脅かすものとなるかもしれません。そうした環境、つまり成長しない経済やマイナス成長の経済という環境でも、ほどほど有効に機能する金融政策と崩壊しない貨幣システムを望むのならば、シニョレッジというものについての考え方も、その根底から転換する必要があると私は思います。

シニョレッジとは、人々の「額に汗」の結晶です。人々が額に汗して働いた成果が、回りまわって資産運用益つまり利子というかたちとなり、そしてシニョレッジとなって貨幣制度を支えてくれているからです。シニョレッジは成長する経済ではプラスになります。自然利子率がプラスだからです。しかし、いつまでもプラスだとは限りません。私たちの地球が抱える人口や環境そして科学技術の現状を考えれば、いくら額に汗しても豊かになれない世界が戻ってくる可能性に今から備えておくべきではないでしょうか。

いわゆるバブル崩壊後の日本が経験した長く重いデフレも、そうした世界経済成長の停滞が始まる前兆の一つなのかもしれません。その状況の中で私たちが貨幣制度に機能不全を感じているとすれば、そのうちのいくらかは、資産運用益つまり人々の「額に汗」の成果を、それがシニョレッジとして中央銀行に生じているというだけの理由で国のものとしてしまう制度の不自然が作り出したものでしょう。中央銀行の資産運用益は、それがプラスならばプラスなりに銀行券保有者に返すべきだし、それがマイナスならばマイナスなりに銀行券保有者に負担を求めた方が良いのです。その方が安全で自然な貨幣が作り出せるはずでしょう。

カエサルのものだけをカエサルに

シニョレッジとは何か、誰に帰属すべきかを考えるとき、いつも思い浮かぶ言葉があります。それは、あのイエス・キリストが語ったとされる「カエサルのものはカエサルに、神のものは神に返しなさい」という言葉です。この言葉は、普通は、神への信仰は国家への反抗を意味しないと教えたものだとされているそうですが、私には、貨幣の価値のうちで、それを作り出した人であるカエサル（皇帝つまり政府）に権利があるのは、自然にある金や銀を貨幣というかたちに加工したことへの報酬だけだと言っているように思えてなりません。

かつて、金貨や銀貨の時代、貨幣の輝きは皇帝のものではなく、ただそのかたちだけが皇帝のものでした。それなら、銀行券制度における資産運用益だって、国や中央銀行のものとすべきではないのです。貨幣の価値のうちで発行者のものとして良いのは、国債や社債を金庫に納めて銀行券というかたちに変えて人々に提供することへの報酬だけ、要するに中央銀行という業務の報酬相当部分だけにする、それが自然なのだという考え方に転換した方が良いと私は思っています。皆さんはどうでしょうか。

付け加えますと、そうすることは新たな貨幣多様性への展望を開くことでもあります。すでに価値のあるものに一般的受容性という価値を加えて決済財を作り出す、それが貨幣を作るということだとすれば、国の信用を基盤にする「円」という貨幣だけでなく、株式つまり企業の収益力を基盤にする貨幣や、地域や伝統への愛着を基盤にする貨幣だって作り出せるはずでしょう。貨幣を作り出した者には正当な報酬が手に入ります。それは、中央銀行だろうと、民間会社だろうと、ＮＰＯやＮＧＯだって同じです。伝統ある「円」は日本政府と日本銀行のもので良いのです。しかし、それは他にあり得べき貨幣価値形成の仕組みを排除するものではありません。日本銀行も新たな民間発行者も、それぞれに貨幣を作り出し、作り出した貨幣の信頼と便利さを競い合えば良いのではないでしょうか。

そのときの唯一と言ってよい条件は、新たな価値を作ろうとするものは誇りを持って新たな通貨名称を名乗ること、他の貨幣の価値に寄りかからないことです。ハイエクの主張の核心もそこにあると思います。多くの貨幣が各々に自身の信用基盤に拠って自立し、互いに競い合う、そうすれば世界はより良く、より安全になるはずだからです。

カエサルのものだけをカエサルに返す。そうした貨幣が競い合う世界の設計に成功したとき、貨幣に新しい未来が開けるはずだ、私はそう確信しています。

おわりに――変化は突然やってくる

ミツバチはアリやシロアリとともに社会性昆虫と言われています。そのミツバチが私たちの関心を惹き付けるのは、花蜜などを発見して帰巣した蜂が行う「尻振りダンス」を通じたコミュニケーションの巧みさによるものでしょう。私は、はじめてミツバチのダンスについて知ったとき、なぜこのように小さな虫たちが行う素朴なダンスで正確なコミュニケーションが可能なのかと不思議に思ったのですが、何冊かの本を読んでいるうちに納得がいきました。彼らのダンスは必ずしも厳密に情報を伝えるものでなくとも良いということを理解できたからです。

花蜜を発見した蜂は一種の興奮状態になって帰巣し、「8の字」を描いて尻振りダンスを行います。そうしたダンスに接触し興奮状態に感染した他の蜂は、そのダンスと太陽コンパスに導かれて教えられた方角へと飛び立ちます。そして花蜜を見つけると、帰巣して今度は自分がダンスを踊る役を始めます。そのダンスに触発されて、さらに多くの蜂たちが飛び立つことになります。こうしたサイクルが繰り返されれば、最初の情報の少々の狂いは多数の蜂がフォローとフィードバックを行う中で修正されてどんどん正確になって行くでしょう。一方で、間違った情報や乏しい花蜜についての情報はフォローを得ることができませんから、やがて消えていってしまいます。

個々の蜂のダンスは花蜜の厳密な位置や量を伝えるものではなくても、多数の蜂によるフォローとフィードバックの効果によって、その集団としての知性は非常に優れたものとなっているわけです。

ここで私が連想したのが市場の機能でした。ミツバチの集団としての知識形成の仕組みは、市場による資源配分の効率性という経済学の根源的発想に通じるものがあるからです。

消費財市場における消費者や資本市場における投資家の一人一人は、必ずしも買おうとしている商品や投資対象についての厳密な知識を持っているわけではありません。しかし、そうした個々の参加者における知識の不十分性やバイアスは、市場という仕組みのなかで中和され、結果としてほぼ正確な商品に対する評価や投資判断を生み出してくれています。そこでは消費者や投資家たちが適度の好い加減さと多様性を持っている方がうまく行きます。最初に市場に登場した情報は必ずしも正確無比というわけではありません。でも、そうしてもたらされた情報の周辺を少しずつ異なった知識や価値観を持った人たちが動き回るおかげで、最初の情報の誤りや曖昧さは徐々に修正され正しい知識へと近づいて行くからです。すなわち、市場の機能というのは、ミツバチの知恵と同じように、集団としての知識形成の一形態なのです。

ところが、最近になって、そのミツバチの群が、ほとんど何の前ぶれもなく突如として消失する現象、名付けて「蜂群崩壊症候群」の多発が報告されるようになってきました。原因は良く分かりません。農薬や遺伝子組み換え作物説そして携帯電話の電磁波説まで飛び出しましたが、原因を特定できるには至っていないようです。ただ、人間がミツバチを大量飼育し遺伝子的にも均質化させたことが関係していることは間違いなさそうです。均質化された優秀なミツバチの集団は、それが均質であるがゆえに、わずかな環境の変化にも弱くなります。そうした均質化が突然の蜂群崩壊の背景にあるというのです。

さて、そう聞くと不安になるのは私だけではないはずです。一九八〇年代の日本で起こったこと、あるいは二〇〇〇年代の米国で起こったことには、均質になり過ぎた資産価格形成の仕組みがもたらした集団知性の一斉崩壊という面があります。それに気付くと、歴史の中で繰り返されて来た資産価格バブルの発生と崩壊の物語が、ミツバチたちの群崩壊の物語と重なって見えてくるのではないでしょうか。養蜂産業のために選別され均質化されて来たミツバチの群崩壊の物語が示唆してくれるのは、均質化し効率的になり過ぎた金融と貨幣のシステムの未来のようにも思えてくるわけです。

でも、集団としての私たちは、もう少し賢いかもしれません。世界は徐々にバブルとその崩壊のサイクルに慣れて来ているようだからです。バブルの発生と崩壊は予見できなくても、人々がバブルに慣れて市場はときに急変するものだと覚悟するようになれば、いつも自分はバブルの中にいるのではないかと警戒して注意深く行動するようになるでしょう。また、バブルが崩壊したと気付けば、政府や中央銀行も迅速に行動するようになるし、人々もそれを求めるようになります。そうなれば、問題が生じても、少なくとも一九九〇年代当時の日本ほどには、その傷は深くならないようにも思えます。

しかし、もし次に私たちに訪れるのが、これまでに繰り返されて来たものとは異質の急変だったらどうでしょう。

一九八〇年代の繁栄が去った後、私たち日本は「緩やかなデフレ」から逃れるためにもがき続けました。そしていつしか私たちは、日本の最大の問題はデフレだ、デフレの問題さえ解決すれば良い日が戻ってくる、そう思い込むようになってきています。今のデフレを抜け出しさえすれば、次は「緩やかなインフレ」になる、そうなれば企業もほどほどの収益が確保できて雇用も安定する、そう思い込むようになってきているのです。しかし、あり得るのはそのシナリオだけなのでしょうか。別のもっと悪いシナリオに落ちてしまうことはないのでしょうか。

日本に「緩やかなデフレ」が続いているということは、家計にも企業にもそして政府にも歪みと撓みが蓄積されているということです。ですから、そうした歪みと撓みがはじけたときに起こるのは、多くの人が望んでいる「緩やかなインフレ」ではなく「急激なインフレ」なのかもしれません。私にはそんな気がします。皆さんはどうでしょうか。

零度以下に冷やしても、なお固体にならない水を過冷却水といいます。その過冷却水は、わずかな衝撃を与えるだけで、一瞬にして凍りついてしまいます。こうした現象を物理学者は「相転移」と呼んでいますが、ミクロ的に均質な粒子からなる「相」が、ミクロの特性にほとんど変化がないままマクロ的に急変するという現象自体は、ミツバチの社会における蜂群崩壊をも含めて、自然界では珍しいものではないようです。変化は突然やってくるのです。そして、それが自然界に限られた話でもないのなら、私たちの日本を長く悩ませた「緩やかなデフレ」が、誰も気が付かないほどの軽い衝撃で「手がつけられないインフレ」に相転移してしまうこともあり得ない話ではないでしょう。何が何でもデフレから脱出できれば良い、それができれば何もかも良くなる、そう望めるほど今の日本が抱える問題は軽くないような気がします。貨幣の世界にも、変化が突然やってくる、その可能性が年々高くなっているのではないでしょうか。

もちろん、相転移のシナリオは変えられるかもしれません。また、変えられなかったとしても、衝撃を小さくする工夫はあるでしょう。貨幣に金利を付ける話やインフレターゲットの話を紹介したのも、それを考える材料として何がしかのものは提供したいという思いからです。とはいえ、この程度の手立てでどれだけのことができるかと言えば、それは大きくなさそうだという気もします。シナリオの進行する速度を少し緩める程度かもしれません。蓄積された歪みと撓みを上手に解放して突然の相転移を防ぐというほどの効果は、貨幣に金利を付けるというテクニックぐらいでは作り出せないかもしれません。本当に相転移が生じたら、その衝撃の大きさはインフレターゲットのような政策で先送りできる範囲を超えているかもしれません。でも、何も考えないよりは考えた方が良い、私はそう思っています。

貨幣の歴史を辿りながら私が繰り返し感じていたのは、人類とは何と賢い愚者の集まりなのだろうかということです。愚かな賢者たちではありません。賢い愚者たちです。近づく脅威に気が付かず市場という名の船の上で無駄な議論と馬鹿騒ぎを繰り返す愚者の集団なのです。しかし、だから良いのです。個々にみれば厳密とは言えないダンスで情報を伝えるミツバチが大きくは間違えないように、一人一人では間違うことの多い愚者たちも、愚者は愚者なりに試行錯誤を繰り返しているうち、やがて大きく間違わない答に到達することができる、そのことを貨幣の歴史は示しています。ですから、そうした試行錯誤を許す寛容さを失わないようにしていれば、変化が突然やってきても、私たちがすべてを失うことはないでしょう。そんなことを思いながら、貨幣に何ができるかを愚者たちのうちの一人として考えてみたのがここにある本です。

本の書き手としてフォローとフィードバックを何よりも望んでいます。ご清読ありがとうございました。

二〇一〇年八月

岩村 充

図版クレジット一覧

〈第一章〉

P20：©bluesmoon

P24 左上：©Ryan Somma

P27 2点とも：©Marie-Lan Nguyen

P41 左：©smallislander

P45 左上：©Classical Numismatic Group, Inc.

　　右下：© 日本銀行貨幣博物館

P49 右：© 日本銀行貨幣博物館

P57 上：©public.resource.org

　　下：© 日本銀行貨幣博物館

〈第二章〉

P99 左下：©Jimmy Harris

P103 上下：© 日本銀行貨幣博物館

P115 2点とも：© 日本銀行貨幣博物館

P120 下：©Classical Numismatic Group, Inc.

P129：©Mageslayer99

P134 下：©Dan Smith

P161：©AFP ＝時事

〈第三章〉

P171 上：©cliff1066 ™

　　下：©Nick Slide/Original English movie poster.

　　©www.impawards.com

P184：©J-Cornelius

P191：©Misesinstitute

P214：© 時事

P226：© 世界銀行

P233：©TheTruthAbout...

〈第四章〉

P242：©Joe Geranio

P250：©DickClarkMises

新潮選書

貨幣進化論《かへいしんかろん》　「成長《せいちょう》なき時代《じだい》」の通貨《つうか》システム

著　者……………………岩村《いわむら》 充《みつる》

発　行……………………2010年9月25日
6　刷……………………2014年4月10日

発行者……………………佐藤隆信
発行所……………………株式会社新潮社
〒162-8711 東京都新宿区矢来町71
電話　編集部 03-3266-5411
読者係 03-3266-5111
http://www.shinchosha.co.jp
印刷所……………………凸版印刷株式会社
製本所……………………株式会社大進堂

乱丁・落丁本は、ご面倒ですが小社読者係宛お送り下さい。送料小社負担にてお取替えいたします。
価格はカバーに表示してあります。

ISBN978-4-10-603666-8　C0333